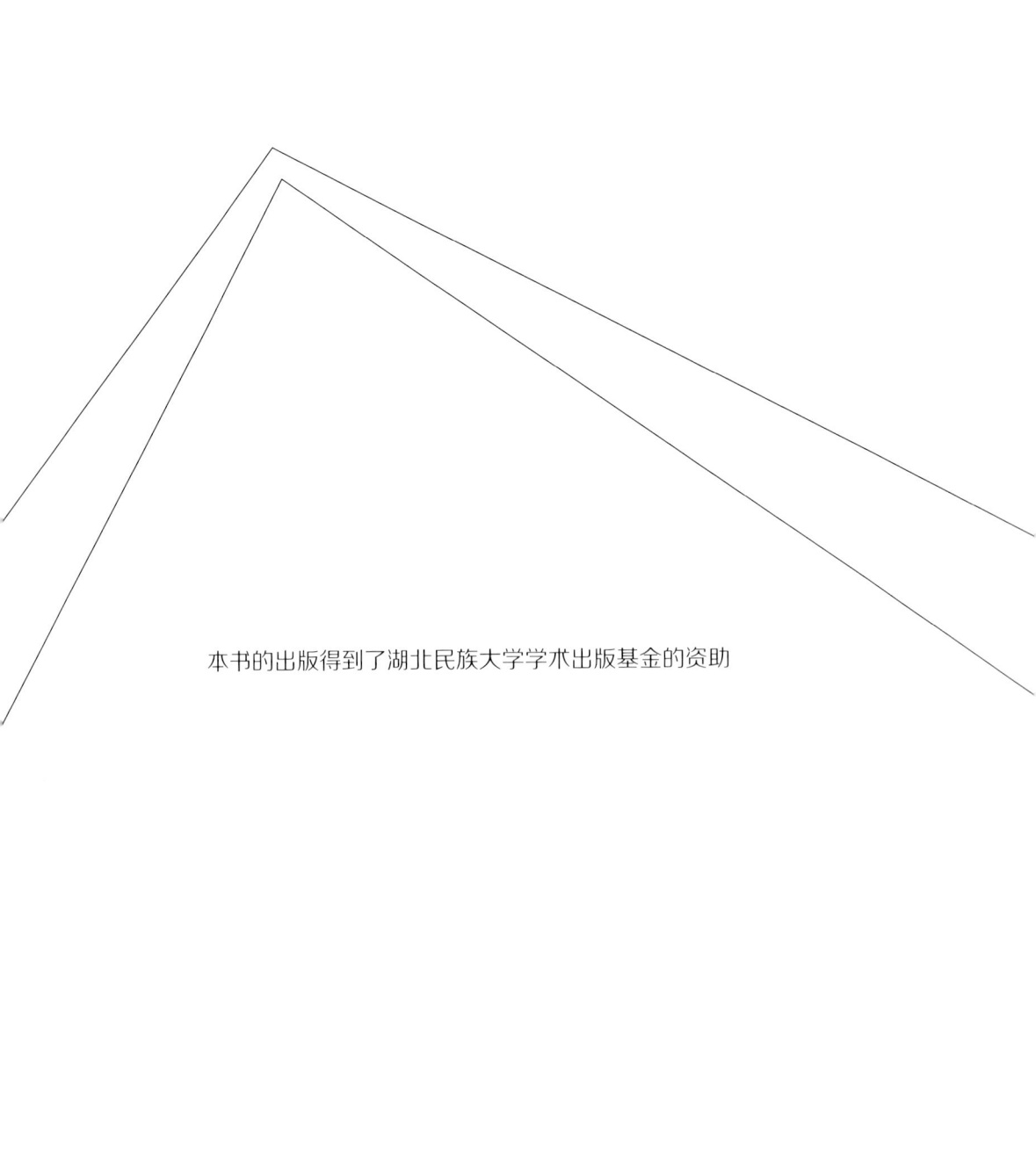

本书的出版得到了湖北民族大学学术出版基金的资助

鄂渝川西南官话话语标记研究

江佳慧 著

中国社会科学出版社

图书在版编目（CIP）数据

鄂渝川西南官话话语标记研究/江佳慧著.—北京：中国社会科学出版社，2021.9

ISBN 978-7-5203-8874-0

Ⅰ.①鄂⋯　Ⅱ.①江⋯　Ⅲ.①西南官话—语用学—研究　Ⅳ.①H172.3

中国版本图书馆 CIP 数据核字（2021）第 167741 号

出 版 人	赵剑英
责任编辑	孔继萍
责任校对	夏慧萍
责任印制	郝美娜

出　　版	中国社会科学出版社
社　　址	北京鼓楼西大街甲 158 号
邮　　编	100720
网　　址	http://www.csspw.cn
发 行 部	010-84083685
门 市 部	010-84029450
经　　销	新华书店及其他书店

印刷装订	北京市十月印刷有限公司
版　　次	2021 年 9 月第 1 版
印　　次	2021 年 9 月第 1 次印刷

开　　本	710×1000　1/16
印　　张	18.5
插　　页	2
字　　数	289 千字
定　　价	108.00 元

凡购买中国社会科学出版社图书，如有质量问题请与本社营销中心联系调换
电话：010-84083683
版权所有　侵权必究

目　录

第一章　绪论 …………………………………………………（1）
第一节　研究目的与研究意义 ………………………………（2）
　　一　研究目的 …………………………………………………（2）
　　二　研究意义 …………………………………………………（2）
第二节　研究现状 ……………………………………………（4）
　　一　国外话语标记研究现状 …………………………………（4）
　　二　汉语话语标记研究现状 …………………………………（8）
　　三　鄂渝川西南官话话语标记研究现状 …………………（16）
第三节　研究对象和研究内容 ………………………………（18）
　　一　研究对象 …………………………………………………（18）
　　二　研究内容 …………………………………………………（20）
第四节　理论基础 ……………………………………………（21）
　　一　会话分析理论 ……………………………………………（21）
　　二　言语行为理论 ……………………………………………（22）
　　三　关联理论 …………………………………………………（23）
第五节　研究方法及语料来源 ………………………………（25）
　　一　研究方法 …………………………………………………（25）
　　二　语料来源 …………………………………………………（26）

第二章　西南官话话语标记的界定与分类 …………………（29）
第一节　话语标记的界定 ……………………………………（29）
　　一　术语的选用 ………………………………………………（29）

二　话语标记的特征…………………………………………（30）
三　话语标记的含义…………………………………………（31）
四　话语标记的功能…………………………………………（37）

第二节　当前的主要分类……………………………………（37）
一　几种代表性分类…………………………………………（38）
二　当前分类的主要分歧和不足……………………………（39）
三　本书的分类依据…………………………………………（40）

第三节　西南官话话语标记的分类…………………………（41）
一　虚化来源类………………………………………………（41）
二　语言形式类………………………………………………（44）
三　语用功能类………………………………………………（45）

第三章　西南官话的话语组织功能标记……………………（51）

第一节　话轮的界定…………………………………………（51）
一　话轮的内涵………………………………………………（51）
二　话轮的构成………………………………………………（53）

第二节　会话开启标记………………………………………（55）
一　"诶"及其变体……………………………………………（56）
二　"讲吵/噻"及其变体……………………………………（59）

第三节　话轮控制标记………………………………………（61）
一　填补空白标记……………………………………………（61）
二　话轮维持标记……………………………………………（73）
三　话轮转接标记……………………………………………（77）

第四节　话题转换标记………………………………………（80）
一　"好"………………………………………………………（81）
二　"对了/哒"………………………………………………（84）
三　"诶$_2$"……………………………………………………（86）
四　"哦$_1$"……………………………………………………（88）
五　"诶""哦"的内部差异…………………………………（89）

第五节　会话终止标记………………………………………（91）

一　"好₂"及其变体 ………………………………………………… (91)
　　二　"算了/哒"及其变体 …………………………………………… (94)
　　三　"行了/哒"及其变体 …………………………………………… (96)
　　四　会话终止标记的功能差异 …………………………………… (98)

第四章　西南官话的元话语功能标记 …………………………… (100)
第一节　元语言与元话语 ……………………………………… (100)
　　一　元语言的界定 ………………………………………………… (100)
　　二　元话语的界定 ………………………………………………… (101)
　　三　元话语功能标记的界定 ……………………………………… (101)
第二节　自我反馈标记 ………………………………………… (102)
　　一　"哦₂" ……………………………………………………… (102)
　　二　"啊₁" ……………………………………………………… (104)
第三节　消息来源标记 ………………………………………… (105)
　　一　"人家说"及其变体 ………………………………………… (105)
　　二　"（我）听说"及其变体 …………………………………… (107)
　　三　"说是" ……………………………………………………… (109)
第四节　解释说明标记 ………………………………………… (112)
　　一　"我是说" …………………………………………………… (112)
　　二　"是恁个" …………………………………………………… (115)
　　三　"再说" ……………………………………………………… (117)
　　四　"我 V" ……………………………………………………… (121)
　　五　"就是说" …………………………………………………… (123)
第五节　信息凸显标记 ………………………………………… (125)
　　一　"（我跟你）说（个/句）AA 话" ………………………… (126)
　　二　"哪门（跟你）说呢" ……………………………………… (132)
　　三　含否定词的信息凸显标记 ………………………………… (135)
　　四　"说白了"及其变体 ………………………………………… (141)
　　五　警告式信息凸显标记 ……………………………………… (143)
第六节　换言标记 ……………………………………………… (146)

一 "换句话说" ……………………………………………（146）
　　二 "话说回来" ……………………………………………（148）
　　三 "车过来说" ……………………………………………（151）

第五章　西南官话的人际互动功能标记 ……………………（154）
　第一节　提请注意标记 …………………………………………（154）
　　一 普通提醒标记 …………………………………………（154）
　　二 责怪提醒标记 …………………………………………（166）
　第二节　寻求回应标记 …………………………………………（179）
　　一 "你（各人）V（哈/嘛）" …………………………（179）
　　二 "V不V"及其省略式 …………………………………（190）
　　三 "啊₂""哈""噶" ……………………………………（203）
　第三节　回应对方标记 …………………………………………（213）
　　一 肯定回应标记 …………………………………………（213）
　　二 否定回应标记 …………………………………………（227）
　第四节　协商调节标记 …………………………………………（238）
　　一 "恁（么）个" ………………………………………（238）
　　二 "我看" ………………………………………………（244）
　　三 "你看₂" ………………………………………………（247）

第六章　西南官话话语标记系统的形成与发展 ……………（253）
　第一节　话语标记的存在动因 …………………………………（253）
　　一 口语交际的特殊性 ……………………………………（253）
　　二 交际目的的要求 ………………………………………（255）
　　三 认知心理的限制 ………………………………………（256）
　　四 会话结构规则的约束 …………………………………（257）
　第二节　话语标记的形成机制 …………………………………（259）
　　一 形成路径 ………………………………………………（259）
　　二 虚化方式 ………………………………………………（262）
　第三节　西南官话的话语标记系统 ……………………………（263）

一　西南官话话语标记系统的组成 …………………… (263)
　　二　部分话语标记的多功能性 ……………………… (264)
　　三　话语标记是渐变的连续统 ……………………… (265)
　第四节　西南官话话语标记的发展变化 ……………… (265)
　　一　地域差异 ………………………………………… (266)
　　二　代际差异 ………………………………………… (269)

结　语 ………………………………………………………… (272)

参考文献 ……………………………………………………… (274)

后　记 ………………………………………………………… (289)

第一章

绪　　论

随着语言研究的深入，话语的研究价值已越来越受到重视。自20世纪50年代开始，以日常会话为研究对象的话语研究渐成规模。李宇明（2019）指出，"语言学应研究语言的真实存在状态，不应当只研究抽象的语言"，并强调说"当今（我国）之语言学已经有条件开展对话语的研究了，话语转向不仅必要，且有可能"①。语言的真实存在状态是以话语（discourse）形式展现的，话语存在于日常的言语交际行为之中。根据罗宾·邓巴（Robin Dunbar, 1998）的研究，人类的言语活动中有60%—70%的部分是无实质内容的闲聊。赵蓉晖（2017）认为这些闲聊"是人类自我修饰、构建社会身份、调整与他人关系的手段"②。我们认为，闲聊看似随意交谈，其实有明确交际目的，需要交际双方拥有共识，遵循相应交际规则。日常会话大多是通过语音形式即兴进行的，口语交际没有事先设计好的文本，为了使交际顺利推进，或者促使对方注意自己的焦点信息，说话人常常使用一些引导对方理解话语含义的标记性话语，比如"说得明白点儿、你看、是这个样子的"等，这些对语句的命题义不产生实际影响的话语被称为"话语标记"③。

话语标记作为听说双方了解对方交际意图的重要标引手段，自20世纪50年代以来，逐渐受到国内外学者的关注。研究者从语用学、社会语

---

① 李宇明：《语言学的问题意识、话语转向及学科问题》，《广州大学学报》（社会科学版）2019年第5期。
② 赵蓉晖：《语言社会功能的当代理解》，《中国社会科学》2017年第2期。
③ 关于"话语标记"定义的详细讨论，见第二章第一节。

言学、心理学等多个角度对话语标记进行了探讨。随着研究的深入,话语标记已引起学者们的广泛关注和持续兴趣。就汉语而言,关于汉语共同语话语标记的个案研究和与"说、讲、看、想"相关的类别研究已较为成熟,部分汉语方言(如北京话、东北话)中的话语标记也得到了系统研究。相比而言,目前对其他汉语方言话语标记的关注度还不够,尤其是西南官话中的话语标记,相关的研究成果还极少,这方面的研究尚存很大的拓展空间。具体的研究状况将在研究现状一节中探讨。

第一节 研究目的与研究意义

一 研究目的

出现在口语交际或书面语篇中的话语标记,虽然在句子结构的分析中被排除在外,成为可有可无的存在,但实际上,在它们概念义虚化的同时,产生或强化了特殊的语用功能,它们对话语的生成和理解起着至关重要的作用。话语标记至少具有三大语用功能:话语组织功能(语篇功能)、元话语功能和人际互动功能。研究话语标记有利于我们弄清交际双方的主观态度和言外之意,检验交际的有效性,总结言语交际背后蕴藏的语言奥秘。该研究还能促进自然语言信息处理研究的深化,有利于通过大数据对自然语言的生成和理解进行深入研究,最终推动人工智能对语言的深度学习和充分运用。

本书的研究以鄂渝川西南官话日常会话中的话语标记为研究对象,旨在通过对日常会话语料的分析,梳理出该方言区话语标记的分布特点、使用语境、出现频率及语用功能,总结西南官话的话语标记体系。在掌握不同年龄段人群话语标记使用情况的基础上,比较鄂渝川西南官话话语标记运用的地域差异和代际差异。

二 研究意义

(一)理论意义

汉语话语标记研究的主要理论基础如话语分析理论、会话含义理论、言语行为理论、关联理论、评价理论等均引自西方语言学理论,这些理论是基于印欧语系的语言事实提炼出来的,我们不可能完全照搬来分析汉语。汉语话语标记研究要建立自己的分析理论必须广泛研究包括汉语方言在内的语言事实。本书的研究是在整理大量日常会话的基础上开展的,提供了鄂渝川西南官话区话语标记使用的具体情况,能够为本土理论的建立提供事实依据和数据支撑。

另外,本书以日常会话为研究内容,有助于加深对口语交际本质的认识。口语交际不是毫无意义的闲聊,它同书面语一样,要承担信息传递功能和情感抒发功能。同时,口语交际还要发挥以言行事功能和寒暄功能。这些功能的实现与话语标记的引导作用密切相关,话语标记在口语交际中的出现频率也远高于书面语。当前学界不乏对汉语话语标记的类别研究和个案研究,但对话语标记系统提炼不够,许多汉语方言中的话语标记尚未得到充分认识。本书通过对西南官话鄂渝川地区话语标记的研究提供了一个区域性样本,有利于提升话语标记研究的系统性。

(二) 实践意义

有利于方言研究的深化和方言资源的保护。《国家中长期语言文字事业改革和发展规划纲要 (2012—2020 年)》提出要"实施中国语言资源保护工程,收集整理汉语方言、少数民族语言和民间口头文化的实态语料和网络语料,建设大规模、可持续开发的多媒体语言资源库,开发语言展示系统,编制和完善中国语言地图集、语言志等基础性系列成果。"对于西南官话这种使用人口众多、分布地域广阔的方言有进一步研究其实态语料的必要,而传统的方言研究主要从静态层面描写方言语音、词汇和语法,对方言的实态呈现情况研究较少。本书意在借助大量的实态语料,对该方言的实际使用情况进行动态观察,通过研究方言中的话语标记来了解西南官话的全貌,为方言研究者和语言资源保护工作者提供一些参考。

目前对汉语话语标记的研究主要涉及汉语书面语篇和北方方言中北方地区的部分方言片,对其他官话方言关注较少。鄂渝川西南官话作为汉语北方方言的一部分,使用人口众多,其话语标记仅有少数学者有零星研究。因此,研究该方言中的话语标记不仅有利于全方位认识该方言,了解该方言的实态呈现状况,还能在一定程度上弥补我国汉语话语标记研究涉及范围不广、深入程度不够的缺憾。

第二节 研究现状

话语标记研究自20世纪80年代开始,研究队伍日渐增多,研究对象由最初的以英语为主发展为多种语言并重。英美等印欧语系国家已形成一些代表性的研究流派,我国的研究成果也日渐丰富。

一 国外话语标记研究现状

国外对话语标记的研究,最早可以追溯到20世纪50年代。在一次题为《随意的交谈——日常口语的一些特征》的讲座中,伦道夫·夸克(Randolph Quirk)提到了一些在日常口语中经常出现的"修饰语",并以"well, you know, you see"等为例分析了这些"修饰语"的特点。他指出这些"修饰语"在句法结构和信息传递中不起任何作用,但在口语交际中却使用频繁,无论是当今的口语还是16世纪莎士比亚戏剧的对话中都经常出现。因此,夸克认为这些一再出现的标记应该具有相当重要的价值。与夸克几乎同时认识到话语标记独特之处的还有查尔斯·弗里斯(Charles C. Fries)。在 *The Structure of English*(1952)一书中,他将功能词划分为15类,其中K组(well, oh, now, why)频繁出现在"回答部分"(response utterance units)的起始部位,更多情况下是在连续交谈的句子开头处。[①] 弗里斯分出的这一组就是后续研究者探讨的话语标记。不过,两人的意见在当时并未引起其他学者的重视,在此后的二十年间也没有人对此做深入研究。

直到20世纪80年代,伦道夫·夸克所说的"修饰语"才再次引起了人们的关注,由于研究视角不一,彼此看法不同,当时的研究者所用术语各不相同,包括 sentence connectives(Halliday & Hansan, 1976)、discourse signaling devices(Polanvi & Scha, 1983)、discourse particles(Schourup, 1985)、pragmatic connectives(Van Dijk, 1985)、pragmatic

---

① 转引自黄大网《话语标记研究综述》,《福建外语》2001年第1期。

formatives（Fraser，1987）、semantic conjuncts（Quirk et. al.，1985）、pragmatic expressions（Erman，1986，1987，1992）、discourse markers（Schiffrin，1987）、discourse connectives（Blakemore，1987，1992）、pragmatic markers（Fraser，1988，1990；Brinton，1996）、pragmatic particles（Östman，1989，1995）、discourse operators（Redeker，1990，1991）、pragmatic operators（Ariel，1993）等。现在大多数研究者已倾向于使用"discourse markers"，简称 DMs。① 众多的研究逐渐形成了几个代表性流派。

（一）以希芙林（Schiffrin）为代表的"连贯"（coherence）派

希芙林（1987）通过参与式访谈的方式，记录了她与几个家庭之间的交谈内容，通过分析其中频繁出现的11个话语标记"oh，well，and，but，or，so，because，now，then，you know，I mean"，形成了《话语标记》(*Discourse Markers*) 一书，并于1987年在剑桥大学出版社出版。② 在该书中，她首先描述了这些话语标记的具体用法，再分析其语用功能。她认为这些话语标记各自承担了不同的功能，比如"and，but，or"都是话语连接语，"and"除了连接几个话语单位以外，还可以延续说话人的话语行为；"or"是选择性标记，给听话人提供不同的选择；"but"具有对比性语义，其前后信息在语义上或评价态度上能形成某种对比，该标记还可帮助说话人回到原话题；"well"是回应标记，它的出现常常表示听话人要对说话人作出回应，而且它还可以衔接前后话语，使表面不连贯的话语连贯起来。在用大量实例分析话语标记具体表现的基础上，希芙林对话语标记的特点、定义和功能进行了归纳。

希芙林在该书中多次提及，每一个话语标记都有核心意义（core meaning），但并没有就此展开具体论述。关于话语标记的连贯功能，她重点讨论了话语标记对邻近语对（adjacency pair）的影响，即话语标记对局部连贯所起的作用，但没有探讨话语标记对整体连贯起何作用，即未讨论说话人如何利用话语标记从宏观上增强话语的连贯性。

---

① Fraser, B., "What are Discourse Markers", *Journal of Pragmatics*, Vol. 31, No. 7, 1999, pp. 931-952.

② Schiffrin, D., *Discourse Markers*, Cambridge: Cambridge University Press, 1987.

(二)以布莱克摩尔(Blakemore)为代表的"关联"(relevance)派

布莱克摩尔的研究是在关联理论框架下进行的,主要探究话语联系语(discourse connectives)是怎样对会话含义进行约束并引导听话人理解话语的。其理论基础是斯波铂(Sperber,1986)和威尔逊(Wilson)提出的关联理论(Relevance Theory)。该理论指出,交际是一种认知活动,人类的认知往往力求以最小的心理投入,获取最大的认知效果。交际行为是一个明示——推理(ostensive-inferential)过程,说话人提供明示信息,听话人结合语境推理说话人的交际意图。二人在1995年出版的《关联性:交际与认知》(第二版)中提出了交际的两条原则:认知原则(寻找最大关联)、交际原则(设想最佳关联)。根据该理论,为了让听话人理解话语时付出尽可能小的代价,说话人会竭尽所能清楚表述话语信息,并使用各种语言手段来引导听话人寻找话语的关联性,话语标记就是实现这一目标的有效手段之一。布莱克摩尔(1987,1992,2000)从关联理论入手,探讨了"so""but"等话语标记对话语理解的作用,并通过系列论文和专著研究了话语标记与语义、修辞、语用之间的复杂关系。

(三)以弗雷泽(Fraser)为代表的"语用"(pragmatic)派

弗雷泽(1999)认为话语标记是来源于连词、副词和介词短语等句法类别中的表达式,用来标示它们引出的语段与前面语段之间的关系。他强调只有那些连接两个或两个以上小句的词语才是话语标记,其作用就是用来明示或凸显同一语段中前后话语单元之间的语义关系。弗雷泽指出,话语标记主要体现当前话语S2与前述话语S1之间的关系,它们的核心意义是程序性的(procedural)。这些话语标记为话语理解提供指引,帮助听话人对前后语段间的关系进行识别与理解,让听话人及时准确理解说话人意图。他建议将话语标记视为"语用类别",认为话语标记语本身的语义内容或命题意义已弱化,主要在语用功能上起作用。弗雷泽根据语用功能把话语标记分为四类,分别为对比性标记语(contrastive markers),如 but, contrary to this/that, conversely;阐发性标记语(elaborative markers),如 above all, also, analogously, besides;推导性标记语(inferential markers),如 accordingly, all things considered, as a conclusion;主题变化标记语(topic change markers),如 back to my original point, before

I forget, by the way 等。①

（四）以特劳格特（Traugott）等人为代表的"语法化"（grammaticalization）派

除了以上各个流派以外，还有不少学者对话语标记的语法化问题进行了探讨，其中代表性的研究者有布林顿（Brinton）②、特劳格特和（Dasher）③等人。他们考察了副词性话语标记的发展趋势，认为其有一个从谓词性副词到句子性副词再到话语标记的发展过程。这一派的研究将语法化理论和话语标记相结合，拓宽了语法化研究的范围。他们的观点对我国的话语标记研究也产生了深远影响。

此外，《语用学杂志》（*Journal of Pragmatics*）于1986年、1990年、1998年、2009年几次推出关于话语标记研究的特辑。几次特辑的出版进一步推动了话语标记的相关研究，使研究范围拓展到计算语言学、社会语言学、应用语言学等多个研究领域。研究也更加深入，从共时层面走向历时层面。

近些年人们的研究热情依旧未减，发表了大量研究成果。以经常刊登话语标记研究文章的《语用学杂志》为例，以"Discourse Markers"为关键词对该刊进行检索，检索结果显示近5年每年均有60篇相关论文发表。最近10年，关于话语标记的研究发文最多的年份为2011年，共156篇。这些论文的研究对象涉及英语、汉语、西班牙语、芬兰语、苏格兰盖立语、阿拉伯语、希伯来语、僧伽罗语（锡兰文）、朝鲜语等多个语种，研究者也来自各个不同的国家，可见话语标记研究在全球范围内都引起了学者们的持续关注。其中有些作者是已经研究话语标记数十年的研究者，如较早研究话语标记的代表之一 Bruce Fraser 笔耕不辍，近年屡有新作，在该刊发表了（The combining of Discourse Markers – A beginning）

---

① Fraser, B., "What are Discourse Markers", *Journal of Pragmatics*, Vol. 31, No. 7, 1999, pp. 931–952.

② Brinton, L., *Pragmatic Markers in English: Grammaticalization and Discourse Functions*, Berlin: Mouton de Gruyter, 1996, pp. 33–36.

③ Traugott, E. & Dasher, R., *Regularity in Semantic Change*, Cambridge: Cambridge University Press. 2002, p. 187.

一文。① 他在文中分析了哪些话语标记可以共现，哪些不能同时使用。比如"however"可以和"on the other hand"共现，"but"可以与"yet, alternatively, instead"等分别共现，但不能同时共现。弗雷泽探讨了其中的原因并对同时出现的多个话语标记在句中所起的不同作用进行了分析。研究表明他关注的话语标记已经从个别标记转向组合标记。

总体来看，国外话语标记的研究虽然已有近50年的历史，但仍有进一步发展的空间。尚存的不足主要是系统性的宏观研究不多，大多以某个或某类具体的话语标记为研究对象。就语种来看，仍以英语的话语标记为主，理论基础依然以连贯理论、关联理论、言语行为理论、话语分析理论为主，尚无新的突破，非英语国家的相关研究也以这些理论为支撑，缺乏结合自己语言的独创性理论。

二 汉语话语标记研究现状

较早自发地从标记视角来研究汉语的是清代法国来华传教士马若瑟，他的《汉语札记》（*Notitia Linguae Sinicae*）完成于1728年，书中多次提到"标记"（原词 nota）一词，英译为"mark"或"sign"，其含义即为"标记或标志"。《汉语札记》提到了词类标记、属格标记、语气标记、时态标记、关联标记等。② 其中表惊叹与同情的标记"乎"与今天所说的话语标记有一定的关联。但马若瑟所处的时代标记理论（Markedness Theory）尚未形成，他的研究体现了18世纪书面汉语中类似话语标记成分的存在。

中国学者对汉语话语标记的研究最早可以追溯到《马氏文通》（1898/1998），该书关于虚字中连词的探讨涉及了今天所说的话语标记，如表示提起的虚字"夫、且"等。③ 此后其他学者如王力（1946）的"插语法"、高名凯（1948）的"插说"、赵元任（1968）提到的"连词

---

① Fraser, B., "The combining of Discourse Markers – A beginning", *Journal of Pragmatics*, Vol. 86, No. 6, 2015, pp. 48 – 53.
② 刘亚辉：《清代来华传教士马若瑟〈汉语札记〉中的标记理论》，《澳门语言学刊》2014年第1期。
③ 马建忠：《马氏文通》，商务印书馆1998年版，第277页。

的超句用法"也属于这一类。陆俭明（1985）的"主从关系连词"，廖秋忠（1986）的"连接成分"①，以及黄伯荣等（1997）所说的"插入语"②均属此列。另外还有胡裕树的"独立成分"，邢福义的"语用成分"，钱乃荣的"句子的游离成分"等。这些都是西方话语分析理论和话语标记研究引进之前的研究。关于插入语，邢红兵（1997）、司红霞（2007）、邱闯仙（2010）等还对其进行了专门研究。他们认为插入语和话语标记之间的区别主要在于前者是句法分析层面的术语，而后者是语用分析层面的术语。

自2000年前后冉永平、黄大网等引进介绍了国外关于话语标记的相关研究论著后，国内对话语标记的关注逐渐增多。最初的研究深受英语话语标记研究的影响，如冉永平（2003）认为在不同语境下，英语话语标记well可以充当言语行为面子威胁缓和语、言语行为缓延标记语、信息短缺标记语和信息修正标记语。③外语学界的研究成果促使汉语学界开始关注汉语中与此有类似功能的话语标记，后研究范围逐渐拓宽，现已取得丰硕成果。其中博士论文有冉永平（2000）、张小峰（2003）、刘丽艳（2005）、李秀明（2006）、于海飞（2006）、李咸菊（2008）、安娜（2008）、许家金（2009）、邱闯仙（2010）、孙利萍（2012）、高红云（2012）、周莉（2012）、施仁娟（2014）、吉晖（2014）、陈睿（2015）、李丽娟（2015）等20余篇，另有硕士论文70余篇。他们或关注汉语口语中的话语标记，或关注某类话语标记自身的特点，或关注话语标记在语言教学中的作用。已出版的专著近20部，其中约1/3在博士论文基础上改写而成，如刘丽艳、司红霞、李秀明、孙利萍等的著作。许家金（2009）与其他研究者不同，将关注的话语主体限定在青少年上，其专著《青少年汉语口语中话语标记的话语功能研究》着重对青少年自然口语中的四大类话语标记（回馈标记、指示标记、应答标记、连接标记）进行了研究。

---

① 廖秋忠：《现代汉语篇章中的连接成分》，载《廖秋忠文集》，北京语言学院出版社1992年版，第62—91页。
② 黄伯荣、廖序东：《现代汉语》（增订二版），高等教育出版社1997年版，第96—98页。
③ 冉永平：《话语标记well的语用功能》，《外国语》2003年第3期。

另外，李治平（2015）、曹秀玲（2016）、张黎（2017）等研究者，在考察大量语料的基础上，对话语标记进行了多视角研究，分别形成了自己的专著。除书名含"话语标记"的著作以外，还有廖秋忠的《廖秋忠文集》，姚双云的《自然口语中的关联标记研究》，以及司红霞的《现代汉语插入语研究》等，这些著作的研究对象也是话语标记。

成果中期刊论文数量颇丰，在中国知网上，以"话语标记"为主题词，可以检索到千余篇文献，按其研究重点和学术贡献大致可以分为以下几大类。

（一）界定话语标记的性质和特征

有关话语标记性质和特征的探讨起初源于对国外相关理论及话语标记术语的介绍。如冉永平（2000）《话语标记语的语用学研究综述》，黄大网（2001）《话语标记研究综述》和《〈语用学〉杂志话语标记专辑（1998）介绍》等。因为相关研究源于翻译和引进，而当时国外的研究在术语运用上并不一致，所以我国的研究在术语选择上也各不相同，对话语标记内涵和外延的理解亦有分歧。我国学术界用得最多的名称是话语标记语和语用标记。近年来"话语标记"这一名称逐渐得到学界认可，其他如语义联系语、话语小品词、语用联系语之类曾经使用过的名称已鲜有提及，语用标记偶有使用。

对于话语标记的界定，刘丽艳（2005）认为话语标记是一个相对封闭的功能类，她在其博士论文中将话语标记定义为"互动式口语交际中所特有的一类功能词或短语，它们在句法上具有相对独立性，在口语交际中没有概念义，只有程序义，其功能体现了认知主体的元语用意识"[1]。这种界定把话语标记理解为"功能词或短语"，但是忽略了类似小句的"谁知道、我告诉你、你知道吧"之类的句法结构。虽然刘丽艳本人就深入分析过"我跟你说/讲"等小句类话语标记的语用功能，但她对话语标记的界定却没有包含小句。[2] 李宗江（2009）指出"话语标记是一种语言

---

[1] 刘丽艳：《口语交际中的话语标记》，博士学位论文，浙江大学，2005年。
[2] 本书所说小句指单句和复句中类似单句的分句，其具体含义参见邢福义《汉语语法学》，商务印书馆2016年版，第10—12页。

表达式，可以是词、短语或小句"①。殷树林（2012）也用"表达式"来解决关于话语标记是词还是短语或者句子的分歧，其定义的话语标记"是有独立语调的，编码程序信息用来对言语交际进行调节和监控的表达式"②。

（二）探讨话语标记的成因与功能

对话语标记的形成，代表性的观点有词汇化、语法化、语用化等看法，语法化和语用化是伴随主观化进行的。沈家煊（2001）曾在引进国外相关理论时论及语言的主观性（subjectivity）和主观化（subjectivisation）问题，指出对"主观化"的研究有侧重历时相和侧重共时相两种取向，分别受到了语法化理论和认知语法的影响。③我国不少学者探讨话语标记成因时也借鉴了主观化理论和语法化理论。董秀芳（2007）认为话语标记先词汇化再语法化，也可以是二者综合作用的结果，并以"谁知道"和"别说"为例进行了分析。④李思旭（2012）结合"别说""完了""就是"三个话语标记的语法化演变过程，分析了话语标记的来源及形成动因。他对话语标记与句法位置、词汇化、语法化三者之间的关系，以及话语标记与副词、连词之间的关系问题均进行了梳理。李思旭对"别说"的语法化过程提出了跟董秀芳不一样的意见，他认为"别说"经历了"动词短语→强调副词→连词→话语标记"过程，而不是如董秀芳所说，由动词短语直接发展为话语标记。该文认为，"别说"等三个话语标记有先词汇化再语法化的过程。⑤

李宗江（2010）分析了"我说"类话语标记的来源，对董秀芳等人认为话语标记是词汇化的结果提出了质疑，他认为"话语标记的来源即使是词汇化问题，也和一般的其他词项的词汇化不同，其语形不确定的情况并不一定会随着时间而改变，存在着变体，这可能就是话语标记语

---

① 李宗江：《"看你"类话语标记分析》，《语言科学》2009年第3期。
② 殷树林：《话语标记的性质特征和定义》，《外语学刊》2012年第3期。
③ 沈家煊：《语言的"主观性"与"主观化"》，《外语教学与研究》2001年第4期。
④ 董秀芳：《词汇化与话语标记的形成》，《世界汉语教学》2007年第1期。
⑤ 李思旭：《从词汇化和语法化看话语标记的形成——兼谈话语标记的来源问题》，《世界汉语教学》2012年第3期。

形的特点，不能按照一般的词汇化来要求它，我们也不能做出它们会完全词汇化的期待"①。方梅（2000，2005）通过口语语料就具体词语虚化为话语标记的轨迹进行了探讨，如部分连词和认证义谓宾动词的语法语义弱化及语用功能强化过程，指出弱化连词具有话语组织功能和言语行为功能②；认证义谓宾动词虚化的起点是"去范畴化"，虚化程度与认证义动词自身的控制度密切相关。③

对于话语标记的功能，达成的共识是具备语用功能，包括话语组织功能、言语行为功能和主观评价功能等。屈承熹（2008）从关联理论视角切入分析了汉语句末虚词的语篇功能，认为"啊/呀""吧""呢"这些句末虚词除了标示情态以外，还具有篇章连接功能。④ 孙利萍，方清明（2011）认为话语标记的功能是有层级性的，所有话语标记都应该具有衔接连贯功能，其次应具有主观评价功能。孙雁雁（2011）把台湾口语中处于句末的"好不好"的功能归纳为询问、商量、请求、建议、确认、引起注意六类。⑤ 周明强（2013，2017）对坦言类话语标记、强调类话语标记"X 的是"的语用功能均进行了考察。叶川（2017）分析了"就是嘛"的语法化过程及篇章衔接功能，认为用作话语标记的"就是嘛"具有话题表态功能、话轮转接功能和承前接续功能。⑥ 王森（2017）认为"X 不 X"类附加问句的核心话语功能为表达积极交互立场，其具体表现包括征询允准、建立互动、增强语气和话语填充四个维度。⑦ 李宏宇（2017）认为"话是这么说"具有话轮转接功能、让步衔接功能、主观评

---

① 李宗江：《关于话语标记来源研究的一点看法——从"我说"类话语标记的来源说起》，《世界汉语教学》2010 年第 2 期。
② 方梅：《自然口语中弱化连词的话语标记功能》，《中国语文》2000 年第 5 期。
③ 方梅：《认证义谓宾动词的虚化——从谓宾动词到语用标记》，《中国语文》2005 年第 6 期。
④ 屈承熹：《关联理论与汉语句末虚词的语篇功能》，《华东师范大学学报》（哲学社会科学版）2008 年第 3 期。
⑤ 孙雁雁：《台湾口语中句末"好不好"的功能分析》，《汉语学报》2011 年第 4 期。
⑥ 叶川：《话语标记语"就是嘛"的语法化及其篇章衔接功能》，《淮海工学院学报》（人文社会科学版）2017 年第 12 期。
⑦ 王森：《基于立场表达的"X 不 X"类附加问句的话语功能》，《汉语学习》2017 年第 5 期。

价功能及自我推测功能。[①] 张宏国（2017）以"糟了"为例分析了反预期话语标记的功能。还有不少研究者在进行话语标记个案研究时论及了该标记的语用功能，多以衔接功能和主观评价功能为主。

（三）类别研究

部分成果对话语标记进行了类别研究，大家的分类角度各不相同。有的以话语标记自身的组成部分为关注点，如对言说类话语标记的研究；有的从功能切入，如体现言者主观态度的责怪类话语标记，表达消息来源的传信类话语标记等。以下几类是研究者关注较多的类别：

1. 言说类

该类研究成果颇多，研究重点集中在言说类话语标记的表现方式和虚化轨迹上。研究者大多以点带面，通过一些具体话语标记的特征论述该类标记的特点。刘月华（1986）较早关注了对话中"说""想""看"的特殊用法，刘嵚（2008）以"我说"为例论述了话语标记的语法化和主观化过程。胡斌彬、俞理明（2012）以"再说"为例探讨了词汇化和语法化对话语标记形成的交叠影响。杨才英、赵春利（2013）研究了言说类话语标记的句法、语义特征和功能。李治平（2014）分析了"说来"和"来说"及"X 说来／来说"的功能差异并进行溯源。李治平除了单篇论文分析各种言说类标记以外，还于 2015 年出版了专著《现代汉语言说词语话语标记研究》。孙利萍（2017）在前贤论述的基础上对言说类话语标记进行了深入研究，形成了博士论文和专著。孙利萍认为言说类话语标记的主观性及交互主观性比一般话语标记更强。孙爱峰（2017）在《"说"字话语标记研究》一文中提到比较常见的"说"字话语标记有"如果说、比方说、或者说、所以说"等，并分成八大类别详加分析。此外，还有不少学者对言说类话语标记进行了个案研究，此不赘述。

2. 责怪类

李宗江（2009）分析了"看你"类话语标记（"你看你""看你""你瞧你""瞧你"等），对其虚化过程和形成机制做了梳理，并将其语

[①] 李宏宇：《话语标记"话是这么说"语用功能探析》，《信阳师范学院学报》（哲学社会科学版）2017 年第 2 期。

用意义概括为"提示对方注意自己言语或行为的不当之处"①。郑娟曼、张先亮（2009）对责怪式话语标记"你看你"的归属、语义构成及语用功能做了探讨。乐耀（2011）通过分析"不是我说你"类话语标记的形成对会话中主观性范畴与语用原则的互动进行了深入探讨。吕为光（2011）认为"我说什么来着"已经从疑问句主观化为话语标记，其语用功能"是通过重复自己说过的话来表达对听话人行为的不满和抱怨"②。另外，潘先军（2013）、王素改（2017）等也对"不是我说你"的话语标记功能进行了分析。王素改认为："在语篇组织上，该标记具有开启话轮、延续话题和转移话题的功能；在交际情态表达方面，其核心功能是表示责怨语气。"③

除此以外，还有一些表达主观态度的话语标记也受到关注，如李先银（2015，2016）的系列论文关注了会话中的否定标记，如"喊""真是"等。苏小妹（2014）对面子威胁缓和语"不怕你＋V"进行了研究，认为该标记具有强烈的交互主观性，可以起到缓和尴尬气氛、调节人际关系的作用。另外，郑娟曼（2010），李宗江、王慧兰（2011），樊洁、丁崇明（2018），周明强（2018）讨论了带有体现警告或威胁态度的话语标记。

3. 传信类

胡壮麟（1995）、严辰松（2000）、朱永生（2006）等对汉语的言据性进行了探讨。刘云、李晋霞（2003）通过对比"如果"和"如果说"的差异分析了"说"的传信义，并通过多篇论文探讨了传信范畴的功用。张成福、余光武（2003）从插入语视角入手，探讨了汉语的传信表达。刘永华（2006）集中探讨了《马氏文通》中的传信范畴。陈颖（2009）的专著《现代汉语传信范畴研究》，主张把传信范畴的研究放在语言主观性的大视角之下，并通过具体的语法表现对现代汉语传信范畴进行了比较全面的研究。樊青杰（2008）也在其博士论文中对汉语传信范畴进行

---

① 李宗江：《"看你"类话语标记分析》，《语言科学》2009年第3期。
② 吕为光：《责怪义话语标记"我说什么来着"》，《汉语学报》2011年第3期。
③ 王素改：《论责怨式话语标记"不是我说你"的语用功能》，《河北北方学院学报》（社会科学版）2017年第1期。

了深入探讨，重点关注了汉语说话者如何使用传信语来表达信息来源，怎样判断所传达信息的可靠性等方面，另外还关注了汉语传信范畴和礼貌的对应关系。乐耀（2012）从人称和"了$_2$"的搭配入手对汉语传信范畴在话语中的具体表现进行了定量分析，并系统研究了传信范畴的性质。

此外，类别研究中还有一些文献涉及对某个地域话语标记的探讨。比如北京口语的关注者有方梅、李咸菊、刘丽艳等，她们研究了其中的"这个、那个、然后、完了"等标记。东北方言的关注者殷树林在其专著《现代汉语话语标记研究》中所用语例主要是东北方言电视剧《乡村爱情》中的对话。另外还有不少研究关注了对外汉语教学中话语标记的使用问题，如刘丽艳的博士论文有专章探讨，李治平的专著也对此做过探讨。

（四）话语标记个案研究

这类文献在话语标记的相关研究中所占比例最高，一部分以词语为研究重点，另一部分以短语或小句为观察对象。如杨扬、俞理明（2018）对次生叹词"好"反预期标记用法及衔接功能的探讨；朱军、史沛沛（2014）对"那什么"话语功能的分析；项开喜（2010）以"那谁"为例对"舌尖现象"语法化的分析；玄玥（2017）对"当然"语法化的梳理；王珏（2017）对准话语语气词的分析等。此外，马艳等（2018）关注了医患会话的话语标记，谈耀文（2017）分析了庭审会话中的话语标记，乐晋霞（2014）对由年度流行语虚化而来的话语标记"你懂的"进行了分析，认为其语用动因体现为默契心理、归属心理和批判心理。另外，其他研究者分析了"怎么着""其实""那什么""完了""回头""也是的"等，共一百多个不同的话语标记。据周明强（2015）的统计，"到2014年底，已有164个话语标记被作为专题研究过"[①]。

总体来说，虽然个案研究已涉及一百多个话语标记，但关于话语标记信息处理的研究和儿童话语标记习得的研究都还较少。姚双云（2015）对话语标记信息处理研究的现状进行了总结，并对将来话语标记的信息

---

① 周明强：《现代汉语话语标记研究的回顾与前瞻》，《浙江外国语学院学报》2015年第4期。

处理提出了设想,他希望能建设一个包含多种层级类型语料的口语语料库,建成包含多层信息的话语标记词库。邹立志(2018)和张廷群、胡明涛(2018)等对汉语儿童话语标记的习得情况进行了个案研究,分析了儿童掌握话语标记的月龄和使用特点。显然关于信息处理和儿童话语标记的研究队伍和研究成果都还有待加强。

仅就现代汉语话语标记研究而言,既有研究尚存的不足主要有以下两点:

其一,个案研究多,系统研究少。虽然个案研究是基础,但系统研究才能使相关研究走向深入。因此,系统研究将是话语标记研究的努力方向。

其二,北方方言关注多,其他方言关注少。北方方言的研究地域又集中在北方地区的方言上,如北京话、东北话等。今后应当扩大研究范围,全面了解不同汉语方言话语标记使用的全貌。

三 鄂渝川西南官话话语标记研究现状

鄂渝川西南官话区主要下辖区域在湖北省、四川省和重庆市,按《中国语言地图集》(第二版)的划分,分湖广片、川黔片、西蜀片和川西片。在中国知网上,分别以"湖北方言""四川方言""重庆方言"为主题检索,共检得文献1307篇,删除其中不属于西南官话的文献,再以该西南官话区所辖所有县市名加"方言"为主题分别检索,剔除其中的重复文献,共检得文献2327篇(检索时间为2021年1月19日)。这些论文主要研究了方言音系、方言语音、方言词汇、方言本字考、方言语法、方言中的某类词及个别词语以及方言与民俗文化等。这些文献中,有少量研究语气词的论文论及了这类词的交互功能和情态功能,与话语标记有一定的关联,其余文献均与话语标记无关。在四川大学图书馆的馆藏目录中再以前述搜索方式查询相关的方言著作,检索到专著一百余部,其研究内容也以方言音系、语音、词汇、语法为主,尚无以西南官话为语料开展的话语标记研究专著。

总体来看,现有文献研究西南官话话语标记的成果极少,仅有少量文献涉及。其中一部分是方言研究中涉及相关表达式的话语标记用法,但研究者并未从话语标记视角切入，只有极少数文献属于专门的话语标记研究。既有研究主要涉及以下话语标记：

杨雪漓、陈颖（2014）对四川方言语气词"哦"的语篇功能和人际功能做了探讨，认为该语气词多数时候充当了情态标记。杜克华、陈振宇（2015）以及白巧燕（2019）等对成都话句末语气词"嗦"的语义特点和情态功能做了分析。陈振宁（2018）在其博士论文《基于语料库多维特征聚类关联的成都话语气词研究》探讨了语气词"哈""噶"等的求证功能，求证功能涉及这几个语气词的话语标记用法。肖娅曼（2002）分析了成都话中的警告式"是不是的"，指出其非疑问用法意在表明言者要求听者立即做某事或者停止做某事的主观态度。从肖文所举的语例来看，这种警告式用法通常处于句末，与前面的话语之间有语音停顿，与表疑问的"是不是的"并不相同，其原有的疑问义已脱落，可以视为话语标记。

此外，还有多篇以成渝方言中的某类语气词为研究对象的硕士论文，如赵媛媛（2006）《成都方言语气词研究》，陈艳梅（2012）《成都方言语气词研究》等，在讨论语气词的功能时涉及传信功能和传疑功能。这些功能与从语气词发展而来的话语标记有一定的关联，在此不一一赘述。另外，何越鸿（2009）分析湖北利川方言语气词"哈"时探讨了该词的商榷合作功能，这正是其用作寻求回应标记的表现。谭伟、王洋河（2017）《"得行"在西南官话中的语法化现象透析》一文中所提到的"得行"的主观化过程与话语标记有一定的关联。李林（2017）的《鄂西利川方言表可能性的"得"字结构疑问小句研究》认为"得行不"具备多种语用功能，可以作话语标记，但他所举语例中的"得行不"尚带有明显的疑问特征，还没有完全虚化为话语标记。以上为方言研究中涉及成渝方言话语标记的文献。

专门从话语标记入手研究成渝方言的文献还极少。肖敏（2012）《四川话提示话语标记的语用分析》以四川方言中的"喂""哎""盯到点儿""看到点儿"这四个提示话语标记语作为切入点，分析了四川方言中的提示性话语标记的功能和语效。董思聪（2013）《重庆方言中几个含否定的话语标记》，描述了重庆方言中几个含否定词"莫""不"的话语标记"你莫说""你莫看""你不晓得""不是说"等,分析了它们在使用环境、产生途径诸方面的特点,认为词汇化演变在这些标记的形成过程中起着重要的作用。刘黎岗(2017)《重庆话话语标记词的语用功能》对重庆话语气词的六种语用功能进行了具体分析。王涛(2018)《重庆方言中准话语标记"不存在"的语用研究》,认为重庆方言的准话语标记"不存在"的核心意义是否定和弱化,以此让听话人宽心。这些是探讨成渝方言话语标记的文献代表,从单个标记或类别标记角度对成渝方言中现有的话语标记进行了探讨。另外,江佳慧(2019)的《话语标记"啊"的语用功能及形成机制》是以湖北省建始县的方言语料为基础进行的研究。该文把单用的"啊"在方言和普通话中的表现进行了对比,认为"啊"的话语标记功能已带有一定程度的普遍性。

从现有成果来看,整个西南官话的话语标记研究都还相对零散,成果数量较少。总体而言,我国的汉语话语标记研究,调查地域不广,涉及方言种类不多,汉语方言区除了华北东北等地的话语标记研究较多以外,还有许多汉语方言区的话语标记未引起关注。目前关注到的话语标记总体数量虽然不少,但类别研究还不深入,系统性不够;已有的研究还存在扎堆关注某个或某类话语标记的现象。汉语内部情况复杂,话语标记形式多样,功能不一,应该从系统的角度,在多层次的汉语方言关系中,从最基础的层面入手,展开全面的调查,进而呈现汉语话语标记的全貌。

第三节 研究对象和研究内容

一 研究对象

本书的调查对象是鄂渝川西南官话区运用方言交流的男女老少,他们是日常会话中话语标记的使用主体。调查到的西南官话使用者中,80岁及以上占5%,60—79岁25%,40—59岁25%,20—39岁25%,20岁以下20%。从学历来看,大学及以上学历占30%,高中学历26.7%,初中学历33.3%,小学及以下10%。(具体情况见表1—1)对话主体大多为彼此熟悉的对象,如家庭成员、朋友、同学、熟人,也有陌生人之间的交流,如买卖双方、路人之间、扶贫干部与村民等。

表1—1　　　　　　　　调查对象基本情况一览表

调查细目		人数（个）	比例（%）
性别	男	56	46.7
	女	64	53.3
年龄	80岁及以上	6	5
	60—79	30	25
	40—59	30	25
	20—39	30	25
	20岁以下	24	20
学历	大学及以上	36	30
	高中	32	26.7
	初中	40	33.3
	小学及以下	12	10
地域	成都	40	33.3
	重庆	38	31.7
	恩施	42	35

在调查地点的选取上，以相互接壤的鄂渝川西南官话区各取一点作为核心调查区，便于对比其内部差异。湖北取与重庆接壤的恩施州，重庆取重庆市，四川取成都市。（因恩施市属县级市，其人口规模远少于成都重庆，因此把整个恩施州的西南官话区纳入调查对比范围，详见第五节语料来源的具体说明）

研究对象是语料中出现的所有话语标记，重点研究出现频次多的典型话语标记。在口语交际过程中，多数会话片段都有话语标记参与，极少数交谈片段没有话语标记出现。这些话语标记可能出现在交谈开始，也可能在交谈过程中，还可能出现在交际即将结束时。如常在交际之初出现的"喂""诶""我说"；会话即将结束时常用的"好"等标记；在交际过程中出现的话语标记最多，如延续话轮、填补空白的"嗯啊"类，转换话题的"哦""对了""那"等；对话语自身起解释作用的"也就是说""换句话说"，使信息凸显的"说白了""说句不怕掉底子的话"等；还有提醒听话人注意的"你看""我跟你讲""晓得不"等。

二 研究内容

(一) 鄂渝川西南官话话语标记的界定

这项内容包括界定话语标记的判定标准和提出合理分类依据两大方面。首先结合前贤对话语标记所下定义，针对现有分歧，对其内涵与外延重新界定。根据研究对象的形式特征和语用特征，提出本书判断和归纳话语标记的方法，以语用功能、韵律特征和句法特征为主要判断依据。然后根据该方法筛选出调查材料中可以归入鄂渝川西南官话话语标记的所有对象，再根据其出现频次的高低选择研究对象。

其次参照话语标记现有分类标准的优势和不足，提出本书的分类标准。在形式分类、来源分类、功能分类等多视角分类的基础上，结合话语标记自身最突出的功能特点，从功能类入手具体分析。从功能角度将话语标记分为三大类：话语组织功能标记、元话语功能标记和人际互动功能标记。其中话语组织标记又分会话开启标记、话轮控制标记、话题转换标记、会话终止标记4个次类；元话语标记又可细分为自我反馈标记、消息来源标记、解释说明标记、信息凸显标记、换言标记5个次类；人际互动标记可分为提请注意标记、寻求回应标记、回应对方标记、协商调节标记4个次类。在具体分析过程中，根据需要在次类下再分小类。

(二) 功能类高频标记个案研究

语用功能是话语标记最突出的特征，功能类即本书的重点研究内容。将话语组织功能标记、元话语功能标记、人际互动功能标记各列一章，把语料中出现的所有话语标记按其主要功能分别纳入三个类别，以出现频次高、对比价值大、地域色彩强的话语标记作为分析重点。这几章均在个案研究的基础上，分析该类标记的出现语境、语用特点和虚化轨迹。对于语形相同功能各异的表达式视为不同的话语标记分别探讨。如"哦"既可以作组织话语的话题转换标记，又可以作回应对方的认同标记，则分别记为"哦$_1$""哦$_2$"，将前者放到话语组织功能标记中研究，将后者放到人际互动功能标记中研究。

（三）西南官话话语标记的来源、成因和功能

通过大量的个案研究，探寻这些话语标记的来源，总结西南官话话语标记的分布特点和语用功能，比较其与普通话话语标记的异同，力求提炼西南官话中最具辨识度的话语标记，丰富汉语话语标记数据库建设。在探寻这些话语标记使用规律和形成机制的基础上，归纳西南官话的话语标记系统。

第四节　理论基础

一　会话分析理论

会话分析（Conversation Analysis）是由萨克斯（Harvey Sacks）首创的分析方法，该分析方法的早期代表有萨克斯及其合作者谢格洛夫（Emmanuel Schegloff）和杰弗逊（Gail Jefferson）等人，经过几十年的发展，逐渐形成了较为成熟的会话分析理论。萨克斯1964年在加州大学洛杉矶分校给学生上课时通过三段电话录音分析了会话序列的规则（Rules of Coversational Sequence），最先揭示了会话中的毗邻对和会话序列，开启了会话分析研究的先河。

会话分析理论认为，自然会话并不像表面看来那么杂乱无章，而是有内在结构和规则的。会话分析学派通过探寻人们共同遵循的交际规则揭示会话结构的内在规律。其考察重点是日常会话的整体结构和局部结构，主要分析会话中前后的话语如何相互制约，怎样形成连贯的话语等。会话分析学派采用细致的归纳方法研究日常对话，根据大量的录音材料归纳反复出现的会话模式，总结自然口语的交际规则。会话分析学家常用的话语结构术语有话语序列（sequences）、话轮交接（turn-taking）、修正（repair）等。[①] 本书运用会话分析理论分析口语交际者运用什么样的交际手段开启会话、延续话轮、抢占话轮、转换话题和结束会话。话语标记就是听说双方掌控交际进程的重要手段，运用会话分析理论可以探知自然口语的会话规则和基本结构。

[①] 刘虹：《会话结构分析》，北京大学出版社2004年版，第11页。

本书的研究还借鉴了话语分析的理论和方法，有研究者认为，会话分析是话语分析（Discourse Analysis）的分支。① 不过会话分析和话语分析的关注对象、分析重点和分析方法都各有侧重。会话分析重在分析会话结构序列的呈现规律，探索语对之间的关系以及修正机制的形成等方面。而话语分析主要研究实际运用中的口语和书面语的结构模式、语义特点、语用特点以及话语生成和理解的规则等，重在探讨认知因素和社会因素对日常交际话语的制约。

话语分析是20世纪60年代末、70年代初发展起来的新兴学科。美国语言学家哈里斯（Z. S. Harris）发表于1952年的Discourse Analysis一文对话语分析有开创之功。哈里斯在文中肯定了话语的作用，指出"语言不是在零散的词或句子中发生的，而是存在于连贯的话语中"②，并试图找出与句子平面类似的话语结构单位，但哈里斯没有重视语义因素。此后Dell Hymes从社会学角度进行的口头言语研究，奥斯汀（Austin）、塞尔（Searle）的言语行为研究以及格赖斯（Grice）等的语用学研究都直接或间接促进了话语分析的发展。本书在分析话语标记的连贯功能以及说话人视角与说话人主观态度等方面时参考了话语分析的相关研究。

二 言语行为理论

言语行为理论（Speech act theory）的初创者是英国哲学家奥斯汀（Austin, J. L.），他在20世纪50年代提出了说话就是做事的观点，其《如何以言行事》（*How to Do Things with Words*）是该理论的代表作。他的学生美国哲学家兼语言学家塞尔（Searle, 1969）对该理论进行了拓展塞尔的《言语行为：语言哲学论》（*Speech Acts: An Essay in the Philosophy of Language*）一书系统介绍了其言语行为理论。奥斯汀把语句分为有所为之言（performatives，即行为句）和有所述之言（constatives，即叙述句），行为句能实施不同的言语行为，展示不同的语力（illocutionary force）。③ 后期奥斯汀认为部分叙述句也具有行为功能。如说话人说出

---

① 刘虹：《会话结构分析》，北京大学出版社2004年版，第1页。
② Harris Z. S, "Discourse Analysis", *Language*, Vol. 28, No. 1, 1952, pp: 1 - 30.
③ Austin, J. L, *How to Do Things with Words*. 2nd ed, Oxford: Clarendon Press, 1975.

"今天这里真冷"这样的叙述句,在特定情况下可以让听话人实施关闭门窗的行为。奥斯汀认为说话人在说出一段话语的同时,也通过话语实施了某个交际目的或执行了某个任务,说出的话语在听话人身上会产生某种效果或结果,因而把言语行为分成三类:以言指事行为(locutionary act)、以言行事行为(illocutionary act)和以言成事行为(perlocutionary act)。

　　塞尔归纳了几种可以实施基本言语行为的语句:其一为表述型(representative),可以作出断言,得出结论;其二为指令型(directive),可以提出要求,下达命令;其三为承诺型(commissive),可以提供保证,作出威胁;其四为表情型(expressive),可以表达感谢、祝贺或歉意;其五为宣告型(declaration),可用来命名、宣判、解雇等。[1] 不少话语标记的出现帮助说话人实施交际目的,展现了说话人的言外之意,或者体现说话人的主观愿望,其功能跟言语行为密切相关。如话语标记"不是我说你"往往引出的是言者对听者的批评,其目的就是要"说你",只是通过话语标记的添加缓和了说话时的语气。因此本书在进行个案研究时常以言语行为理论作为分析依据。

三　关联理论

　　法国学者斯波铂和英国学者威尔逊(Sperber & Wilson,1986/1995)从人类认知角度提出了关联理论(Relevant Theory)。他们于1986年在合著的《关联性:交际与认知》(*Relevance:Communication and Cognition*)中正式提出关联理论,此后十多年间又不断修改完善。在1995年出版的《关联性:交际与认知》第二版的后序中,斯波铂和威尔逊对他们最初提出的一条关联原则进行了优化和修改,增加了一条认知原则,最终形成了两条人类交际的关联原则,一为认知原则:力图寻找最大关联;二为交际原则:力图寻找最佳关联。对听话人而言,要尽力寻找最佳关联,力图理解说话人的全部交际意图;对说话人而言,要尽力通过最大关联准确表

---

[1] Searle, J. *Speech Acts:An Essay in the Philosophy of Language*, London:Cambridge University Press, 1969.

达自己的所思所想,尽可能让听话人付出最小努力理解自己的话语。关联理论认为,人们的交际过程实际上就是明示——推理过程,听说双方通过两条原则的交替运用将交际过程不断向前推进。人类的认知特点力求以最小的心理投入获取最大的认知效果,理解话语的过程就是一个不断推理不断筛选的过程。[①] 话语标记便于说话人给听话人提供引导,对听话人在理解话语时所做的种种假设加以限制,从而收窄其推理范围,为理解说话人的话语付出较少的努力。话语组织功能标记和一些人际互动标记常常起限制和引导作用,本书在个案分析过程中也以关联理论为支撑。

另外,在具体的分析中还使用到会话含义理论(The Theory of Conversational Implicature)、评价理论(The Appraisal System)和语法化理论。会话含义理论的提出者格赖斯认为:"我们的谈话通常不是由一串互不相关的话语组成的,否则就会不合情理。它们常常是合作举动,至少在某种程度上参与者都承认其中有一个或一组共同目标。"[②] 格赖斯分析会话规律后提出了合作原则(Cooperrative Principle),并用数量、质量、关系、方式四条准则进一步说明了合作原则的内容。我们分析的会话材料,其交谈各方都需遵循合作原则,因此对会话含义理论也有所运用。

韩礼德(Halliday,1997)把语言的纯理功能分为三种:概念功能、人际功能和语篇功能。话语标记可以表明说话人对所说话语的立场和态度,或者对听话人在交谈语境中的角色立场和态度进行判断,具有主观性。借助评价理论,我们可以更全面更深入地分析话语标记的主观性,了解言者的立场和态度。另外,探讨话语标记的成因时会借助语法化理论进行分析,语法化通常是指语言中意义实在的词转化为无实在意义、表语法功能的成分这样一种过程或现象。现有研究表明,话语标记的形成和语法化、主观化、交互主观化密切相关。汉语中许多以词语形式出现的话语标记多由实词虚化而来,如连词、认知情态副词都有虚化为话语标记的现象,分析话语标记成因时将借助语法化理论探讨其虚化轨迹。

---

① Sperber, D. & Wilson, D., *Relevance: Communication and Cognition*, Oxford: Blackwell Publishers Ltd., 1986/1995.

② Grice. H. P., *Logic and Conversation*, In Cole, P. and Morgan, J., Eds., *Syntax and Semantics: Speech Acts*, New York: Academic Press, 1975, p. 45.

第五节 研究方法及语料来源

一 研究方法

（一）实地调查法

通过实地调查，借助录音或录视频的方式获取西南官话日常会话的音视频材料。调查点选取上，考虑其代表性、平衡性和人口密度。按照黄雪贞对西南官话的分区，鄂渝川西南官话主要区域包括四川、重庆和湖北省部分地区；《中国语言地图集》第二版的分区虽对第一版有调整，但鄂渝川西南官话区的主要涵盖区域依然是湖北省、重庆市和四川省。因此在三地彼此接壤的区域各取一个主要调查点，根据人口比例和地域分布，最终确定方言相关度较高的四川成都市、重庆市、湖北省恩施州为主要调查点（各点主要调查范围见附图）。调查对象选取不同年龄段、不同文化层次土生土长的男性女性若干名，对他们的日常交流会话进行录音。然后对录音材料进行转写，再对其中出现的话语标记加以分析归纳。调查对象基本情况已在表1—1做过说明。除了实地调查外，还收集整理了三个调查点的方言影视剧对话。

（二）文献研究法

广泛查阅相关中外文文献，对相关的电子资源和纸质文献按照相关度的高低和结论的可靠度进行分类整理。在此基础上拟出已有研究成果综述，学习前贤的研究经验，充分认识前人已经取得的成就和获得的研究结论，分析既有研究的薄弱环节，梳理前人成果可供商榷之处。探寻前人尚未涉猎或尚无定论的领域，据此确定研究对象。

（三）综合分析法

对语料中出现的话语标记进行全面记录，然后比较其使用语境、使用主体和使用频率，总结这些话语标记的使用规律，判断其属于群体特征还是个别现象。最后筛选具有群体特征的典型话语标记进行深入分析，探讨其分布特点、语用功能和形成动因。

二 语料来源

（一）语料获取途径

语料获取途径主要有两种。一是作者自己的调查录音。语料采集时间集中在 2017 年秋至 2019 年春。主要采集地点为西南官话区的四川成都市区、重庆市区、湖北省恩施州 8 县市中的 5 个县市（因恩施州州府所在地恩施市仅为县级市，地域范围远远小于成都市重庆市主城区，为保证调查范围的相对平衡，所以将调查范围辐射到恩施市周边县市）。其中成都市主要调查了市区的武侯区、锦江区、青羊区、金牛区和成华区；重庆市主要调查了重庆市区，另有渝北区邻近市区的小部分社区；恩施州主要调查了恩施市、利川市、咸丰县、建始县和宣恩县，以恩施市区为主。

录音内容分聊天型和半正式型两种。聊天型包括家庭成员、亲友、同学之间的日常闲聊和街头陌生人之间的对话，为保证话语交际的原生态效果，采用先录音后告知的方式；半正式型包括扶贫工作组到贫困户家中的访谈材料，土特产销售人员用方言对产品作出的介绍和推销等。这部分采用先告知后录音的方式。使用时注明采集地点，仅具体到市，不注区县。

二是方言电影、方言电视剧台词的转写。选取的影视剧依然来源于这三个地域。录音材料整理以后再转写成文字，转写时尽量保留话语的原始状态，对笑声和其他对话语交际产生作用的非言语声音也采用相应的符号予以记录，或在括号中用文字加以说明。方言影视剧转写材料使用时注明影视剧名称，相应剧名首次出现在语料中时加注首播时间。

（二）主要语料

1. 电影《麻将棒棒手》以及电视剧《幸福耙耳朵之新年礼物》（成都话）

2. 电视剧《山城棒棒军1》以及《生活麻辣烫》（重庆话）

3. 方言短剧《私房钱》以及《乡村纪事》（恩施话）

4. 自采语料（含成都话、重庆话、恩施话）

总语料库如表 1—2 所示。

表1—2　　　　　　　　　　总语料库

分 类	话 语 内 容	方言类型	语料来源	音（视）频时长
影视剧对话	《幸福炕耳朵之新年礼物》	成都话	电视剧	118 分钟
	《麻将棒棒手》		电影	87 分钟
日常对话	探望爷爷奶奶		自采	30 分钟
	拜访长辈			12 分钟
	搭便车			5 分钟
	吃饭闲聊			10 分钟
影视剧对话	《山城棒棒军1》（1-5集）	重庆话	电视剧	140 分钟
	《生活麻辣烫》（1-3集）			90 分钟
日常对话	打牌闲聊		自采	12 分钟
	防人贩子			5 分钟
	医院候诊			10 分钟
	食堂闲聊			10 分钟
影视剧对话	《私房钱》	恩施话	电视剧	50 分钟
	《乡村纪事》			125 分钟
推销话语	农特产品推销			15 分钟
扶贫对话	扶贫干部探访村民			5 分钟
日常对话	回忆童年美食		自采	10 分钟
	淘宝交流/逛街闲聊			22 分钟
	宿舍玩游戏/吐槽学校			18 分钟
	社团活动/谈支教经历			17 分钟
	利川风景与美食			10 分钟
	讨论杜嘉班纳事件			10 分钟
日常对话	零星语料集锦	西南官话	自采	19 分钟
合计				830 分钟

注：零星语料为每次录音不足5分钟的对话片段，内容主要为亲友之间的日常交谈，也有少量陌生人之间的短暂对话，转写后合为一份话语文档。

（三）语料转写说明

转写符号主要参考 Du Bois 和陶红印（2004）[①]，有增删和改动。主要符号代表意义如下：

1. （　）转写者的注释，说明非言语事件或者周围非语言声音；或

---

① 陶红印：《口语交际的若干理论与实践问题》，《语言科学》2004 年第 1 期。

对该方言作必要的解释。

2. (~) 表示声音拖长。

3. (N) 长停顿，不低于 6 秒，其中 N 表示停顿的秒数。

4. (...) 中停顿，停顿时间在 3—6 秒。

5. (..) 短停顿，停顿时间不超过 3 秒。

6. ([ ]) 话语重叠部分，表示几个说话人同时说话。"〔"表示同时说话的起始处，"〕"表示同时说话的结束处。

7. (@@@) 笑声。一个韵律单位用一个@，带笑声的话语置于两个@之间。

8. (XXX) 听不清楚的话语。

9. (|) 表示说话被强行打断，用在话语被打断处。

10. 自采语料中的人名已做变通处理。

11. 语例中出现的话语标记以加黑方式体现，用来对比的同形非标记用法则加下画线。

第二章

西南官话话语标记的界定与分类

要对鄂渝川西南官话中的话语标记进行研究，首先得明确研究对象，而对象的确定又依赖于对话语标记的理解。鉴于国内外对话语标记的界定颇有分歧，本章首先对"话语标记"这一术语加以解释，明确其内涵和外延，在确定其含义和特征的基础上，再对西南官话中的话语标记进行分类研究。

第一节 话语标记的界定

一 术语的选用

对话语标记的界定，国内外都曾经颇有分歧，目前也未完全达成一致。从术语来看，国外曾经有 discourse particles（Schourup，1985）、pragmatic connectives（Van Dijk，1985）、pragmatic formatives（Fraser，1987）等不同称法（见第一章关于国外话语标记研究现状的介绍），自 Schiffrin 的 *Discourse Markers*（《话语标记》）一书出版后，Discourse Markers 一词逐渐为大家所认同，国外学者大多采用了该名称，行文中常简称为 DMs。

我国学者在翻译引进相关研究时曾经也使用过许多不同名称，如语用联加语、逻辑联系语、语用标记语、话语小品词、话语标记等。[①] 方梅把话语标记看成语用范畴标记的一个子类，认为话语标记的功能在于组织言谈，语用标记的功能在于表达言者态度。随着研究的深入和研究队

[①] 冉永平：《话语标记语的语用学研究综述》，《外语研究》2000 年第 4 期。

伍的壮大，越来越多的研究者倾向于使用"话语标记"。本书对术语的中文名称也采用"话语标记"，英文名称采用认可度高的"Discourse Markers"。

二 话语标记的特征

在研究话语标记的过程中，许多研究者都是先研究了它的特征再确定其含义，有的研究者甚至只描述了它的特征。

（一）希芙林的观点

希芙林在其著作（*Discourse Markers*）给出了话语标记的操作性定义，她认为话语标记就是依存于前言后语、划分说话单位的界标。其判断标准是：①

1. 在句法上与句子可以分离，其有无不影响语句的合法性；
2. 经常位于语段之首，并且不与相邻成分构成任何语法单位；
3. 自身带有韵律曲拱，可以通过语调和调值高低来识别；
4. 可以作用于话语的局部（local）和全局（global），功能上具有连接性；
5. 语义上具有非真值条件性，即话语的有无不影响语句命题的真值条件。

（二）Brinton 的观点

希芙林的观点得到了不少同行的认可，其他研究者在她的基础上又对话语标记的特征从语音、语法、分布三个方面进行了综合归纳，其中较有代表性的是 Brinton（1996）总结的 5 个方面：②

1. 语音和词汇特征：短形式或语音上的弱化形式；独立的语调群（tone group）；难以归入传统的词类系统。
2. 句法特征：句首位置；居句法结构外围，与句法结构之间存在松散的关系；具有可选性，不是句法上的必有成分。

---

① Schiffrin, D., *Discourse Markers*, Cambridge: Cambridge University Press, 1987, pp. 31 – 41.
② 参见方梅《浮现语法：基于汉语口语和书面语的研究》，商务印书馆 2018 年版，导言第 xvi – xvii 页。

3. 语义特征：仅存极少或几乎没有命题意义。

4. 功能特征：多功能的，同时作用于语言的多个层面。

5. 社会语言学和风格学特征：主要用在口语而不是书面语；高频出现率。

Schiffrin 和 Brinton 的观点综合起来可以对话语标记的外显特征作比较全面的概括。即语音上独立，句法上不与其他成分产生关联，语义上命题意义基本消失，功能上可对局部连贯和整体连贯起作用。

三 话语标记的含义

（一）代表性看法

因切入视角不同、关注重点不一，不同研究者对"话语标记"的解释也各有不同。就我国话语标记研究者所作的解释来看，冉永平（2000）在引介国外研究时将"话语标记"称为"话语标记语"，并解释其含义为"一些在话语中起语用作用的词语或结构"[1]。刘丽艳（2005）认为话语标记是一个相对封闭的功能类，她在其博士学位论文中将话语标记界定为"互动式口语交际中所特有的一类功能词（或短语），它们在句法上具有相对独立性，在口语交际中没有概念义，只有程序义，其功能体现了认知主体的元语用意识。"[2] 刘在修改充实博士论文后形成的专著《汉语话语标记研究》中依然沿袭了这一说法，认为话语标记是相对封闭的一类功能词。[3] 任绍曾认为话语标记是话语范畴的概念，"是对语句意义无甚作用，但能表现话语结构的一组词"[4]。殷树林（2012）把话语标记定义为"有独立语调的，编码程序信息用来对言语交际进行调节和监控的表达式"[5]。张黎等（2017）认为"话语标记是那些口语交际中才出现的不具有概念和逻辑意义、独立于所在上下文句法结构之外的、只具有话

---

[1] 冉永平：《话语标记语的语用学研究综述》，《外语研究》2000 年第 4 期。
[2] 刘丽艳：《口语交际中的话语标记》，博士学位论文，浙江大学，2005 年。
[3] 刘丽艳：《汉语话语标记研究》，北京语言大学出版社 2011 年版，第 27 页。
[4] 任绍曾：《话语标记·导读》，[美] 希芙林（Schiffrin, D.）：《话语标记》，世界图书出版公司 2007 年版，第 13 页。
[5] 殷树林：《话语标记的性质特征和定义》，《外语学刊》2012 年第 3 期。

语交际功能的语言成分"①。

以上定义的共同点是都关注了话语标记的特征，包括韵律特征、语义特征、语法特征、功能特征等。冉永平强调了语用作用，他是在介绍国外相关研究的基础上提出的定义，因为语例主要是英文，当时已被研究过的话语标记就包括连词、副词、感叹词、短语和小句，所以冉永平用"起语用作用的词语或结构"来界定它们，并且用"话语标记语"而不是"话语标记词"来翻译该术语。冉永平所下的定义也适合汉语话语标记，但"语用作用"过于宽泛。刘丽艳的定义将话语标记界定为"相对封闭的功能词"，指出话语标记在数量上是有限的，这是其值得肯定的地方，但"功能词"却把小句形式的话语标记排除在外了，因此刘的定义过窄。事实上刘丽艳本人分析过"你知道吧""你知道吗"等类似于小句的话语标记，但她的定义有值得商榷之处。② 殷树林和张黎用"表达式"或"语言成分"涵括了话语标记的各类成分，但张黎把话语标记的出现语体限定为"口语交际"，排除了书面语篇，过于绝对，若限定为"主要出现在自然口语中"则更加客观。虽然书面语篇中的话语标记主要出现在对话语境或拟对话语境中，但非对话内容也是有话语标记出现的，比如"毫无疑问、事实上"这些加强肯定语气的话语标记就频繁出现在书面语体中。

(二) 本书观点

在吸纳前贤观点的基础上，我们认为，话语标记是自然口语中高频出现且具有句法独立性的话语管控成分。其特征主要有以下几点。

一是独立于句法结构之外。话语标记是话语层面而不是句子层面的概念，它并非句子必不可少的成分，对句法结构没有影响。本书界定的话语标记都可以删略，删略后不影响原来语句的合法性，也不影响原命题的真值，但对话语表达效果和连贯程度有一定影响。凡是删略后对原句的句法结构产生影响的一律排除在外。如以下两例中的"就是"，例（1）中的"就是"表示解释说明，是句法结构不可缺少的一部分，删略

---

① 张黎、袁萍、高一瑄：《汉语口语话语标记标记成分研究》，北京语言大学出版社2017年版，第19页。

② 刘丽艳：《话语标记"你知道"》，《中国语文》2006年第5期。

以后语句就不通顺，不能看作话语标记。例（2）中的"就是"目的在于回应对方的提议，删去以后也不影响句法结构的完整性，只是对话语的连贯度有一定影响，可以视为话语标记中的认同标记。

（1）凤姐：这个你就不懂了嘛，暖男是现在的一种时髦的说法，<u>就是</u>那种口干给我倒水喝，冷了给我热被窝，累了给我把肩搓，困了给我唱首歌的那种男人。

粑哥：你说的这个<u>就是</u>粑耳朵嘛@@。

（2）凤姐：哎呀，之前的事情真的对不起！不过这阵对了，总算圆满地解决了。

金银花：哎呀，凤姐，我也对不起你，不过我们好姐妹不说这些。

凤姐：**就是**，不说这些，不说这些！

（成都话：《幸福粑耳朵之新年礼物》2015 年首播）

口语中话语标记的出现位置因自身功能各异也有不同，有的常处于话轮（turn）之首，有的出现在话轮末尾，有的在话轮中间，有少量位置灵活，出现在话轮首尾均可。[①]

二是多为独立的韵律单位。多数话语标记有独立的语调，同前后话语之间常有语音停顿，有些语言形式发展成话语标记以后，语调会产生改变，如由疑问小句形式构成的话语标记常变为降调，与表疑问的疑问小句以升调结尾不同。方梅（2018）的观察是"说话人用在话轮末尾（turn final）的'（你）知道吗'，其编码形式是一个问句，韵律形式上却采用一个降调"[②]。声调的改变是这类标记由疑问小句变成话语标记的外显标志，它们不再表示发出疑问，而是提醒听者关注言者的话语，使双方的交际状态同步。

三是大多只有程序义，没有概念义。不管是来源于词、短语还是小

[①] 话轮指会话各方所说的话语，每换一次说话人则进入一个新的话轮，话轮的界定详见第三章第一节。

[②] 方梅：《浮现语法：基于汉语口语和书面语的研究》，商务印书馆 2018 年版，第 80 页。

句的话语标记，其原形式表达的概念义均已虚化或大部分虚化。由连词发展而来的话语标记已失去逻辑上的连接义，如"所以"不再表示语句之间的因果关联。方梅认为"语义弱化的连词在对话中虽然不表达真值语义关系，却是言谈中构架话语单位的重要的衔接与连贯手段。"① 由短语发展而来的"你看"类标记已失去原有的动作义，其中"看"由动作义发展出认知义再进一步虚化为话语标记。疑问小句发展而来的话语标记也失去了原来的疑问义，不需要听者作出肯定或否定的回答。

四是都具备语用功能。话语标记是因其语用功能受到关注的，具体分话语组织、元话语、人际互动三种不同的语用功能。所有的话语标记都有不同的语用功能，在话语中起衔接、引导、管控等作用。话语标记自身的概念义已虚化，虽然 Schiffrin 指出每个话语标记都有一个核心义，但这个核心义指的是语用功能方面的核心义。

五是在口语中高频出现。话语标记引导听者顺利理解言者话语，是会话双方都能理解并使用的语言成分，它成为标记的前提就是在交际中高频使用。因此，必须是使用这种语言的群体都认可，且被群体中的多数成员频繁使用的那些语言成分才能称为话语标记。仅仅是群体中少数成员偶尔使用或者某个成员因个人习惯频繁使用的语言成分都不能算作话语标记。

（三）话语标记与插入语的区别

我国语言学界在研究汉语语法时关注了插入语现象，早期有"插语法"（王力，1946）和"插说"（高名凯，1948）之类的命名。在20世纪七八十年代的现代汉语教材中，"插入语"这一名称使用最广。其中部分插入语在语形上与现在讨论的话语标记重合。二者的研究对象有交叉之处，但并非完全等同，因为视角不一样，研究对象也有不同。除了老一辈语法学家以外，邢红兵（1997）、司红霞（2007）、邱闯仙（2010）等也对插入语进行了专门研究。

对于插入语和话语标记的区别，主要的观点是二者命名的出发点不同。大家认为插入语和话语标记之间的区别主要在于前者是句法分析层

---

① 方梅：《自然口语中弱化连词的话语标记功能》，《中国语文》2000年第5期。

面的术语,而后者是语用分析层面的术语。孙利萍认为"插入语是就一个句子而言的,是从句法结构的角度命名的,话语标记是就语篇或会话而言的,不只局限于一个句子,可以是几个句子或者段落。因此,插入语研究是一种句法结构的静态研究,而话语标记研究是一种言语行为的动态研究"[1]。研究插入语多年的司红霞认为,插入语是粘附于核心句的汉语习用短语,能影响核心句的逻辑语义、命题意义,具有概念功能和人际功能,而话语标记只具有语篇功能,表现为使语句之间更加连贯,并指引听者理解前后话语。[2] 从她给插入语分出的语义类别来看,她所讨论的增加预设类、增加感受类、增加评价类、限定话语性质类、明示言语行为类插入语与话语标记是重合的,其他类别也有部分重合。

我们认为,虽然插入语和话语标记研究者的视角各不相同,但从研究对象来看,二者有相当大的一部分是重合的,尤其是涉及主观态度的插入语,都可以视为话语标记,如"我看""我认为""说心里话"等。不过,二者也有不重合的部分,如"想来""看起来""充其量"之类一般不单用,只能算作插入语;填补空白的"嗯""那个"以及一些回应对方的"哦""好好好"等标记就不能算作插入语。二者关注的对象是交叉关系,一部分插入语是话语标记,一部分插入语不是,反过来,一部分话语标记是插入语,一部分不是。

(四) 话语标记与口头禅的区别

"口头禅"原为佛教用语,指不能领会禅宗哲理,只袭用它的某些常用语作为谈话的点缀,后泛指常挂在嘴上但毫无意义的语句。口头禅虽然在删略后不影响句义这一点上与话语标记相同,但口头禅并不是话语标记。话语标记不是毫无意义的可有可无成分,是使用者的群体语言行为;而口头禅只是言者的个人用语,与个人语言习惯有关,对言语交际不起任何作用。下例中的"等于"虽然也在言语个体的口语交际中高频出现,但只能算作口头禅。

---

[1] 孙利萍:《现代汉语言说类话语标记研究》,社会科学文献出版社 2017 年版,第 40 页。
[2] 司红霞:《再谈插入语的语义分类》,《汉语学习》2018 年第 6 期。

(3) B男：这个房子是你们自己的嗦？

A男之妻：不是啊，我们一个朋友的，等于他原来就是开家庭麻将的。开家庭麻将呢，然后他就不想开了。他春节过后他想去上班。都是他的东西，麻将啊，这些。他是自己的房子，等于全部连这些麻将都租给我们。

(成都话：《搭便车》)

"等于"本表示前后数量相等或前后内容表义基本没有区别，此例中的"等于"没有这些语义。这两个"等于"虽然在概念义已虚化这一点上符合话语标记的特征，但却并不具备话语标记的语用功能，与后面的言语之间也没有语音停顿，在句中不体现说话人的元语用意识，而且只是言语社团中少数成员的用语习惯，因此只能视为口头禅。

个别口头禅可能因得到效仿而成为话语标记。比如，当代青年学生高频使用的"然后"，最初只是某些明星或网红的个别行为。这些明星在接受采访时因话语组织能力欠佳或准备不够不断用"然后"连接自己的话语，使"然后"在他（她）的话语中完全失去了该词本身承担的关联作用，成为连接所有语句的标记。他们的言谈方式通过媒体的不断传播成为大众尤其是青少年的效仿对象，久而久之，因高频使用发展成了话语标记。

马国彦（2010）认为口头禅是话语标记进一步虚化的标志，并以"然后"和"但是"为例加以分析，指出口头禅在形式、语义、功能方面与话语标记常规用法既有联系又有区别。[①] 厉杰（2013）对"口头禅"进行了系统分析，他的研究对象很宽泛，包括我们认为的口头禅和话语标记在内。通过他的例证，我们发现，他所分析的具有篇章功能的口头禅全部可以划归话语标记，具有人际功能的口头禅有部分属于话语标记，具有概念功能的口头禅才是我们界定的口头禅，如"我晕""郁闷"之类。[②] 肖更生（2013）也对口头禅作过多维度考察，他从形式特征、来

---

① 马国彦：《话语标记与口头禅——以"然后"和"但是"为例》，《语言教学与研究》2010年第4期。

② 厉杰：《口头禅：类别、机制与功能》，博士学位论文，上海外国语大学，2013年。

源、使用分布等多个角度分析了大量口头禅。他研究的口头禅绝大多数是符合个体言语习惯的习用语，如"我顶你个肺呀""我勒个去""神经病呀"等，这些都是我们认可的口头禅。在肖文的分析中，少量开启交际活动、促进语篇连贯、填补语流空隙的口头禅与话语标记有交叉，如"好""然后""这个"等。①

我们认为，口头禅对话语表达没有积极作用，而话语标记却具有特殊的语用功能，二者不能画等号。口头禅是个体的言语习惯，话语标记是语言群体高频使用的语言成分。凡是不具有群体特征的高频表达我们都排除在话语标记之外。至于话语标记会不会虚化为口头禅，还需要长期观察，不可妄下结论。

四 话语标记的功能

话语标记因其特有的语用功能受到研究者的重视，要对话语标记进行界定或分类都离不开对话语标记功能的探究。韩礼德（Halliday）指出语言具有三大纯理功能，分别是概念功能（ideational function）、人际功能（interpersonal function）和语篇功能（textual function）。话语标记所具备的主要是人际功能和语篇功能，此外部分话语标记还具有元语言功能。这三种功能属于高层次功能，各功能还可以因具体作用的不同细分出不同功能。如明示功能，强化功能，主观评价功能，反预期功能，提请注意功能等。

第二节 当前的主要分类

Fraser（1999）曾将英语话语标记分为对比性标记语、阐发性标记语、推导性标记语、主题变化标记语四大类。汉语话语标记研究者按照不同的分类依据对汉语的话语标记做过不同的分类。大家采用的分类标准主要有来源、组成成分、分布位置、语用功能等。其中功能类的小类划分分歧最大。

---

① 肖更生：《口头禅话语的多维度考察》，博士学位论文，华中科技大学，2013年。

一 几种代表性分类

李秀明（2011）和曹秀玲（2016）均采用二分法将话语标记分为语篇功能标记和人际功能标记两大类，并在此基础上分出不同的次类。李秀明将语篇功能类标记分为话题结构、衔接连贯、证据来源、注释说明4个次类；将人际功能类标记分为含糊表达、明确表达、评价态度、交际主体4个次类，次类下再做更细的划分，共分出了25个小类。曹秀玲分出的大类和次类与李秀明一样，但没有对次类再做划分。

刘丽艳（2005）按照三种不同的划分依据，采用三分法对话语标记作了分类，从形式出发分非词汇形式和词汇形式话语标记两类；按对语境的依存关系分了依存性话语标记、弱依存性话语标记和非依存性话语标记三类；从功能出发先分了作用于谈话进程和作用于交际活动范畴两类，再将前者细分为称呼标记、始发标记、转换标记和结束标记4个次类，将后者分为中心交际活动标记和非中心交际活动标记2个次类。

孙利萍等（2011）分别从语用功能、分布位置、构成成分等角度对话语标记予以分类。从语用功能的角度将汉语话语标记分了来源凸显型、言说型、总结性、序数性、主观评价性等17个类别。按位置分了前置、句间和后置3类。按构成成分的语法类别分词、短语、小句或话语标记格式3类。孙利萍还按照叠连形式做了分类。① 在后续研究中，孙利萍又在原有分类基础上对话语标记的分类作了进一步优化，但依然是分类最细的代表之一。她按构成成分分4个次类（词、短语、小句、混合），按出现位置分3个次类（前置、中置、后置），按功能依然分17个次类（总结性、序数型、阐发型等）。②

殷树林（2012）首先分出语篇标记、人际标记、互动标记三个大类，然后将语篇标记分为话题标记、阐发标记、推论标记、对比标记、言语顺序标记5个次类；将人际标记分为证据标记、态度标记、言语行为标

---

① 孙利萍、方清明：《汉语话语标记的类型及功能研究综观》，《汉语学习》2011年第6期。

② 孙利萍：《现代汉语言说类话语标记研究》，社会科学文献出版社2017年版，第51—56页。

记、面子标记、主观化标记 5 个次类；将互动标记分为引发标记、应对标记、提醒标记、征询标记、踌躇标记、分享标记 6 个次类。

张黎（2017）等按照来源、形式和功能三分法分别对话语标记进行归类，其中来源类分为专用和借用两类，形式类按结构形式、结构稳定性与否、出现位置分布 3 个次类分出了若干小类，功能类分话语组织、元语言和人际互动功能标记 3 个次类。

二 当前分类的主要分歧和不足

（一）当前分类的主要分歧

当前的分类中，从构成形式和分布位置分出的类别虽名称不完全相同，但分歧不大，分歧较大的是从功能角度所作的划分。功能类的分歧体现在没有区别话语标记的出现语体以及分类标准不一两大方面。目前的划分对象，包括书面语篇常见的标记和口语中常见的标记，划分者未做细致区分。我们知道，话语标记之所以成立，就因为其独特的语用功能。因其功能的复杂性，导致大家的分类互不相同：有的大类基本相同，次类差异较大；有的大类次类都有差别。

从前面的几种代表性分类来看，刘丽艳先分作用于谈话进程还是具体交际活动两个大类，再根据具体作用分出小类。她分出的作用于谈话进程的称呼标记、始发标记、转换标记和结束标记 4 个次类，与曹秀玲、李秀明分的语篇标记有一定联系，与张黎等分出的话语组织标记近似，但称呼标记张黎等并未算作话语标记。李秀明和曹艳玲只从功能类入手分类，二人分出的第一层次和第二层次基本相同，但李秀明还分出了第三层第四层，曹秀玲没有继续细分。李秀明通过多次划分划出了功能类的 25 个小类，而孙利萍没有做逐层划分，直接把功能类分出 17 个小类。

（二）当前分类尚存的不足

从科学分类角度来说，每一次分类都必须采用同一根据将母项分为若干子项，即采用相同标准对母项进行穷尽式划分，子项不能相容。当前分类有的过于繁杂，没有体现出分类应该少而精的特点。还有的分类根据不一，子项之间有交叉，如本来是从功能角度分类划分，但实际分类结果却既有控制谈话进程的功能类，也有体现语言形式自身特点的形式类，没有采用同一标准，需要重新提炼。比如殷树林分出的三个大类中的人际标记和互动标记本身区分度不强，因此进一步划分的次类中就有交叉，他分的互动标记小类如应对标记、提醒标记、征询标记等，都可以放入他所分的人际标记的言语行为标记之中。

三 本书的分类依据

（一）主要分类依据

鉴于语用功能是话语标记的本质特征，本书主要从语用功能角度对西南官话的话语标记进行分类。语用功能的分类主要参考李秀明（2011）、曹秀玲（2016）、张黎（2017）等人的观点。张黎将话语标记的功能类分为话语组织功能标记（曹秀玲等所分的语篇标记）、元语言功能标记和人际互动功能标记三大类。这三大类能覆盖整个会话过程需要用到的所有话语标记，涉及语用功能的各个方面。我们认同这种分类思路，但结合研究对象对其中一种名称略做了改动，即把"元语言功能标记"改为"元话语功能标记"。因为我们研究的是日常对话，跟口语密切相关，不涉及书面语言，用"话语"这一概念表义更加明确。另外，"语篇标记"主要针对书面语篇，因此我们不采用此名称，而选用"话语组织功能标记"。最终，我们分出的功能类是话语组织功能标记、元话语功能标记和人际互动功能标记，本书的主体部分将围绕这三大功能类展开分析。

（二）次要分类依据

话语标记大多由词语或短语虚化而来，分类时我们首先把虚化来源列为划分的次要依据之一，其次结合话语标记自身的语音特征、构成要素和语法特点这些形式特征来分类。虚化来源从词、短语、小句三个角度进行划分；形式则从语音、语法两个角度划分。因话语标记语义大多已虚化，划分时不考虑话语标记的语义，只从该标记形式的语音、语法、语用功能出发进行分类。

综合来看，我们的分类依据共分来源、形式和功能三大方面。按照语用功能这一主要分类依据和虚化来源、语言形式等次要依据，从来源、形式和语用功能三个角度对西南官话的话语标记进行分类。每大类再根据不同依据细分，小类之间彼此独立，相互不交叉。若有同形的话语标记承担了不同的语用功能则确定为不同标记，分别以"X_1""X_2"来记录，如维持话轮的"那"和转换话题的"那"虽语形一样，但具体语用功能不同，则分别记为"那$_1$""那$_2$"，归入不同的次类中。

第三节　西南官话话语标记的分类

一　虚化来源类

话语标记的语义大多已虚化，虚化来源指该标记在虚化之前的语形代表了什么类型的语词或者短语，或者是表达何种命题义的小句。根据现有鄂渝川西南官话日常会话语料清理出的 66 个典型话语标记（不含变体），其虚化来源十分丰富，从词、短语、小句虚化而来的都有。来源于词语的，又有叹词、连词、副词等不同类型。

（一）词语虚化

1. 叹词虚化

表示呼唤和应答的叹词在会话开启或进行时使用频率极高，成了构成会话的必不可少部分。这些叹词常出现在话轮开头，呼唤类叹词"喂""诶"意在引起听话人的注意力，应答类叹词"嗯""哦"意在回应说话人，这两类叹词都体现了会话的交互性特点，同时独立性强，与后续话语之间有语音停顿，这些叹词原先的感叹义逐渐弱化，成为开启会话或回应对方的标志。刘丽艳指出，"根据话语标记的功能特征——话语标记是互动性言语交际中的功能词，其功能体现了交际主体在交际过程中的元语用意识"，因此这两类叹词可以充当话语标记。[①]

我们认为，叹词既可以表示呼唤、应答或感叹，又可以借用为话语标记。当呼唤类叹词置于主要表述内容之前，就算省略也不影响语句表义，这些叹词可以视为会话开启标记；应答类叹词后有应答内容时是应答标志，可以视为回应标记。若叹词单独成句构成话轮，表示回应，则

[①] 刘丽艳：《汉语话语标记研究》，北京语言大学出版社 2011 年版，第 32 页。

不可省略，否则该话轮就不成立了，此时的应答语我们并不看成话语标记，而认为是叹词发挥了本身具备的应答作用。具体讨论见第五章第三节关于回应标记"哦₄"的探讨。应答语"嗯"还可以作为维持话轮的填补空白标记，具体讨论见第三章第二节。

2. 连词虚化

连词本是起连接作用的词语，部分连词在反复使用过程中，原有的表示前后承接或因果关联的作用已磨蚀，成为不再起关联作用的话语标记。西南官话中来源于连词的话语标记主要有"然后"和"所以"。如语例（4）中的"然后"和语例（5）中的"所以"。

（4）覃：利川有么子好耍的地方没得？

杨：利川好耍的地方怎个多！么子腾龙洞、龙船水乡、苏马荡，还有好多好耍的地方。我跟你介绍下嘛，腾龙洞，它是，**嗯（..)** 国家地质公园，**然后**就离那个利川主城区还有点远，差不多有6公里，我们要坐车过去才行。而且它那个面积也蛮大的，大概有69，好像是69平方公里，然后可能走得有点累。

（恩施话：《利川风景与美食》）

（5）女客1：这饭菜弄得好！我们有时候就想来吃你们的饭。@@@

男客1：就是就是，但是晚上又不敢吃多了。

女主人：@随时来，随时来。@你就免得自己弄了，噶。你自己弄还弄不倒这么多样式，这里你每样都可以吃点嚓。**所以**贺姐，人家说的，说你弄的饭好吃才来的。

（成都话：《吃饭闲聊》）

语例（4）是大学室友之间的对话，其中的"然后"并没有体现语句间逻辑语义上的先后关系，而是说话人表达时的心理顺序。说话人两次用"然后"串联起想要介绍的不同内容，这里的"然后"不再是关联词，而是话语标记。语例（5）是麻将馆女主人与客人之间的对话，对话中所说的"贺姐"是女主人请来为打麻将的客人做饭的帮工。该轮对话中的

"所以"并不表示前后话语之间有因果关联,而是说话人将话语权交给听话人贺姐的标志,表示后续话语可以由贺姐接过去继续发话。西南官话来源于连词的话语标记虽然数目不多,但使用频率很高。

需要指出的是,这些连词的虚化程度各自不一,他们处于虚化连续统的不同阶段上,因此有的连词还存留一定的连接作用,还有的完全没有了连接功能。比如语例(5)中的"所以",仅从女主人的话语来看,它已失去了引出结果的作用,但从前后多人的对话来看,该标记对女客1的话而言还存留有因果关系照应痕迹。

3. 代词虚化

由代词虚化而来的话语标记主要是近指代词"这"和远指代词"那"组成的"这个""那个"及其变体。西南官话中主要的代词虚化标记是"那""那个"以及由"那个"加"啥子"构成的组合标记"那个啥子"。语料中用来维持话轮的"那$_1$"出现51次,"那个啥子"出现32次,"这个"出现10次,表示话轮转换的"那$_2$"出现18次。具体讨论见第三章第二节和第三节。

4. 语气词虚化

语气词依附在语句末尾表示不同的语气,有些语气词在使用中增添了其他功能,还与前面的话语之间出现了语音间隔。这些韵律独立的语气词能表现说话人的主观态度,具有人际互动功能,已逐步虚化成话语标记,如"啊""哈""噶"等。

(6)周幺鸡:诶,衣服是你穿起的噻!见了客户,一定要甜蜜蜜的,服务态度要好,要多接近他,主要是弄他包包头的钱。

于芳:当贼花子啊?

周幺鸡:哎呀,不是,你嘴巴甜,服务态度好,他就心甘情愿地跟我们做生意噻。那个钱它不就来了嘛,**啊**!

(重庆话:《山城棒棒军1》1997年首播)

(7)王老师:小东,你去找几个人来陪你爸打,要不然他今晚黑好难熬哦。

吴小东:陪他打?他打一块钱一盘儿,人家不如回去栽瞌睡。

哎，王老师，我看，还是你陪他打最合适，**哈**！我走了。我走了。

（成都话：《麻将棒棒手》1999年首播）

语例（6）（7）中的"啊""哈"虽用在句末，但与前面的话语之间有明显的语音停顿，其作用也不是表达感叹或疑问，而是表达说话人的意见，希望对方认同自己的观点，它们都已发展为人际互动功能标记，具体讨论见第五章第二节。

（二）短语虚化

西南官话中由短语虚化而来的话语标记大致可以分为两大类，一大类是由人称代词参与组合的"你看""你老实说""我看""我跟你说（讲）"之类，另一大类是"V不V"结构的正反问类短语构成的"是不是""晓不晓得"等寻求回应标记。其中人称代词参与组合的话语标记占比较高，共有27个，涉及的小类较多，将在第五章具体讨论。

（三）小句虚化

从小句形式虚化来的话语标记主要有"你说清楚哈""我跟你说清楚哈""你看到没得""你懂不懂"等，这些标记与相应形式的语句相比，语义已产生变化。前两个标记中的"说清楚"不再表示提出清晰无误的表述要求，而是表示说话人提出了带有威胁意味的提醒；后两个"V不V"式标记已经失去疑问句的疑问功能，成为提醒听话人注意的标志，表示要求对方关注并听取说话人的意见，其中"看"和"懂"已不再具有原来的概念义，虚化为话语标记的组成材料。

二 语言形式类

从话语标记自身的语言形式看，可以从音节多少和组成材料的语法关系分两个次类。

（一）语音形式

根据话语标记音节数目的多少，可分为单音节标记（主要由单音节叹词、代词、语气词虚化而来）、双音节标记（由双音节词语或短语虚化而来）和多音节标记（由多音节词语、短语或小句虚化而来）三大类。各类举例如下：

单音节标记：诶，啊，哦，那，哈，嘎。

双音节标记：那个，这个，然后，所以，硬是，你看，我说。

多音节标记：真的是，你看你嘛，人家说，说句实在话，我跟你讲，你莫说，你不懂。

（二）语法形式

根据话语标记组成部分的特点，从其自身语法结构来看，可分词语、短语（词组）、小句三大类。各类举例如下：

词语形式：诶，然后，所以。

短语形式：那倒是，是不是，是怎个，你看，我看。

小句形式：你晓不晓得，你各人想嘛，我跟你讲哈。

三 语用功能类

由于话语标记的概念义已虚化，其在语句中的作用主要体现为语用功能，因此话语标记的功能分类是话语分析研究者关注得最多的方面。所有的话语标记都有不同的语用功能，结合西南官话话语标记自身的特点和在话语中的具体作用，并参考前贤的观点，我们将话语标记的功能类分为话语组织功能标记、元话语功能标记和人际互动功能标记三大类。所有的话语标记都能归到不同的大类之中，相互之间不交叉，即属于话语组织功能标记的一定不是元话语功能标记和人际互动功能标记，属于元话语功能标记的一定不是话语组织功能标记和人际互动功能标记；同理，属于人际互动功能标记的也不会同时是前两种中的某一种。同形的多功能标记作为不同的标记对待，分别记为"X_1""X_2"等。

（一）话语组织功能标记

这类标记用来控制整个交谈过程，包括开启会话、控制会话进程和结束会话。会话过程中，会话各方怎样轮流说话，话语权怎样维持，以及转让话轮、转接话轮、转换话题等都可以利用话语组织标记来掌控。按照其控制言语交际的具体阶段，可将这些标记分为会话开启标记、话轮控制标记、话题转换标记和会话终止标记4个次类。各类举例如下：

1. 会话开启标记：诶$_1$，哎，喂，讲呦/噻。

2. 话轮控制标记：然后，那$_1$，嗯，所以$_1$，那个（啥子），这个，就是$_1$。

3. 话题转换标记：诶$_2$，对了，那$_2$，所以$_2$，哦$_1$，好。

4. 会话终止标记：好嘛好嘛，好哒，算了算了，行哒行哒。

话语组织功能标记总体数目不多，但使用频率较高，在语料中的出现次数占标记出现总次数的49%。语料统计显示，在多数有效交谈片段中，都有话语组织功能标记中的某一类或几类出现。

（二）元话语功能标记

语言是有层级的，可分为作为讨论对象的语言和用来讨论对象的语言两个层级，现代逻辑学称之为对象语言（object language）和元语言（Metalanguage）。有些话语标记具有元语言功能，如"说句实在话""换句话说""人家说"等，它们具有解释语言自身的作用，我们称为元话语（Metadiscourse）。《现代语言学词典》将元话语解释为"组织和展现一个篇章时那些有助于读者理解或评估其内容的特征。元话语除包括模棱语（如perhaps'也许'）这种人际成分、态度标记（如frankly'老实说'）和对话特征（如see Figure 1'见图1'）外，还包括各种篇章组织特征（如标题、间隔、first'首先'、next'其次'这种篇章连接成分）"[①]。

我们这里说的元话语指说话人对话语内容进行解释、修正、评价或自我反馈时所使用的话语，目的是引导和帮助听话人正确理解自己的话语。具有这种功能的话语标记我们称为元话语功能标记，简称元话语标记。[②] 这类标记用来解释言语内容自身，或者反映说话人对话语内容的自我反馈，或用于表达消息来源、凸显信息，或者表示要变换表达方式等。西南官话中具有元话语功能的话语标记大致可以分为5个次类：

1. 自我反馈标记：哦$_2$，啊$_1$。

2. 消息来源标记：人家说，说，我听说。

[①] [英]戴维·克里斯特尔：《现代语言学词典》，沈家煊译，商务印书馆2000年版，第221页。

[②] 元话语功能各家看法不一，有学者认为所有的话语标记均有元话语功能，具体讨论见第四章第一节。

3. 解释说明标记：我是说，我的意思是，是怎个的，就是说。

4. 信息凸显标记：（我跟你）说实话，说白了，不是说的话，说句不好听的话，说句不怕掉底子的话，说得明白点儿。

5. 换言标记：换句话说，车过来说，话又说回来。

（三）人际互动功能标记

会话行为是会话各方的互动行为，说话人为使听话人注意自己的谈话，引导听话人正确理解自己的话语，要求听话人作出回应，往往会使用一些帮助听话人理解自己态度、情感和语义的话语标记，以使交际行为有序推进。这类标记就是人际互动功能标记，简称人际互动标记。西南官话中的人际互动标记按其具体作用的不同又可以分出4个二级类别，分别是提请注意标记、寻求回应标记、回应对方标记和协商调节标记。各类标记示例如下：

1. 提请注意标记：（你）硬是，真的是，你看哈，我跟你讲哈。

2. 寻求回应标记：你想哈，你看$_1$，你懂不懂，晓不晓得，你说。

3. 回应对方标记：那倒是，也是，不是的，你不懂，就是$_2$，好$_3$。

4. 协商调节标记：怎个，我看，你看$_2$。

根据语料整理结果，西南官话日常会话中常见的话语标记按照功能分类可分话语组织功能标记17个，元话语功能标记21个，人际互动功能标记28个。具体情况见表2—1话语标记一览表。

表2—1　　　　　西南官话话语标记一览
（每类分别按话语标记出现频次降序排列）

序号	话语标记语形	变体	所属功能类别
1	诶$_1$（27）	哎，喂	话语组织（会话开启）
2	讲哟/噻（10）	我讲/说（哟/噻）	话语组织（会话开启）
3	然后（80）		话语组织（话轮控制）
4	那$_1$（54）		话语组织（话轮控制）
5	那个（啥子）（32）		话语组织（话轮控制）
6	呃（32）	嗯（低平调）	话语组织（话轮控制）

续表

序号	话语标记语形	变体	所属功能类别
7	就是₁（14）		话语组织（话轮控制）
8	这个（10）		话语组织（话轮控制）
9	所以₁（6）		话语组织（话轮控制）
10	所以₂（3）		话语组织（话轮控制）
11	那₂（18）		话语组织（话题转换）
12	诶₂（17）		话语组织（话题转换）
13	哦₁（14）		话语组织（话题转换）
14	对了/哒（10）		话语组织（话题转换）
15	好₁（3）		话语组织（话题转换）
16	好₂嘛/哒（17）	好好好	话语组织（会话终止）
17	算了/哒（11）	算了算了，行哒行哒	话语组织（会话终止）
18	哦₂（14）		元话语（自我反馈）
19	啊₁（4）		元话语（自我反馈）
20	人家说（6）	（别人/他们）说	元话语（消息来源）
21	（我）听说（5）	说	元话语（消息来源）
22	说是（3）		元话语（消息来源）
23	我是说（6）	我的意思是	元话语（解释说明）
24	是恁的（5）	是怎么个，是怎个样子的	元话语（解释说明）
25	再说（5）		元话语（解释说明）
26	我想（3）		元话语（解释说明）
27	就是说（2）		元话语（解释说明）
28	（我跟你）说（个/句）AA话（12）	说实在话/老实跟你说/说实在的/说句不好听的话	元话语（信息凸显）
29	哪门（跟你）说呢（7）		元话语（信息凸显）
30	不是说的话（5）	我不是说	元话语（信息凸显）
31	你莫说（3）		元话语（信息凸显）
32	说白了（3）		元话语（信息凸显）
33	我跟你说清楚哈（3）	明说	元话语（信息凸显）
34	你信不信（2）		元话语（信息凸显）
35	我警告你哈（1）		元话语（信息凸显）
36	换句话说（5）		元话语（换言）

续表

序号	话语标记语形	变体	所属功能类别
37	话说回来（4）		元话语（换言）
38	车过来说（2）		元话语（换言）
39	（我）跟你说/讲（哈/嘛/哟/噻）（50）		人际互动（提请注意）
40	（你）硬是（12）		人际互动（提请注意）
41	你不晓得（6）		人际互动（提请注意）
42	（你）看你（嘛）（5）		人际互动（提请注意）
43	真的是（3）		人际互动（提请注意）
44	我问你（3）		人际互动（提请注意）
45	（你）也是（2）		人际互动（提请注意）
46	你说清楚（2）	你老实说	人际互动（提请注意）
47	你看$_1$（哈/嘛）（30）		人际互动（寻求回应）
48	（你/你们）晓不晓得（23）	（你/你们）晓得不（嘛）你知道吧	人际互动（寻求回应）
49	你（各人）想（哈/嘛）（14）	你默一下（看），你各人想一下，您要想哟	人际互动（寻求回应）
50	你说（嘛）（13）		人际互动（寻求回应）
51	啊$_2$（12）	嗯（升调）	人际互动（寻求回应）
52	哈（8）	噶	人际互动（寻求回应）
53	是不是（的/嘛）（4）	是不	人际互动（寻求回应）
54	你看到没（有/得）（3）		人际互动（寻求回应）
55	你懂不懂（2）		人际互动（寻求回应）
56	那（倒）（也）是（17）		人际互动（回应对方）
57	（那）不是（的）（11）		人际互动（回应对方）
58	哦$_3$（10）		人际互动（回应对方）
59	就是$_2$（8）		人际互动（回应对方）
60	好$_3$（4）	好嘛好嘛	人际互动（回应对方）
61	哼（2）		人际互动（回应对方）
62	莫说起哒（2）		人际互动（回应对方）
63	好不好（1）		人际互动（回应对方）
64	恁（么）个（15）		人际互动（协商调节）

续表

序号	话语标记语形	变 体	所属功能类别
65	我看（8）		人际互动（协商调节）
66	你看$_2$（7）		人际互动（协商调节）

说明：每个标记后面的阿拉伯数字表示该标记在语料中的出现频次；"（ ）"表示里面的成分可以不出现；"/"表示其前后的成分可以互换且该标记的意义和功能不变。此表只体现所属功能类的一级分类和二级分类，其他更细的划分在具体章节中讨论。

第三章

西南官话的话语组织功能标记

话语组织功能标记是会话各方开展交际、控制交际进程时常用的话语标记，这些标记对交际行为的有序开展起着调控作用，以下简称话语组织标记。西南官话中这类标记共17个，占总标记数的25.8%。语料中话语组织标记共出现358次，占所有标记出现总次数的49%。根据话语组织标记调控的具体进程和所起作用的不同，可分为会话开启标记、话轮控制标记、话题转换标记和会话终止标记。其中话轮控制标记可分话轮维持标记、填补空白标记和话轮转接标记三个小类，在话语组织标记中占比高，对整个会话交际起着至关重要的作用，因此有必要先对话轮略作分析。

第一节 话轮的界定

一 话轮的内涵

"话轮"（turn）是美国学者萨克斯（Saks）首次提出的，他是会话分析学派的代表之一，在分析打到自杀防止中心的电话录音时提出了这一概念。当时他在洛杉矶自杀研究中心兼职，并由此开创了会话分析方法。不过Saks本人并未对话轮下定义而只研究过其特点，他通过分析这些录音材料研究了会话的结构特点和话语权的转换规则以及会话方式背后潜藏的说话人的真实意图。

（一）会话的组成

Saks等人指出一段会话的组成需要有话轮和反馈项目（back channel

item），有时还穿插有重叠（overlap）或沉默。反馈项目是听话人对说话人的反馈，重叠指几人同时说话，沉默（停顿 gap）指话轮之间的间隙。说话人和听话人通常按照一定规则交替说话，交替说出的话语内容组成一个一个话轮，将交际有序推进。

黄衍（1987）认为"日常会话中经常出现的反馈项目包括非言语性反馈项目和言语性反馈项目两大部分。非言语性反馈项目通常指手势、点头、眼睛的注视、面部表情等"[①]。他将英语中的言语性反馈项目分为词汇性反馈项目（如 yes）、非词汇性反馈项目（如 ah）、习语性反馈项目（如 I know）、感叹词语性反馈项目（如 oh）和感叹疑问词语性反馈项目（如 what）五个类别，并认为这些反馈项目通常不被当成话轮。刘虹（1992）认为只分话轮和反馈项目两个结构单位不足以涵盖会话内容的全部，她将会话结构单位分成了话轮、非话轮和半话轮，并对话轮的含义提出了自己的见解。[②] 她所说的非话轮即反馈项目，半话轮指因打断或重叠未说完的话以及听话人代为完成的说话人的话语。

（二）话轮的含义

刘虹（1992）根据她对汉语会话材料的分析，指出"话轮是指在会话过程中，说话者在任意时间内连续说出的具有和发挥了某种交际功能的一番话，其结尾以说话者和听话者的角色互换或各方的沉默等放弃话轮信号为标志"[③]。李悦娥（2002）等提出了与刘虹相似的观点，认为"话轮是指在会话过程中，说话者在任意时间内连续说的话语，其结尾以说话者和听话者的角色互换或各方的沉默等放弃话轮信号为标志"[④]。我们认同上述学者的观点，认为一段会话总是在说话者和听话者的交替说话中展开，双方说话角色的每一次交替都可以视为一个话轮的完成，相邻的话轮构成毗邻语对（Adjacency pair）。

（三）话轮的判定

刘虹（1992）曾经提出过三个衡量话轮的条件，即"具有或发挥了

[①] 黄衍：《话轮替换系统》，《外语教学与研究》1987 年第 1 期。
[②] 刘虹：《话轮、非话轮和半话轮的区分》，《外语教学与研究》1992 年第 3 期。
[③] 同上。
[④] 李悦娥、范宏雅：《话语分析》，上海外语教育出版社 2002 年版，第 22 页。

某种交际功能；连续说出的，中间没有沉默等放弃话轮信号；结尾发生说话者和听话者的角色互换或者虽未发生这种角色互换但是出现了沉默等放弃话轮信号"。在《会话结构分析》一书中，刘虹（2004）将这三个衡量条件修订为两个衡量标准，"一是，说话者的话是否连续，即在一个语法语义完成序列的末尾有无沉默。如有沉默，那么说话者的话就不止一个话轮。二是，是否发生了说话者和听话者的角色互换。如果发生，就标志着一个话轮的结束和下一个话轮的开始"①。按照刘虹的衡量标准，在问答式话轮中，沉默是受话人特殊的回答方式，可以视同为无声的话轮，下例就可以分成四个话轮。

(8) 星母：星星，电视关起。赶快做作业！

星星：(10.0)

星母：说不听啊，叫你把电视关起听到没得？

星星：妈～妈，我把这个看完再做好不好？

（恩施话：《零星语料集锦》）

该语例中，星星以沉默不语的方式作答，表达了想继续看电视的愿望。此处的沉默实际上就是一个话轮，只不过是无声的。星母在等待10秒不见应答后再次对星星提出了要求。星星和母亲之间的两轮对话构成了两个毗邻语对，在第二个语对中，星星拖长音节叫妈妈的表现和后面的商量话语一起加强了语句的请求意味。

二 话轮的构成

（一）话轮使用主体

话轮的使用主体通常称为说话人和听话人。在同一对话片段中，说话人和听话人总在不断变换角色，说话人同时也是听话人，为加以区分，我们在可能引起混淆的地方，把交谈双方称为发话人和受话人。发话人，指每一轮对话中正在实施说话行为的人；受话人，指对话中发话人的交

---

① 刘虹：《会话结构分析》，北京大学出版社2004年版，第46页。

际对象,是正在听取并理解话语内容的人,也有学者称其为"释话人"(interpreters)。① 耶夫·维索尔伦(Jef. Verschueren)把听话人称为"释话人",并将释话人再细分为直接受话人(addressees)和近旁参加者(side participants)以及旁听者(bystanders)和飘言入耳者(overhearers)。我们并不对受话人作如此严格的区分,凡是正在场听取发话人话语的人统称受话人。在会话过程中,同一时间内通常只有一人在发话,偶尔出现几人同时说话的现象,称为话语的重叠,重叠不会持续太久,其中一个发话人会停下来让另一发话人继续说话。一人说话时,受话人可以是多个,也可以是一个。发话人的话语和受话人的反馈构成一个语对,会话就在一个个连续的语对中展开。语对的构成通常有提问—回答,问候—问候,请求—同意,提议—赞同(反对),告别—告别等多种形式。

(二) 话轮组成材料

Saks (1974) 等对英语话轮的组成材料进行梳理之后,得出了词、短语、从句或者句子都可以构成话轮的结论。② 刘虹认为汉语的话轮只能由单句、复句和句群构成,单独充当话轮的词语有独立语调,是作为句子形式出现的。我们认为,构成汉语话轮的内容除了上述单位以外,词语和未完成的句子(因话语重叠而中断)也可以构成话轮,上文提到过的沉默在问答式语对中也可构成特殊话轮。如下例,T代表话轮,数字代表话轮的序号。

(9) 胖哥:芋儿~   T1

芋儿:来了!   T2

胖哥:哎呀,啥子嘛,搞快些嘛,啰里巴嗦的紧倒出不来,硬是!   T3

芋儿:姨爹姨妈,我正在收账,算钱。把钥匙拿来嘛!   T4

胖哥:屁股包包头! 来! 自摸!   T5

---

① [比] 耶夫·维索尔伦:《语用学诠释》,钱冠连、霍永寿译,清华大学出版社 2003 年版,第 96 页。
② Saks, H., Schegloff, E. A. and Jefferson, G., "A simplest systematics for the organisation of turn–taking for conversation" Language, Vol. 50, No. 4, 1974, pp. 696–735.

胖嫂：慢点儿，啥子自摸哦！（拿出钥匙）来，拿倒！把车子停好。　　　　　　　　　　　　　　　　　　　　　　　　T6
　　芊儿：好，好，你们放心！　　　　　　　　　　　　　T7

（成都话：《麻将棒棒手》）

　　语例（9）的多个话轮中，组成材料中词语（T1）、单句（T2）、复句（T3）、句群（T4、T5、T6）都有。刘虹的研究结果显示，"比较生疏的人之间会话的话轮大多以单句构成，一般不会滔滔不绝，而熟人之间的会话的话轮由句群构成的较多"[①]。她指出汉语会话的话轮有44.4%是由句群组成的。我们采集的语料主要是亲朋好友之间的对话，除孩童的话轮以外，其余的话轮也以句群为主。

第二节　会话开启标记

　　交际行为可分言语活动和非言语活动两种方式，有的交际活动只有非言语形式参与，如见面的双方相互点头微笑即完成交际，因此交际活动的开始并不一定意味着会话活动的开始。言语交际活动离不开会话，会话的开始常常有一些固定的模式，以称呼语和感叹词开始交际最为常见。其中一些叹词的会话开启功能已经固化，如"诶""喂""哎"等，这类标记是话语组织标记中开启对话的标志，通常由第一个发话人采用，表示自己要开始说话，为使受话人注意到这一点，常以会话开启标记提醒。

　　会话开启标记是话语发起人提醒受话人交际活动开始的方式之一，另一种会话开启手段是呼唤受话人，如呼唤受话人的姓名或以亲属称谓相称。有时两种手段一同使用，即发话人将称谓语和会话开启标记连用。称呼语或会话开启标记的使用表示双方交际活动的开始，或者由非言语交际转向言语交际。

　　西南官话中常见的会话开启标记主要是具有呼唤作用的叹词，如

[①] 刘虹：《会话结构分析》，北京大学出版社2004年版，第52页。

"诶"及其变体，在语料中共出现 27 次。与"说""讲"等言说类词语有关的"讲吵/嗻""我说"有时也可充当会话开启标记，出现频次低于叹词，共出现 10 次。会话开启标记共出现 37 次，占话语组织功能标记的 10.3%。

一 "诶"及其变体

叹词"诶""哎""喂"在西南官话中都可以作为会话交际开始的标志，我们视为一个标记的不同变体来看。语料统计发现，"诶"还常常用作转换话题的标记，我们把用作会话开启标记的"诶"记为"诶$_1$"，把表示话题转换的"诶"记为"诶$_2$"，二者同属话语组织功能标记，所属二级分类不同。

（一）"诶$_1$[ei^{44}]"与"哎"

"诶$_1$"在词典中有阴平、阳平、上声、去声等不同声调，分别表示呼唤、诧异、不以为然、应声或同意。西南官话中能充当会话开启标记的"诶"发音为高平调，其变体"哎"为高降调，使用时处于话轮开头，与后续话语之间常有语音停顿，后续话语通常是称谓语或发话人想说的具体内容。这种"诶"在采集到的成都话、恩施话、重庆话语料中属于开启会话的高频标记，熟人之间、陌生人之间在言语交际之初均有使用。根据我们对话语标记的界定，这些词语不仅具备表示呼唤的叹词功能，还是发话人吸引受话人注意力的标志，用来提请受话人关注发话人接下来要说的话语。

(10) 陈凯：**诶$_1$**，娃儿呢，你是不是那个朱家沱的人？

小渝：对头！哦，你问过我朱家沱的黄桷树。

陈凯：我在朱家沱涨谷坝当了八年知青的嘛！

（重庆话：《山城棒棒军 1》）

(11) 李云飞：**诶$_1$**，我的，那个旧电视机哪去哒吗？

云飞妻：先有个收破烂的来，我 20 块钱把它卖哒。

李云飞：卖哒呀~？

（恩施话：《私房钱》2006 年首播）

（12）易明轩：**哎**，妈，快点弄饭吃哒我好去搞事。

易明慧：妈莫给他弄，反正您要下岗哒。

明轩母：哪门，我要下岗哒？

易明慧：他说您没给他弄饭吃，要您下岗。

明轩母：哎，那搞拐哒（糟了），要我下岗，那我搞么子去欸，除哒当妈还是当妈，这么几十年又没学么子别的技术。

（恩施话：《乡村纪事》2007年首播）

语例（10）属于会话开启标记和称谓语共现的情况，语例（11）则是开启标记后面直接说出发话人的话语。语例（12）第一个话轮中的"哎"属于会话开启标记，与称谓语共现，第五个话轮中的"哎"则是表示感叹的普通叹词。语例（10）对话主体之间不太熟悉，小渝是为筹集学费进城当棒棒的小伙子，陈凯是请过小渝搬运米面的临时雇主之一。语例（11）是夫妻之间的对话，李云飞在说话之初用"诶$_1$"吸引妻子的注意力。语例（12）是母子之间的对话，易明轩使用"哎"的目的是吸引母亲的注意力，其作用与"诶$_1$"一致，可以视作"诶$_1$"的变体。这说明，"诶$_1$"在西南官话中属于普遍性的会话开启标记，对会话主体没有限制，熟人生人之间均可使用。在是否添加称谓语上也不受限制，不管"诶"后是否有称谓语共现，它与后面的话语内容之间均有语音停顿。

（二）"喂 [uɛ^{41}]"

"喂"也常作为会话交际开启标记，与"诶$_1$"不同的是，"喂"大多针对陌生的受话人。若熟人之间用"喂"开启话轮，则对话语内容起强调作用，或者体现发话人的不耐烦情绪。使用过程中，"喂"常有连用现象，本文把"喂喂"和"喂喂喂"视作"喂"的变体，合并分析。

（13）乘客1：**喂**！你车票掉哒！

乘客2：哦哦，谢谢哒！

（14）安检员：**喂喂，喂~**！你包包拿掉哒一个。

乘客：哦，哦，谢谢！不好意思忘记哒。

（恩施话：《零星语料集锦》）

语例（13）（14）均是陌生人之间的对话，语例（13）中一乘客提醒另一乘客，用"喂"开启对话。语例（14）中安检员提醒乘客拿包时，连用了三个"喂"，最后一个"喂"音量加高并拖长时值，以示强调。

(15) 胖妹儿：**喂**，叫啥子名字？

张淑惠：张淑惠。

胖妹儿：洗完了以后在消毒水里头过一下。上完厕所要洗手，记倒哈。

(16) 顾客：**喂喂**，棒棒！过来过来！

梅老坎：[哎哎哎。]

赵嘉陵：[哎哎哎。]

顾客：来，你们两个，把这个货，送到楼上去。

梅老坎：要得要得。

（重庆话：《山城棒棒军1》）

语例（15）领班胖妹儿不认识经理新雇的勤杂工，于是用"喂"开头表示自己要问话。语例（16）顾客用"喂喂"发话，以引起棒棒们的注意。以上均是陌生人之间用"喂"开启话轮的常例，若熟悉的交际对象之间使用"喂"开启话轮则强调意味增强，若用在非首话轮则为表现发话人主观态度的叹词。

(17) 李云飞：屋里不是还有几万块钱吗？

云飞妻：有几万块哪门的吗？（有几万块钱怎么啦）又要还房子贷款，又要给两边老的把（给）生活费。你默到（以为）那个钱是怎么好玩的么？

李云飞：<u>喂</u>，他是我亲弟娃儿也。

（恩施话：《私房钱》）

语例（17）由于李云飞之妻不同意给李云飞的弟弟再次借钱，李云飞很生气，用加重语气的"喂"发泄自己的不满，此处的"喂"并非处于首话轮的开头,不能看作会话开启标记,而是体现说话人主观态度的叹词。语例(18)中的"喂"处于首话轮的开头,属于吸引听话人注意的会话开启标记。

(18) 丹：**喂**,你们哪个陪我去拿下快递嘛?
　　静：我不想动。
　　莲：我也不想动。
　　丹：你们,太没良心哒!气死我了。

(恩施话:《宿舍玩游戏》)

语例(18)是几个大学室友之间的对话,丹说话之前大家都在玩手机,丹收到快递到了寄存点的信息,想邀小伙伴陪她一起拿,先大声用"喂"吸引室友的注意力,然后说出自己的诉求。此处的"喂"具有开启一段对话的功能,系叹词充当的会话开启标记之一。

以上会话开启标记的分布位置均在首话轮的开头,其语用功能是提醒受话人交际活动已经开始。熟人之间一般用"诶"开启会话,生人之间需要大声提醒时多用"喂"开头,若熟人之间使用"喂"开启会话,则加重了强调语气。

二 "讲吵/噻"及其变体

在西南官话中,"讲"表示动作行为的动词用法与语义虚化的话语标记用法是并存的,当"讲"作为会话开启标记使用时,总是与语气词"噻"或"吵"结合在一起使用,有时前面加第一人称代词"我",形成变体"(我)讲吵/噻"。该标记中的"讲"还可换成"说",形成新的变体"(我)说吵/噻"。

(一)"讲"的概念义

"讲"在西南官话中义项丰富,可以代替"说"的所有含义,常用的含义有以下几条:

1. 表示言说行为：她跟你<u>讲</u>的是么子事?
2. 说是非：有意见当面提,莫在背后东<u>讲</u>西<u>讲</u>的。

3. 讨价还价：商店里面讲价没得用，都是明码标价的。
4. 批评：细娃儿吃饭的时候莫讲他。
5. 注重某方面：张三是个讲面子讲排场的人。

调查发现，在恩施州的部分县市，如宣恩、来凤、利川，基本不用"说"这个词，凡是需用"说"之处均以"讲"代替，"讲"属于该方言区的高频词。

（二）"讲"的话语标记用法

"讲"无法单独作为话语标记使用，处于首话轮开头时，往往搭配语气词"哆"或"噻"形成"讲哆/噻"组合，作为开启一段会话的标记。该标记多见于不互称对方姓名的夫妻之间和熟悉朋友之间，长辈对晚辈偶尔也用该标记开启会话。在语气词的使用上，川渝地区多用"噻"，恩施地区多用"哆"。

（19）夫：**讲哆**，那一炷香（周边拆迁后剩下的又高又窄的两间楼房，因矗立在马路中央，市民戏称"一炷香"）拆哒耶。我今儿到土桥坝去有事看到啊的。

妻：拆哒呀，不是说那老板熬价（讨价还价，希望得到更多的实惠），补偿款谈不拢吗？

（恩施话：《零星语料集锦》）

该语例中的丈夫以"讲哆"开启会话，吸引妻子的注意力，表示他有话要说。该标记后面总会出现语音停顿，在实际会话过程中，若发话人发现还没吸引到受话人的注意力，往往会重复一次"讲哆"，直到确认受话人已关注到发话人，发话人才会开始谈具体内容。

（20）姥爷：**我说**，你松了点儿没得（病好些没有）？

姥姥：哎，嗯（大口喘气）比昨晚歇好（..）好得倒一点儿。（咳嗽）

（恩施话：《零星语料集锦》）

语例（20）的对话背景是患有支气管炎的姥姥疾病发作，在医院住了一晚，第二天清早，姥爷到医院探望。在询问妻子的病情时，例中的姥爷先以"我说"吸引妻子的注意力，表示自己有话要问。"我说"的使用便于闭目休息的姥姥关注到新情况，即其老伴儿已经来到身边，对后文姥爷询问病情起到了提示作用。

总体来看，这些会话开启标记均是独立的韵律单位，总是出现在首话轮开头，主要体现的是程序义，表示说话人有话要说。删略以后对原句的语义和句法均不产生影响，但表达效果会稍嫌生硬，让受话人感觉突兀。

第三节 话轮控制标记

话轮控制标记是会话各方为保持或抢夺话语权而使用的相关标记，这些标记可分为三个小类，一是会话各方都可能用到的填补思维空白的"嗯""啊"类标记；二是发话人为保持自己话语权使用的话轮维持标记；三是受话人接过话语权的话轮转接标记。语料中话轮控制标记共出现231次，占本章话语组织标记总数的64.5%，是话语组织标记中出现频次最多的一类。

一 填补空白标记

填补空白标记指说话人用来填补思维空白，维持自己话语权的标记。这类标记本身缺乏概念义，多以叹词充当，有些甚至没有合适的文字记录，只是一些含糊的音节。另外还有"这个""那个"类由指示代词充当的填补空白标记。

（一）"嗯"及其变体

我们把所有用来填补空白的叹词或近似于叹词的含糊音节记为一个标记"嗯"，其余"呃""n""m"等都视为其变体。

（21）张爷爷：那节那个坝坝头太阳［晒起，晒］得呢恼火得很。

芝芝：　　　　　　　　　　　　　[晒惨了。]

　　张爷爷：然后，跑进去呢，说，他都有很多规定，现在看那个。一个在那不能说话，第二个不能够照相，啊，还有，当然还有其他的，那个摄影啦那些都不行，都不允许。**呃（...）** 所以，他们就等于去看了下这个。然后呢，**呃（..）** 拿了一天去逛了下颐和园。

（成都话：《拜访长辈》）

　　语例（21）中张爷爷在谈及儿子一家去北京的旅游经历时，不断用"嗯""呃"之类的标记来填补思维空白。有时"呃"后面还出现了6秒以内的停顿，这些标记和短暂停顿表示话还没有说完，便于张爷爷继续思考后续话语，以维持自己的话语权。

　　（22）露露：芊芊，我们一起打王者呀，你玩么子英雄欸？

　　芊芊：我啊，扁鹊吵，老喜欢丢一个技能之后就跑，比较猥琐。我觉得很好玩儿诶。

　　露露：我还是比较喜欢玩**嗯（..）** 坦克战士这一类的英雄。你想一哈，你拿一个特别牛逼的技能上去打人，是不是特别爽？

　　芊芊：你玩个铲铲，人家一来你就跑哦。

（恩施话：《宿舍玩游戏》）

　　语例（22）为两个大学室友讨论玩游戏喜好的对话，其中露露用"嗯"来填补思维空白，其后还有3秒内的停顿，目的是让自己把话说完，不被对方打断。

　　（二）"这个"

　　1. "这个"的非标记用法

　　《现代汉语八百词》所列"这个"作指示词和代词的义项在西南官话中也很普遍。如指示比较近的人或事物；构成"这个+名"组合用在其他词语后复指前面的事物；代替名词，指称事物、情况、原因等；与"那个"对举，表示众多事物，不确指某人或某物。

(23) 梅老坎：<u>这个</u>重庆城呢，一起坡就是坎坎儿，坑坑洼洼的。看你西装革履的，啷个各人提恁个大个箱子走喔？有点儿失格噻。

顾客：好多钱啰？

梅老坎：爬朝天门，最低限价，两块！

顾客：两块呀？贵哒点儿。

梅老坎：你还在乎<u>这</u>两个小钱吗？

顾客：好嘛好嘛，拿好点儿哈。

（重庆话：《山城棒棒军1》）

语例（23）中的"这个"是其常规用法，起指代作用。第一个话轮中的"这个"用在指示对象之前，表示与指示对象是复指关系，第五个话轮中的"这"也作指示代词用。"这个"在西南官话中除以上功能以外，还可以借用来充当填补空白的话轮维持标记。

2."这个"的话语标记用法

"这个"表示近指或替代时，与后面的内容之间没有语音停顿，在句中起指代作用。作为话语标记时，与前后话语内容之间均有语音停顿，起填补思维空白的作用，删略不影响原句的语义和句法结构。

(24) 易明轩：那我还准备借村里的力量，看来是搞不成哒。那我各人先搞，到时候还请村里支持。

田会计：<u>这个</u>事情你放心哈，明轩哈，**这个**，只要你合情合理的要求，我们村里头一定全力以赴，你搞！

（恩施话：《乡村纪事》）

语例（24）中田会计在话轮中用了两个"这个"，前一个表示近指，后一个是其话语标记用法，目的是填补思维空白，保持自己的话语权。除此以外，说话人一时未找到合适的措辞时也常用"这个"来代替，为自己维持话轮争取时间，如语例（25）。

(25) 陈旭：那明慧啊，要抓住这个机会，带富一方百姓啊！

明慧：继亮，我们这个事情全靠别个陈同志，你还在别个面前卖牛肉。

继亮：嘿，陈同志，不好意思啊，**这个**，您莫见怪呵。来，您抽烟！

陈旭：来，你也搞起！

继亮：好，要得要得！

（恩施话：《乡村纪事》

该语例中，陈旭是帮助村民发家致富的驻村干部，明慧是有扎鞋垫儿技艺的乡村姑娘，陈旭帮其找好了销售渠道并协助其创办鞋垫加工厂。继亮是明慧的男友，以为自己又漂亮又能干的女友要与尚未结婚的陈旭恋爱，于是阻挠他们来往，不给陈旭好脸色。当明白事情始末后，心怀愧疚，一时未找到合适的语词道歉，先用"这个"来填补思维空白，缓解自己的尴尬状态，为想出合适的道歉话语赢取时间。

语料统计发现，同样作为填补空白标记，西南官话中"这个"的总体出现频率要低于"那个"，只是在农特产品推销、扶贫干部和村民对话等半正式语体中出现频率要高于"那个"。也就是说，"那个"多见于熟人之间的谈话，口语色彩也更浓，且使用频率高于"这个"，呈现出使用的不平衡现象。

沈家煊（1999）指出，"一个范畴内部成员的不对称实际就是有标记和无标记的对立"[①]。一般认为，表近指的"这"是无标记项，表远指的"那"是有标记项。通常情况下，"这－"系的出现频率要高于"那－"系，但对于话语标记来说，"那－"系却高于"这－"系。曹秀玲（2015）的研究结果表明：虽然理论上"这－"系话语标记出现频率应该更高，但事实上出现了"标记颠倒"的格局。"这"和"那"用做话语标记或其构成成分时，"那－"系更为发达，且出现频率更高。[②] 其原因

[①] 沈家煊：《不对称和标记论》，商务印书馆2015年版，第34页。
[②] 曹秀玲、蒋兴：《汉语"这/那－"系认同类话语标记考察——兼及"这/那－"系话语标记的不对称》，《当代修辞学》2015年第5期。

在于，话语标记的形成是概念义虚化的结果，表近指的"这"就在视线范围内，属于眼见为实的内容，从认知特点来讲是难以虚化的，而表远指的"那"远在视野之外，容易衍生隐喻用法，促进虚化的产生，增加语法化为话语标记的概率。因此，"那-"系话语标记反比"这-"系话语标记更加发达。

（三）"那个"

"那个"在西南官话中的语义与"这个"相似，只是"那个"表远指，"这个"表近指，其指示功能和代替功能均相同。除此以外，"那个"还可以代替某种不便或不愿明说的性状或事态，如"昨天被撞的那个老年人今早上就那个了"，该句后一个"那个"代表说话人不愿明说的"死亡"。像"这个"一样，"那个"也可以充当填补空白的话轮控制标记，而且使用频率较高。

1. "那个"在西南官话中的不同用法

"那个"的指示用法和话语标记用法在西南官话中是并存的，一段对话中两种用法可能同时出现。

(26) 张爷爷：今年成都，不晓得你回来的时候遇上没有。成都落好几次大暴雨，<u>那个</u>雨简直下得跟水流一样，完全跟往底下泼一样。**那个**，我们隔壁的邻居，到昆明，到云南去耍去了，他那天晚上就遭灾了。

芝芝：（点头）哦。

张爷爷：<u>那个</u>水就从<u>那个</u>他的<u>那个</u>坝坝儿，就是我们外边<u>那个</u>坝坝儿倒灌回他的<u>那个</u>房间。把整个几个房间全部泡脏了，泡脏了。第二天早晨起来看，<u>那个</u>水都流到外边走廊上了，就是<u>那个</u>楼梯，<u>那个</u>电梯啊楼梯口。

芝芝：就是把客厅<u>那</u>些地板全部整完了。

（成都话：《拜访长辈》）

(27) 李：我们我们一起唱<u>那个</u>大合唱，我们文传的特别就是<u>那个</u>高音都唱不起去哒，他们还在往上飙高音。

高：这就是专业的和业余的区别。

李：@@@对。区别特别大。

高：我们这边也是的，**那个**书画组参加**那个**比赛，就是和他们美术设计学院的比都比不来。

李：**那个，那个**，我们和音乐舞蹈学院的，他们飙高音的时候，我们都已经安静下来，就听就听他们飙高音，我们已经没得气哒，飙不起去。

高：@@，看他们炫技。

（恩施话：《社团活动》）

语例（26）张爷爷第一个话轮中的"那个"所起的是填补空白的作用，第二个话轮中多次出现的"那个"只是起指示作用的指示词。"那个"起指代作用时总是与后面的话语内容紧密相连，充当话语标记时与前后文之间均有语音停顿。语例（27）也是如此，两个同学谈论自己参加社团活动排节目的事情，彼此的话轮中都多次使用"那个"，除了李同学最后一个话轮中的"那个"以外，其余均起指代作用。这说明，西南官话中作指示代词用的"那个"和作话语标记的"那个"是并存的。二者的区分一看是否有指代作用，二看是否与前后文之间存在语音停顿，三看删略以后是否破坏原义。

2. 话语标记"那个"的语用功能

虚化为话语标记的"那个"，其原初的指代义已虚化。当说话人思维处于停滞状态，一时想不出后续表达内容时，常用"那个"来填补空白。其主要目的就是维持自己的话语权，语例（26）中张爷爷的第一个话轮使用"那个"意在提示受话人芝芝，他还要继续成都大雨的话题；语例（27）中李同学急于告诉对方她们和音乐舞蹈学院学生的差别，但还未想好如何表述，于是先用"那个"接过话轮并填补空白。刘丽艳（2009）认为"这个""那个"作为话语标记的主要功能是占据话轮和维持话轮。[①] 在我们收集的语料中，用于话轮控制的"那个"出现了32次，有时后接"啥子"一起来填补思维空白。"那个"的语用功能也是维持既有

---

① 刘丽艳：《作为话语标记的"这个"和"那个"》，《语言教学与研究》2009年第1期。

话轮或者抢占新话轮。

（四）"那个（啥子）"

用作填补空白标记时，"那个"有时和"啥子"连用，成为与北京话中"那什么"类似的话语标记。不过"啥子"还留有一定的疑问义，表示"什么"，其语义有些可以补出。"那个"和"啥子"之间有时出现3秒以内短暂间隙，有时直接连用没有语音停顿。

1. "那个啥子"的分布特点

"那个啥子"一般出现在话轮中间，不能出现在话轮开头和话轮末尾。"那个"和"啥子"可连用也可出现短暂停顿。"那个啥子"还可与其他填补空白标记共现，一起用来维持话轮。语例（28）的对话中出现了三个不同的填补空白标记，"那个""那个啥子"和"嗯"。

（28）张爷爷：他读的，等于这个软件专业是全国的一个重点专业，那个，他那个学校也是个重点学校。但是它还不属于啥子，**那个（..）啥子（..）那个啥子（..）就是啥子（...）啥子（...）好多121啊**？

芝芝：211。

张爷爷：哈，211哇，我又不懂那些。那个，考的，他就是觉得那个专业他比较喜欢，所以他就考的这个专业。考这个专业呢，他等于就，把他录取了。

（成都话：《拜访长辈》）

语例（28）中张爷爷不清楚我国高校曾有"985"、"211"之分，但知道数字简称代表了不同类型的高校。在谈到孙子就读的高校属于哪种类型时，思索很久，中间停顿多次，用"那个啥子"填补思维空白，以保持自己的话语权。此处的"啥子"保留有一定的疑问义，可以用"'211'高校"作出回答。

（29）梅老坎：哎呀呀，莫吵了莫吵了，诶，怎个，听倒，你就说你三十六岁。她是你的妹儿，你是她的哥。

梅老坎：记倒，还有一条，你们要付点**那个那个那个**手续费给我。

赵、张：啊？还要付手续费？

梅老坎：盯鼓眼睛把我盯倒做啥子？现在城头就比不得乡坝头，帮了忙道声谢就了啰。

（赵、张一脸疑惑地看着梅老坎）

梅老坎：现在城头兴的是**那个啥子**有偿的啥子服务，对不对？占了我的时间给你们当介绍人，就要拿钱。

赵嘉陵：哎，好多钱啰？

梅老坎：嗯（...）两包烟钱。

赵嘉陵：好说。

（重庆话：《山城棒棒军1》）

语例（29）中，赵嘉陵夫妇想找餐馆打工学艺，因初次进城不熟悉情况，请已在重庆当了几年棒棒的老乡梅老坎引荐。梅老坎想要酬劳但不便明说，在思考该怎么表述的过程中重复多次"那个"以后才说出手续费的事。解释要酬劳的理由时也不便明说"有偿服务"，于是在前面添了"那个啥子"加以缓和。这几个标记体现了梅老坎既想要熟人酬劳又觉得不好意思的矛盾心理。最后一个填补空白的"嗯"后面还有几秒的停顿，是梅老坎思考怎么收熟人酬劳又不让熟人太破费的表现。此处的"那个（啥子）"兼具代指不便明说之事和填补空白的双重功能，可以体现"那个啥子"概念义弱化到功能义强化的发展痕迹。

2. "那个啥子"与"那什么"的异同

与北京话的话语标记"那什么"相比，"那个啥子"的固化程度没那么高，"啥子"的疑问意味有一定程度保留，且不是该组合的必备成分；语用功能也没有"那什么"丰富，没有隐晦表达不如意状况的功能。"那个"和"啥子"之间可以有语音停顿，"啥子"可出现也可不出现。朱军、史沛沛（2014）认为固化结构"那什么"的两类主要功能是"语阻应对策略和语篇连贯手段"①,本书讨论的"那个啥子"具备的功能与此相同,目的是延续话轮,保持发话人的话语权,同时促使受话人参与思考。

(五)"就是₁"

《现代汉语八百词》将"就是"分为副词和连词两个词类,另把"就是了"作为助词单列了一个词条。《现代汉语八百词》所列"就是"及"就是了"的各种用法在成渝方言中均存在。西南官话中"就是"用法丰富,可以用作副词和连词,还可以表示解释说明。用作副词表示同意或强调肯定,用作连词表示假设兼让步。除此以外,"就是"还可以作为话语标记,表示填补空白或认同对方。作为话语标记的"就是",其语用功能有填补空白和回应认同两种。我们把填补空白的"就是"记为"就是₁",把回应对方的"就是"记为"就是₂"。

1."就是"的非话语标记用法

a. 你娃儿<u>就是</u>个嘴臭!这次印个巴蜀文化餐饮娱乐战略发展有限公司总裁兼总经理贾达。

b. 近亲你都搞不抻抖(弄不清楚)嗦?近亲,<u>就是</u>妈老汉儿之间是有血缘关系的亲戚,他们生的娃儿就是弱智,憨包!成都话叫"瓜娃子"。

c. 哎,荷花,我跟你说这一桌五十五块三,你收钱<u>就是了</u>嘛。哈!

以上各例均出自《麻将棒棒手》,a 例中的"就是"表示强调,有"确实"的意思;b 例表示后文是对前面语词"近亲"的解释说明;c 例的"就是了"表示不用怀疑和犹豫,是助词用法。

d. <u>就是</u>我现在腰杆不得行,一揉面就腰杆痛得很。

e. 我现在<u>就是</u>随便发啥子梦癫,说啥子梦话,这个戒指我都不

---

① 朱军、史沛沛:《"那什么"的话语功能》,《当代修辞学》2014 年第 1 期。

得吞到嘴巴头去了。

　　f. 我晓得你<u>就是</u>懒，怕麻烦！去，去，去换，哎呀，这个样子咋出门嘛！

　　以上语例取自成都话电视剧《幸福粑耳朵之新年礼物》，d例"就是"连接小句，表示对现在的状况表示遗憾；e例表示假设，表示就算发生什么情况，也不会导致不良后果的产生；f例"就是"属于含反驳义的强调，表示反对这种懒惰的状态。这些"就是"系语句结构的一部分，参与完成句法语义，均属非话语标记用法。

　　2. "就是"的话语标记用法

　　史金生（2013）等认为作为话语标记的"就是"具有多种语篇组织功能，体现在"将一个不在当前状态的话题激活或将背景信息激活，包括确立话题、自我修正、标记迟疑和明示等"方面。[①] 他所说的"标记迟疑"功能即我们探讨的"填补空白"用法。姚双云（2012）等通过分析中央电视台《对话》栏目的40场对话和电视剧本《编辑部的故事》，确定了"就是"的三种话语标记功能：应答功能、引发话轮功能、停顿填充功能。[②] 通过语料分析，我们发现，成渝方言中的"就是"具备应答功能和停顿填充功能（填补空白）的语言事实较常见，引发话轮功能的情况由于调查材料有限，仅见一例，不具备代表性，暂不讨论。具体分析过程中，把充当填补空白标记的"就是$_1$"放在本节讨论；把具备应答功能表示认同对方的"就是$_2$"放入第五章第三节回应对方标记中探讨。

　　(30) 高：你们是礼仪队的是啵？

　　　　李：嗯，不是的。我们是那个**就是**$_1$支部有个活动就是$_1$要到时候到那个小学去宣传一下党的知识，然后我们就要排练一个活动嘛，

[①] 史金生、胡晓萍：《"就是"的话语标记功能及其语法化》，《汉语学习》2013年第4期。

[②] 姚双云、姚小鹏：《自然口语中"就是"话语标记功能的浮现》，《世界汉语教学》2012年第1期。

然后就会排练一些节目,到时候去了给那个小学生搞表演。然后再宣传党的知识。

(恩施话:《社团活动》)

(31) 丹丹:不要舍不得买,看上哒就买嘛。

玉兰:嗯,算哒,还是要节约点儿,考虑下我的经济来源。对了,我想起来一个事儿。

丹丹:嗯?

玉兰:上次,上次我们**那个,就是**₁,就是前天,今天星期一哦,前天星期六考教师礼仪的时候,然后我们那个不是化妆吗,一个寝室都不会,好烦喽!找别个寝室化,太麻烦哒。

丹丹:主要是我们那些化妆的东西都没得。

玉兰:要不然买点儿化妆品?

(恩施话:《交流淘宝经验》)

以上两例中的"就是"用在话轮中间,均为填补空白的话语标记,如若省略丝毫不影响句义。语例(30)中的"就是"与话轮中的其他内容连成一体,目的是串联起李同学介绍的党支部活动的各个方面,便于李同学理清思路时填补思维空白。语例(31)中的"就是"是玉兰尚未想好如何叙述她想起来的一件事时填补思维空白的典型表现,此例不仅用了"就是",还用了"那个"共同填补空白,以维持话轮,便于说话人玉兰完整讲述想起的事情。

填补思维空白起停顿填充作用时,说话人常常综合使用多个标记,语料中这种例子也很常见。语例(32)的最后一个话轮就是多个填补空白标记"嗯""就是""这个"综合使用的情况。

(32) 闷墩儿:诶,孙娃子。

胖哥:喊老板儿。

闷墩儿:好,老~板儿~。我这个当幺爷爷的还是说两句。

胖哥:耶~,幺爷爷要发话了嗦。

闷墩儿:**嗯,就是**₁**,这个**,哎呀,我也说不抻抖。既然喊大家一起打嘛，你还是让大家都赢点儿嘛。

（成都话：《麻将棒棒手》）

该例中的火锅店主跟招收的员工都签有发完工资必须参与打麻将活动的合同。闷墩儿对老板发完工资就通过打麻将的方式赢回去的做法很不满，尤其是见到输光了的员工荷花等人因无钱寄给生病的家人而哭泣时，忍不住向老板提意见。但不善言辞的闷墩儿不知道该怎样表述妥当，于是连用三个填补空白的标记来为自己组织话语赢取时间。

3. "就是$_1$"的语用功能

"就是$_1$"具有填补思维空白以维持自己话语权的功能，同其他具有标记迟疑和填充功能的标记一样，"就是$_1$"的使用是说话人掌控会话进程的表现。对"就是"的这种填补空白功能，还有不少研究者认同。张惟（2012）等认为"就是"在自然会话中的话语标记功能可以分为有发展演变关系的三大类："作为进一步说明解释的标记（explanation marker），作为修补标记（repair initiator），作为停顿填充词（pause filler）。"[①] 张惟的语例显示这些用作解释标记和修补标记的"就是"不可删略，我们认为这属于"就是"本身具备的词汇功能；用于停顿填充的"就是"删略后不影响原句的语义和结构，才是虚化后的话语标记，其功能与我们界定的填补空白标记一致。

另有一些硕士论文专门对"就是"作出了探讨，并提出了具有启发性的见解，如郝瑜鑫把"就是"的话语标记功能总结为"引发话题、犹豫思考、确认对方话语、引起注意"[②]；李圆圆（2017）将"就是"的纯粹填充功能与其副词和连词功能做了对比。[③] 既有研究说明，"就是"的话语标记功能很丰富，具体包括哪些大家的看法还不完全一致。西南官话中的"就是"正处在多功能化过程中，至少已具备填补空白功能和回

[①] 张惟、高华：《自然会话中"就是"的话语功能和语法化研究》，《语言教学与研究》2012年第1期。

[②] 郝瑜鑫：《"就是"功能的辐射状范畴构拟与留学生习得研究》，硕士学位论文，北京语言大学，2011年。

[③] 李圆圆：《现代汉语填充类话语标记研究》，硕士学位论文，上海师范大学，2017年。

应认同功能，其他尚未固定的话语标记功能还有待进一步观察。

二 话轮维持标记

西南官话中的话轮维持标记是发话人为占据话轮，维持自己话语权而使用的标记，主要由连词充当，如弱化连词"然后"和"所以"。填补空白标记虽然也有占据话轮的作用，但主要目的是填补思维空白，以避免出现长时间沉默的情况。话轮维持标记在使用时，说话人的思路是顺畅的，并未出现不知如何表述的情形，而是有意使用这些标记维持既有话语权或者抢夺话语权。

（一）"然后"

1. "然后"的关联用法

"然后"在西南官话中可以作连词，也可以充当话轮维持标记。用作连词时，表示一件事紧接着另一件事发生。

（33）贾干虾儿：今天胖子真的遭洗白了，他肯定鸡飞狗跳想贷款。我们先拖他几天，让他像热锅上的蚂蚁，<u>然后</u>，我还要借用他那个芋儿！

锅巴：还红苕呢，我借芋儿做啥子？

（成都话：《麻将棒棒手》）

（34）广州客人：听说重庆有缆车，怎么没有看见？

接客市民：那是在三码头。重庆有十几个客运码头。

梅老坎：那个，我带你们下三码头，<u>然后</u>再坐缆车上来。

（重庆话：《山城棒棒军1》）

以上两例都是"然后"的连词用法，表示两件事紧接着发生。"然后"体现了时间上的先后，用来连接已经先后发生或顺序安排上有前后的几件事情。"然后"重在展现事理上或逻辑上的先后，通常与连接项形成"S1，然后S2"的结构形式。S1是事实上先发生或计划中先完成的事情，S2则是后发生的事实或安排在后面进行的工作。

2. 用作话语标记的"然后"

在口语交际中，有时"然后"连接的内容没有先后次序之别，"然后"并不表达逻辑语义关系和时间先后关系，仅仅用来串接不同的话语内容，方梅（2000）称这类现象为语义弱化。① 当"然后"不表示真值语义关系，仅用来衔接话语单位时就虚化成了话轮维持标记。

(1) 话语标记"然后"的分布位置

"然后"通常出现在话轮中间，表示发话人已谈完一个方面，后面还有话要说；也可以用在话轮开头，表示受话人抢过了话轮，成为新的发话人。"然后"之前常有语音停顿，后面可以有停顿，也可以不停顿，如果在"然后"之后添加了语气词，则需要停。语例（35）张爷爷先谈到了参观升旗的事，接着用"然后"引出排队参观毛主席纪念堂的情况。"然后"衔接了前后两个话题，目的是保持自己的话语权，表示后面还有话要继续讲给受话人听。此处"然后"前后的内容之间在时间上尚有一定的先后顺序，是"然后"原有连词功能未完全虚化的表现。

(35) 张爷爷：但是他们到天安门广场都是人山人海，根本看，聚不拢去，根本看不到。你只看到旗子升上来了@@，你才，才去，才看得到旗子，所以就到这种程度。**那个，然后**呢，后来他们又去排队，去看毛主席纪念堂，所以就排了半天，天气又热，那节就是八月底了嘛，噶。他们是八月二十几号走的。

芝芝：哦。

（成都话：《拜访长辈》）

(2) "然后"的语用功能

"然后"主要用来占据话轮，说话人使用该标记则表示不想放弃话轮，还要继续说话；听话人使用则表示听话人急于说话，想抢夺话语权。

(36) 高：我觉得可能是因为你形象比较好，跳舞好看，把你选

---

① 方梅：《自然口语中弱化连词的话语标记功能》，《中国语文》2000 年第 5 期。

走了。

李：没有。我觉得我觉得当时当时他要选人的时候，因为我很少跳舞嘛，我基本上，我跳舞的历史还停留在小学，**然后**他来选人的时候，我就站得很直，然后因为我比较高嘛。

高：嗯，那你那你丨

李：**然后**我就我一个人很高的话，肯定会显得整体不协调，那就不会选我。结果我一直躲倒躲倒，他还是点了，就说那个那个，一直在指我，**然后**我就必须去。

（恩施话：《社团活动》）

语例（36）是两个同学讨论社团活动排节目的事情，李同学向高同学解释她为什么被选去跳开场舞，用几个"然后"衔接自己的话语；当高同学想插话时，李同学用"然后"打断了高同学的话，夺回了话语权，继续解释自己为什么被选中。"然后"连接的这些话语内容并没有逻辑上的先后，只是说话人自己的叙述顺序，因此，"然后"并没有起关联作用，而只是用作话语标记。该例中的"然后"还有一定的衔接功能，还没有虚化到口头禅的程度。

语料分析发现，"然后"的话语标记用法共出现80次，约占标记总频次的13%，其中的使用者主要是40岁以下的调查对象，青年学生使用频率尤其高。转写文本中凡是青年学生的会话都有话语标记"然后"出现，有的学生说话完全靠"然后"连接所有内容，如语例（37）。

（37）李：**然后**开场舞的时候，音舞的学长学姐来选人嘛，**然后**我就被挑过去了，**然后**我又必须另搞了一个；**然后**诗朗诵的时候，一个学姐又单独找我，让我积极参加，说比较好，**然后**我就答应了，我就有三个。**然后**，后来我才发现诗朗诵报名的很少，也不是少，有的人也去报，但是我可能报的快了一点儿，**然后**我就有三个了，好多人只有两个项目的。

高：感觉就是一个必须参加，然后另外两个是被动的，身不由己。

（恩施话：《社团活动》）

该例中的"然后"虚化程度很高,仅体现说话人的叙述顺序,最后几个"然后"甚至虚化到了近似口头禅的程度。

(二)"所以₁"

"所以"本是表达因果关系的关联词,用来引出结果部分,在西南官话中这种用法也十分常见。除此以外,语料中还发现,"所以"可以用来维持话轮或者转接话轮,而不体现前后内容的因果关联。我们把维持话轮的"所以"记作"所以₁",把转接话轮的"所以"记作"所以₂"。

1. "所以"连词用法与标记用法的差异

用作连词的"所以"和用作话轮维持标记的"所以₁"分布位置相似,均处于话轮中间,与前后话语之间也都有语音停顿,但前者表示引出事件的结果,后者用来保持说话人的话语权。二者的差异主要体现在功能上。

(38)张爷爷:录取了过后呢,你昊林哥哥呢,他们就准备去送他一下。因为他,他没出去过嚒。<u>所以</u>,一个呢,他就说出去送他一下。第二个呢,就等于顺便去旅游一下,要一下。他等于就跟秦皇岛不远,他有个叫葫芦岛。

芝芝:哦,葫芦岛!

(成都话:《拜访长辈》)

(39)男主人:这边多,这边多。

客人1:鸡杂好吃,肥肠也好吃。

客人2:我吃肥肠吃得多。

客人3:人多都好吃,人多吃啥子都香。

女主人:好吃多吃点儿。她的菜还是弄得好吃,都跟了我们七八年了,从开茶楼开始,还是多好的。(提高音量)**所以₁**贺姐,人家说你弄得好吃才来的。

(成都话:《吃饭闲聊》)

语例(38)中的"所以"属于表示因果关联的常见用法,语例(39)中的"所以"连接的前后内容之间没有因果关系,"所以"只是女主人维持话语权的话轮维持标记。使用该标记的目的是避免其他客人插话，以便向客人们介绍更多情况。

2. "所以₁"的语用功能

"所以₁"用来维持说话人的话语权，表示说话人还有话要说，不想放弃话轮。前文语例（35）中，"所以"前后衔接的内容之间也没有因果关联，在话轮进行过程中，张爷爷用"所以"衔接了排队和排队时长的问题。"所以"在此例中仅起了延续话轮的作用，表示张爷爷要继续描述排队的情形。姚双云（2009）曾论及"所以"的语义弱化与功能扩展问题，并将其会话功能总结为引发话轮和延续话轮。① 本书的语例（35）体现了话轮的延续，语例（39）是延续话轮并引发新话轮的综合体现，女主人用"所以"维持自己的话语权并通过话语内容指定厨师贺姐作为新话轮的发话人。

以上语例中的"然后、所以"均属于连词的弱化现象，这些连词不再起关联作用。方梅（2000）认为弱化连词"有两方面的功能：话语组织功能（discourse organizing）和言语行为功能（speech acting）。弱化连词的话语组织功能包括前景化（foregrounding）和话题切换（topic switch）两个主要方面。言语行为功能包括话轮转接（turn taking）和话轮延续（turn holding）两个方面"②。本书所讨论的"然后"和"所以"从总体功能来讲，都具有连贯功能，便于说话人组织前后话语，"然后"偏重于延续话轮，"所以"可以延续话轮，也可以转接话轮，因此记作"所以₁"和"所以₂"。两个"所以"语用功能不同，出现位置也不一样，"所以₁"出现在话轮中间，"所以₂"出现在回应话轮的开头。"所以₂"的具体用法将在话轮转接标记中讨论。

三 话轮转接标记

以上谈到的话轮维持标记属于发话人维持自身话语权的相关标记，话轮转接标记是受话人接过话轮继续该话题的标记。西南官话中的话轮

---

① 姚双云：《口语中"所以"的语义弱化与功能扩展》，《汉语学报》2009年第3期。
② 方梅：《自然口语中弱化连词的话语标记功能》，《中国语文》2000年第5期。

转接标记主要是"那"和"所以（说）"，常常出现在受话人接过话轮的起始处。

（一）"那$_1$"

"那"在西南官话中可以作为表示远指的指示代词；或引进表后果的小句，起连接作用。除此以外，"那"还能充当话语标记，既可以作话轮转接标记，又可以作话题转换标记，我们把前者记为"那$_1$"，把后者记为"那$_2$"，"那$_2$"将在本章第四节讨论。"那$_1$"在语料中共出现54次，是受话人接过话轮的常用标记。

1. "那$_1$"的分布位置

"那$_1$"通常位于受话人话轮的开头，是受话人接过发话人的话轮成为新的说话人的标志。与其他话语标记有明显的语音停顿不同的是，"那$_1$"与后续话语之间通常没有语音停顿，直接附在核心话语前面。"那$_1$"与指示代词"那"不同的是没有指示作用，且可以删略。

(40) 爷爷：你们奶奶的大孃，昨天你们舅舅打电话问你们奶奶，问你们来不来看下子。她说死了我们再去看。

孙女：你哪说这种话呢，等人家死了再去。

奶奶：她又不晓得了。

爷爷：她说不来话了，人事不省。哦，只有一口气还在悠啰。

孙女婿：**那$_1$**去看一下也没得啥子。

（成都话：《探望爷爷奶奶》）

语例（40）中爷爷向孙女等人讲述一个长辈的病情，谈及他们奶奶准备等人去世后再去看，此时孙女对这种做法提出了质疑，孙女婿用"那"接过话轮建议爷爷奶奶应该在亲戚生前去探视。此处的"那"去掉也不影响句义，但话语之间的连贯程度会削弱，语气也会显得生硬。

2. "那$_1$"的语用功能

"那$_1$"是受话人接过发话人话轮的标志，表示受话人认真听取了交谈内容并顺应对方的话题及时作出了自己的回应。

（41）易明轩：妈~，妈~，哪门这时候哒还没弄早餐欤，喊都喊不答应。这号的人，要在我们公司，早就下岗哒。

易明慧：妈这个岗位，天王老子也下不到她嘛，当妈是她一辈子的职业。哦，她是在弄早饭。

易明轩：**那₁**我去催一下去。

（恩施话：《乡村纪事》）

（42）李云飞：这是我跟你嫂子两个凑的五千块钱，你拿去！

云飞弟：**那₁**你回去帮我谢下嫂子。我先走哒。

李云飞：哎！我跟你说吵，你莫晃（别做出格的事）的哦，晃不得啊！

（恩施话：《私房钱》）

通过以上三个语例我们可以看出，"那₁"不出现在首话轮，只出现在回应话轮的开头，作用是让受话人接过话轮，增强话语之间的连贯度。有时还有舒缓语气的作用，如语例（41）（42），如没有"那"的出现，该语句就有命令的口气，不符合受话人提出建议或请求的本意。

（二）"所以₂"

前文关于话轮维持标记的论述中已探讨了"所以₁"保持说话人话语权的功能，此处重点探讨其话轮转接功能，这两种功能中，"所以"均不表达因果关联。"所以₂"起话轮转接作用时所处的位置跟"那₁"一样，都在回应话轮的起始位置。"所以₂"还具有抢夺话轮的作用，是受话人从发话人那里争夺话语权的标志。

（43）易明轩：我们这里靠山吃山，靠水吃水。我们村子本来就有优势，只不过这几年没利用起来。

牌友1：有什么优势，说起来在城郊，无非就是种几挑白菜去卖，还有几颗米，搞得好混个肚儿圆，不然的话我们不如去打半年工。

易明轩：**所以₂**，你这个想法都错哒。我们这有的是土地。

牌友2：土地，要说土地的话，我一年四季在土里刨得到几个钱吗?

(恩施话:《乡村纪事》)

语例（43）中，多年在外打工准备回乡创业的易明轩向几个正在玩扑克牌的村民介绍他的设想，但没得到村民的响应反而招来牌友 1 的反驳，于是易明轩马上用"所以"接过话轮，目的是进一步阐述自己的想法。"所以"连接的前后内容之间并无因果关联，"所以"是易明轩急于抢夺话轮进一步阐述自己想法的转接标记。"所以"在这里也是连词功能弱化、语用功能强化的话语标记之一。

第四节　话题转换标记

话题（topic）是语用层面的概念，赵元任（1968/1979）认为汉语主谓语之间的关系较松散，可以把主语和谓语理解为话题和说明的关系。朱德熙（1985）认为主语是句法层面的概念，话题是语用层面的概念，二者不可混同。陆俭明（1986）指出汉语的话题和主语通常情况下是重合的，但是也存在不重合的情况，比如只有话题而无主语或者只有主语而无话题的句子就无法重合。不少研究者认为不同层级的话题涵盖范围大小不一，主张把篇章话题和句子话题分开讨论。雷莉（2002）认为语篇话题的辖域是一个语段或语篇，语链话题可以管辖围绕一个话题的多个连贯述题，语句话题只管辖它所在的语句。[①] 本书所讨论的是会话中的话题，相当于篇章话题。对于话题的性质，李秉震（2010）综合多家观点之后，提出"话题的本质属性只有一个，即话题是言谈起点"[②]。人、物、事件、时间等都可以作为言谈的起点，言谈起点带有说话人的主观性。

我们认为，话题是言谈的起点和言谈中心。话语内容总是围绕一定的话题展开，对话过程中话题可以不断变化。西南官话中可以充当话题

[①] 雷莉:《汉语话题的辖域和层级》,《中央民族大学学报》(哲学社会科学版) 2002 年第 2 期。

[②] 李秉震:《汉语话题标记的语义、语用功能研究》,博士学位论文,南开大学, 2010 年。

转换标记的主要有"好""对了""哦"等。语料中话题转换标记出现62次,占话语组织功能标记的17.3%。

一 "好"

"好"[xau^{41}]可以用作副词、形容词、名词等,此处探讨的"好"相当于普通话读上声的"好",该"好"在西南官话中读降调,可以作形容词,也可以作程度副词,还可以作疑问代词和名词。用作话语标记时,可以表示转换话题、终止会话和回应对方,由于不属于同一语用功能或语用功能的小类有别,我们分别记作"好$_1$"(转换话题标记)、"好$_2$"(会话终止标记)和"好$_3$"(回应对方标记),前两个在本章分析,后一个在第五章人际互动功能标记的第三节分析。

(一)"好"的主要义项

在西南官话中,"好"[xau^{41}]可用作形容词、副词、名词和动词;"好"[xau^{213}]可作动词,表示特别喜欢什么。"好"的话语标记用法是由形容词虚化而来,因此只重点分析其形容词义项。"好"作形容词时义项颇多,举例如下:

1. 优点多,使人满意:他这个人没别的,就是脾气好得没话说。
2. 适宜,妥当:第一次去看孙女儿,他不晓得带点儿么子好。
3. 表示使人满意的性质在哪方面:她的歌唱得真是好听。
4. (身体)健康,(疾病)痊愈:老爷爷八十多了,身体还好得很。
5. 友爱,和睦:大班的圆圆和欢欢是好朋友,玩游戏总在一起。
6. 表示动作行为已完成或完善:星星衣服换好了,可以送他上学了。
7. 容易:今天的作业好做,几个娃儿半小时就做完了。

"好$_1$"作副词时表示程度高,如"这个人好古怪";作动词时表示"便于",如"快点把饭弄来吃了好去做事";作名词时指人在言行等方面让他人受益之处,如"村民一直在念这个支教老师的好"。另外,"好"还可以作疑问代词,如"重庆到成都有好远,坐车要好久?"

(二)"好"的话语标记用法

《现代汉语词典》所列"好"的形容词义项中有一条是"表示赞许、同意、结束或转换话题等",其中结束或转换话题与我们所说的话语标记功能密切相关。在自然口语中，因这些"好"韵律独立，且删略后不影响原句的语义和句法结构，因此我们把这类"好"划归话语标记。虽然根据具体语用功能的不同，"好"需要分为"好$_1$""好$_2$"和"好$_3$"，但三者出现位置均以话轮开头居多，"好$_1$"偶尔出现在话轮中间。

(44) 学生1：拐哒，我要吃肉沫茄子盖饭。你吃么子？

学生2：我呀，吃豆皮。你一碗饭吃得饱么？

学生1：拐哒，真的耶，我也觉得吃不饱哦。再买个饼子算哒。怪不得你那么瘦，一碗豆皮就打发哒。

学生2：**好**$_1$，快点去买你的饼子哦，喂饱你，上课会有力气，上课有精神。

(恩施话：《吐槽学校》)

语例(44)的第二个语对中，学生2没有回应学生1的感叹，而是通过"好"转换话题，让学生1赶快去买饼。"好$_1$"在此处起了终止当前话题转向另一话题的作用，两人的交谈并未因话题转换而结束。学生2通过话题的转换由受话人转换成发话人，新的受话人学生1需要对买饼的提议作出回应。

1. "好$_1$"的分布位置

"好$_1$"通常出现在话轮开头或话轮中间，既可以出现在首话轮，即发话人的第一个话轮，如教师准备上课时常说的"好，现在我们开始上课"；也可以出现在非首话轮，即受话人的话轮或发话人的其他话轮，用来转换话题。

(45) 巴经理：哎呀，我的天哪，我哪有恁个胖一个大姨妈哟？上中巴车，售票员都要喊你买两张票。

胖妹儿：碍你啥子事？

巴经理：**好**$_1$，你凶，你凶，二天你要再出事，我拿根索索（绳子）把你挂起来，让你安安逸逸地去当老辈子！

胖妹儿：诶~你不要走，你把哪个挂起来？

（重庆话：《山城棒棒军1》）

语例（45）中的"好₁"用在巴经理回应话轮的开头，巴经理用此标记终止了对胖妹儿身材的评价，转为警告胖妹儿不许再给火锅店惹事。"好₁"所起的作用跟语例（44）一致，均是由当前话题转向另一话题。

2. "好₁"的语用功能

"好₁"主要用来终止当前话题，转入另一话题。杨扬、俞理明（2018）认为提顿词"好"与话语标记关系密切，"用在对话中，在态度上表示对前述言行的认同，并结束前述言行，转入下一个话题，或终止当前话题。"① 提顿词"好"的这种作用即我们在本节探讨的"好₁"的话题转换功能。

（46）摊主：因为我们市场以前遭过偷儿贼噻，我就有点警惕。**好₁**，后头我就点了美团外卖，美团外卖来了，我吃完了过后我就出去丢东西。

顾客：你是这时候看到那几个人贩子的吗？

（重庆话：《防人贩子》）

该语例中的摊主本来在向顾客谈论以前市场里曾经被盗的话题，后突然转向点美团外卖的话题，为保持前后话语的连贯性，让受话人不觉得过于突兀，摊主用"好₁"这一转换话题的标记，为转换话题作铺垫，让受话人有心理准备，便于受话人跟上自己的谈话节奏。

"好"可以表示赞许、同意，"好"的话语标记用法是从表示该义的形容词虚化而来。从分布位置上来看，表示赞许和同意的"好"常出现在回应话轮的开头，且韵律独立，这与用作话语标记的"好"分布位置一致。当听话人不同意说话人的意见或不想表态时，常采用岔开话题或

---

① 杨扬、俞理明：《次生叹词"好"反预期标记用法及衔接功能》，《语言科学》2018 年第 1 期。

结束会话的方式。为避免双方尴尬，照顾对方的面子，依然从形式上回答"好"，但实质上并不表达认同。久而久之，这种做法经过不断重复，因高频使用使"好"原有的赞许义被磨蚀，产生了表示话题转换或会话终止的新用法。

二 "对了/哒"

"对"可以作形容词、动词、介词、量词等，"对"在西南官话中既保留有这些用法，也可以和语气词一起组成话语标记，用来表示话题转换。作标记使用时，"对"本身的语义已虚化，"对"后面所接的语气词有"了、啰、喽、哒"等不同形式，本书视为一个话语标记的变体合并研究。"对了"的话语标记用法与其形容词用法关系密切，只是概念义已虚化。

（一）"对了/哒"的分布位置

"对哒"出现的位置可以是话轮中间，也可以是非首话轮的开头。对话过程中，某一方突然想起某事，常用"对了/哒"将话题转向想起的事情。交谈过程中，听话的一方还可以利用"对了/哒"直接转移话题，此时"对了/哒"往往出现在话语开头，成为前一话轮结束，后一话轮开始的标志。

(47) 玉兰：不是，哎呀，确实，当时在教室，不是，在寝室想得起来你要带些什么东西，但正儿八经回去的时候你就记不起来哒，搞忘记哒，你来的时候又想起来哒。

丹丹：是的嘛！

玉兰：太神奇哒。

丹丹：**对哒**，周四的时候，下午不是没课嘛，我感觉我这个星期又要去搞那个支教哒，因为她们都要干训嘛，然后，请假的话，请假好像也不好，我觉得我好像还是要去，面对那一群调皮的娃娃。

（恩施话：《谈支教经历》）

语例（47）中，"对哒"出现在话轮开头，形成了"对哒，S"格式。受话人丹丹在接过话轮时直接将原来谈论的忘带东西的话题转向她需要去支教的事,"对哒"在此处所起的就是转换话题的作用。"对哒"的语用功能与普通话中的话语标记"对了"完全一致,二者的区别仅体现在语形上,即所带的语气词带有方言差异。

(48) 炆哥:(接到王炈炈请他帮拿快递并代为保管的电话) 这个事,你放心!

王炈炈:哦哈,谢谢了谢谢了@@@@,谢谢炆哥了,那我就喊那个快递跟你打电话了。哎呀,我就晓得嘛,找炆哥,绝对没得问题。哦,**对了**,记倒,千万不要让金银花晓得了。

炆哥:@@,给个惊喜嘛,晓得晓得。

(成都话:《幸福炆耳朵之新年礼物》)

语例(48)中,"对了"出现在话轮中间,形成了"S1,对了,S2"格式,S1 和 S2 分别代表两个不同的话题。王炈炈在感谢炆哥帮忙拿快递之后,用"对了"转换话题,提醒炆哥不要让金银花提前知晓买礼物的事。这两个语例中,如果没有"对了(哒)"的出现,整个句义并没有理解上的困难,但前后话语之间的连贯度将受到影响。

(二)"对了/哒"的语用功能

"对了"的话题转换功能,有不少研究者认同并进行了研究。刘焱(2007)对其话语组织功能(设置话题、找回话题、切换话题)和言语行为功能(话轮转换和话题延续)均做了探讨。[①] 罗燕玲(2010)分析了处于句首的"对了"的功能和虚化轨迹,[②] 李艳(2010)认为"对了"有标示获得新信息的功能和话语衔接功能。[③] 吉益民(2012)对其词汇化

[①] 刘焱:《话语标记"对了"》,《云南大学学报》(对外汉语教学版) 2007 年第 5 期。
[②] 罗燕玲:《句首"对了"的功能类型及其虚化轨迹》,《宁夏大学学报》(人文社会科学版) 2010 年第 2 期。
[③] 李艳:《"对"类标记词及其叠连用法的话语功能分析》,《暨南学报》(哲学社会科学版) 2010 年第 4 期。

和语用化过程进行了探讨①，石彦霞（2017）研究了其最早出现时期，认为"对了"作为话语标记出现于近代汉语后期（鸦片战争到五四运动之间）。②

前贤的研究结论有一部分与西南官话中的"对了/哒"一致，我们认为，成渝方言中用作话语标记的"对了/哒"的语用功能主要是转换话题，衔接上下文。该形式是形容词"对"与完成体标记"了/哒"形成固定组合后虚化的结果，随着概念义的磨蚀，其功能由对具体内容正误的判断转向衔接整个交谈内容。董秀芳（2004）认为包含体标记的凝固组合是词汇化的结果，"对了/哒"话语标记功能的形成与词汇化这一虚化途径密切相关。

三　"诶$_2$"

"诶"在西南官话中是一个多功能的叹词，前文我们已经对会话开启标记"诶$_1$"进行过探讨，现在分析话题转换标记"诶$_2$"。

（一）"诶$_2$"的分布位置

"诶$_1$"常出现在首话轮开头，而"诶$_2$"常出现在话轮中间，有时也出现在回应话轮的开头，二者出现位置的差异与语用功能的不同密切相关。

（49）芋儿：**诶$_1$**，喊你走侧门，你往中间走啥子嚓。你以为客人硬是喜欢闻你那潲水味道哦。

赵有才：我，搞忘了。

芋儿：搞忘了，吃饭搞忘没得？

赵有才：没有！

金大汉：对不起，是我搞忘提醒他了。

芋儿：哎呀，金大汉，你不要样样事都帮倒他。**诶$_2$**，哪门你一

---

① 吉益民：《"对了"的词汇化和语用化》，《宁夏大学学报》（人文社会科学版）2012年第5期。

② 石彦霞：《近代汉语话语标记"对了"的形成机制与功能探析》，《学术探索》2017年第2期。

个人在做菜耶，干豇豆和冬瓜他们呢？

（成都话：《麻将棒棒手》）

语例（49）中出现了两个"诶"，其中首话轮出现的"诶₁"属于会话开启标记，出现在话轮中间的"诶₂"属于话题转换标记。"诶₂"的使用将芋儿埋怨金大汉替赵有才受过的话题转向关于其他人去向的询问。

（二）"诶₂"的语用功能

"诶₂"作为话题转换标记，表示从当前话题转向新的话题。一般新话题是说话人突然想起或突然发现的新问题。比如语例（50）李云飞本来在谈藏私房钱穿帮的事情，突然发现大姚脸上有伤，就将话题转向了对受伤缘由的询问。

（50）李云飞：我跟你说，你跟我教的不那么行呢，几回都差点穿帮哒！

大姚：你穿哒，我都穿哒！

李云飞：啊？**诶₂**，你脸上哪门搞的吗？（指着大姚脸上的挠伤）

大姚：唉，你莫说起哒，我那个女的真的是很。我把钱收得那么紧，她给老子翻出来哒！

（恩施话：《私房钱》）

语例（50）中"诶₂"出现在惊叹词"啊"之后，表示发现了新信息（大姚脸上有伤，对李云飞而言是未知信息），即将转换话题。在该语例中李云飞本来在和大姚谈论存私房钱的方法问题，发现大姚脸上的伤以后，用"诶"将话题转向对新信息的进一步追问。"诶₂"的出现位置通常在话轮中间，如果在话轮开头，那么该话轮一定不是首话轮。

虽然来源于同一个叹词"诶"，但"诶₁"是会话开启标记，"诶₂"是话题转换标记，二者同属话语组织功能标记这一大类，但所属次类不同。"诶₁"和"诶₂"除了语用功能上的差异以外，分布上也有差别，"诶₁"通常构成"诶₁，S"格式，而"诶₂"通常构成"S1，诶₂，S2"格式。

四 "哦₁"

"哦"具备叹词和语气词两种词性,在西南官话中也具备相应的叹词功能和语气词功能,同时,单用的"哦"还可以充当话语标记。"哦"读低降调时表示转换话题或者自我反馈,我们把表话题转换的记为"哦₁",表自我反馈的记为"哦₂"。"哦₂"将在第四章讨论。"哦"读高平调时表示认同对方,可以看成回应对方的标记,记为"哦₃",将在第五章讨论。

(一)"哦"的不同用法

"哦"可以用作叹词、语气词,也可充当话语标记,几种用法在西南官话中都很常见。用作叹词时,韵律独立,分布位置也与用作话语标记的"哦"大体一致,其话语标记功能是从叹词功能虚化而来。

(51)炮哥:这个面包机做个面包要整好久哦?

凤姐:你看,它这有时间显示,现在还剩两个小时,一旦好了,它就会自动报警,就停了。

(52)炮哥:凤妹儿,你看,今天你洗了恁么多衣服,好累哟,万一腰又痛了,就不要守倒这个面包机了。**哦₁**,我在苟瞎子那儿学了新的按摩手法,巴适得很!

凤姐:苟瞎子,哪个苟瞎子?

(成都话:《幸福炮耳朵之新年礼物》)

语例(51)中的"哦"属于疑问语气词,依附在语句后面表示疑问。语例(52)中的"哦"单独用在话轮中间,属于话语标记,表示转换话题。该例中炮哥由劝凤姐不必守面包机的话题转向学到了新按摩手法的话题,"哦₁"衔接了两个不同话题,表示说话人想起了某件事情,将当前话题转向了新想起的话题。"哦₁"的使用让话语内容前后连贯,避免因话题的改变让听话人产生突兀的感觉。

(二)"哦₁"的语用功能

同话题转换标记"诶₂"一样,"哦₁"的分布位置也在话轮中间,形成"S1,哦₁,S2"结构。与"诶₂"不同的是,"哦₁"引出的往往是说话人想起的旧信息,而"诶$_2$"引出的通常是说话人发现的新信息。"哦$_1$"的语用功能是将当前话题转向说话人想起的其他话题,想起的旧话题通常与交谈双方均有关联。

(53)小渝:胡教授!

胡教授:小渝,最近复习得怎么样?

小渝:比各人复习强多了。**哦**$_1$,这是温老师叫我带给你的两本书,他实在太忙了,没时间送来。

胡教授:呵,好好好!

(重庆话:《山城棒棒军1》)

语例(53)是利用"哦"转换话题的典型用法,小渝在回答完胡教授的问题之后,用"哦"将话题转向温老师委托他给胡教授带书的事情,该信息是双方都知晓的。"哦$_1$"的介入有将背景信息前景化的功能,使交谈双方共同转向另一话题,进入信息同步状态。

五 "诶""哦"的内部差异

从收集到的语料来看,成都话、重庆话用叹词作话题转换标记时多用"哦",而恩施话多用"诶",但不绝对。下例是重庆话用"诶"作话题转换标记的例子。

(54)陈凯:我在朱家沱涨谷坝当了八年知青的嘛!

小渝:那好多人你都认得倒?

陈凯:认得倒,都认得倒!**诶**$_2$,那个田队长,他还在不在?

小渝:哎,在,他是我外公的嘛!

(重庆话:《山城棒棒军1》)

语例统计表明,虽然"诶$_2$"和"哦$_1$"都可以作话题转换的标记,但在成渝方言内部,其使用情况还是有地域差异的。总体来讲,这些词主要的功能还是语气词或者叹词,其话语标记功能是后期发展起来的。

(一)"诶"的内部差异

"诶"在西南官话中可以用作叹词,多出现在语句开头;也可以用作语气词,依附在语句末尾;还可用作会话开启标记或话题转换标记,处于话轮开头或话轮中间(见表3—1)。

表3—1　　　　不同性质的"诶"使用次数一览表

类型＼方言	成都话	重庆话	恩施话
叹词	65/73%	29/60%	42/38%
语气词	5/6%	8/17%	58/52%
诶$_1$(会话开启)	10/11%	6/13%	8/7%
诶$_2$(话题转换)	9/10%	5/10%	3/3%
合计	89/100%	48/100%	111/100%

注:斜线前是出现次数,斜线后是该词在本方言片中出现次数的占比。

因为每个方言点的语料采集时长不完全相等,所以不以出现总次数作基数,只以各词在该方言点的出现总数为基数算其出现比例。从表3—1可以看出,无论是成都话、重庆话还是恩施话,作叹词或者语气词都是"诶"的主要功能,充当话语标记均是其次要功能。同样作为话语标记,"诶"作为会话开启标记和话题转换标记的使用频率均是重庆话中占比最高,其次是成都话,再次是恩施话。

(二)"哦"的内部差异

"哦"在西南官话中可以作叹词、语气词,也可以充当话题转换标记、自我反馈标记和回应认同标记。其出现位置与"诶"一样,也是作叹词时在语句开头,作语气词时依附在语句末尾。用作话题转换标记和自我反馈标记时多处于话轮中间,用作回应认同标记时处于回应话轮的开头(见表3—2)。

表3—2　　　　　　　不同性质的"哦"出现次数一览表

类型＼方言	成都话	重庆话	恩施话
语气词	127/64%	45/63%	121/90.3%
叹词	46/23%	16/23%	12/9%
哦₁（话题转换）	10/5%	4/6%	0/0%
哦₂（自我反馈）	10/5%	3/4%	1/0.7%
哦₃（回应认同）	7/4%	3/4%	0/0%
合计	200/100%	71/100%	134/100%

注：斜线前是出现次数，斜线后是该词在本方言片中出现次数的占比。

表3—2的统计方式跟表3—1一样，都是看各方言点内部"哦"的使用情况。从上表数据可知，"哦"在西南官话各方言点均以作语气词和叹词为主，从话语标记用法来看，三个方言点均可把"哦"作为自我反馈标记，在成都话和重庆话中常见，恩施话少见（自我反馈标记的具体情况将在第四章讨论）；作话题转换标记和认同标记时成都话重庆话均可见，恩施话现有的语料中未见相应语例（认同标记的具体情况在第五章回应标记中探讨），恩施话多借用"诶"或"对哒"作话题转换标记，认同对方多用低降调的"哎/诶"表示。

第五节　会话终止标记

会话终止标记往往出现在会话各方最后一个话轮的开头，后面通常连接表示告别的话语或者终止交谈的话语。西南官话中的会话终止标记主要以"好了/哒""算了/哒""行了/哒"及其变体充当。语料中会话终止标记出现28次，占话语组织功能标记的7.8%。

一　"好₂"及其变体

前文讨论"好₁"时已提到，"好"在西南官话中可以作为形容词、副词、名词和动词，当作为话语标记时，其原有的词汇义均已虚化。

"好₂"作为会话终止标记,与话题转换标记"好₁"不同的是,"好₂"的出现预示双方的交谈到此结束,而"好₁"表示后面还有其他话题要讲。"好₂"可以单独使用,也可以后接语气词,还可以重复,其变体有"好好好、好吧好吧、好嘛好嘛"等。

(一)"好₂"的语用功能

语例(55)中A男夫妻搭B男夫妻的便车,到目的地之后双方终止交谈。彼此都用"好"结束话轮,表示对话完全终止。

(55) A男:没有只能倒右拐①,可以直走。前头就到了。你往前头走,到了口子上就倒左拐,倒左拐就是那个就是那个磨子桥,就停到那了。我们在这好停,好,谢谢谢谢!

A男之妻:**好₂**,谢谢了。

A男:**好₂**,bye-bye了。

B男夫妻:**好₂**,bye-bye了。

(成都话:《搭便车》)

语例(55)中,对话双方都用"好₂"这一标记结束闲聊。在实际会话过程中,也有仅交谈中的一方使用"好₂"结束会话的情形,如语例(56)。

(56) 陈凯邻居:老陈,棒棒你用完没得?用完了我用一下!

陈凯:哎,要得要得!

小渝:那我过去了。

陈凯:**好₂**,走走走!

(重庆话:《山城棒棒军1》)

"好"用来终止话轮时,若叠用为"好好好"形式,则表现出说话人无可奈何的情绪,带有很强的主观性。如下例:

---

① 该语料起初误记为"打右拐",感谢川大文新学院朱姝老师指出成都人说的是"倒右拐"。

(57) 圆圆奶奶：你看嘛，你喊小渝带，才一天就把娃儿整成个农村娃儿样了。

圆圆爷爷：野一点儿有啥子不好嘛？我记得你年轻的时候从沙坪坝走到北碚来看我，几十里路，我看你精神还好得很呢！

圆圆奶奶：那是啥时候嘛？现在的娃儿，哪家娃儿不是｜

圆圆爷爷：哎呀，圆圆体育不及格，你再不让他锻炼｜

圆圆奶奶：**好好好**，不说了不说了！你也不要坐倒起，去把娃儿喊来吃饭。

（重庆话：《山城棒棒军1》）

语例（57）中，圆圆爷爷强行打断了圆圆奶奶的话，表示圆圆非锻炼不可了；圆圆奶奶虽然对锻炼方式不满，但也无可奈何，于是也强行打断了圆圆爷爷的话，用"好好好"结束两人的争论。该例中的"好好好"并非认同对方意见的标志，而是表示结束会话，后文的"不说了不说了"进一步表明会话将到此为止。

（二）"好$_2$"使用的代际差异

语料整理发现，许多00后甚至90后在使用该会话终止标记时，后附语气词的发音开始发生变化，他们不再像老一辈那样使用"好嘛好嘛"而改用为"好吧好吧"。这是他们长期生活在普通话语境中，受普通话影响的结果。虽然发音有了变化，其功能依然是终止话轮，结束对话。下例是大学宿舍两个室友之间的方言对话。

(58) 室友1：快点起来！要走哒，时间要到哒，快起来还要洗个脑壳呢！

室友2：不要慌，马上就起来了。还有几分钟啊。慌么子？一下儿我们跑过去就行了呀，迟到两分钟也没么关系嘚。

室友1：**好吧好吧**，你快点给我起来。

室友2：起来啰。

（恩施话：《吐槽学校》）

"90后"、"00后"从小接触普通话,有的从小就使用普通话交流,处于普通话语境中的时间较长,尤其在学校,使用普通话交流的情形更多,他们所说的方言无论是发音还是词汇句法都受到了普通话的影响。上例两个本地学生虽然用当地方言交流,但无意识地把方言中常用的语气词"嘛"改成了"吧"。这些例子并非个案,第五章将要讨论的表示否定的"好不好",是该方言中本来没有的话语标记,仅在年轻群体中流行。该标记虽来源于南方方言,但流行却得益于年轻的普通话群体的推动,该话语标记在当地方言中出现是青年学生从普通话中搬用过来改为方言发音的结果。代际差异的具体情况将在第六章探讨。

二 "算了/哒"及其变体

"算"可以用作动词,除了表示"计算"义外,还可表示"作罢,为止"。用作话语标记的"算了/哒"正是从该词的"作罢"用法虚化而来。二者的区别是动词"算"是句法结构的一部分,不可删略,"算"加上语气词构成的话语标记"算了"虽然保留有"作罢"的部分语义,但系独立的韵律单位,可以删略,其功能主要体现在结束会话上。

"算了/哒"作为话语标记使用时,常常两个连用,表示交谈中的某一方不想再谈,通常出现在一方最后一个话轮的开头,预示将要结束会话。有时听话人也用其他的会话终止标记作答。

(一)"算了/哒"的语用功能

"算了/哒"通常出现在话轮开头,由意欲结束会话的一方首先提出,听话人需要就该结束会话的提示作出言行上的回应。"算了/哒"的出现表示双方的会话即将结束。

(59)易明轩:不过说真的,我们这里有山有水,勾引几个城里人来看看抗战遗址啊,喝腊蹄子汤哪,吃下包谷饭哪,再找几个洞子给他们钻哈。或者去找几个妹娃儿去当导游,再编几箩筐神话,把那些城里人和老外哄得云里雾里的。到那个时候,那个钱,硬是一股一股地往屋里流。

牌友1:耶,你还会勾引几个城里人。

牌友2：他都是在这里编故事的个。

易明轩：不信么，**算哒算哒**，不跟你们讲哒，我各人街上去。

（恩施话：《乡村纪事》）

语例（59）中，自认为学到了发财之道的易明轩想回乡创业，但没有资金，因急于找到合伙人，见人就介绍他的创业方案。该例中易明轩费尽口舌给玩扑克牌的村民介绍他的设想，但并未引起共鸣，他认为话不投机，于是用"算哒算哒"结束会话。此处叠用的"算哒"韵律独立，删略也不影响原句的句法结构，是结束会话的标志。

（60）毛子：一个人吃独食，不落教。

梅老坎：总共才一块五，算啥子嘛。站倒等生意。

毛子：算了算了。我各人去找活路，跟倒你就吃亏。

梅老坎：**好好好**，这回生意来了，我让你。

（重庆话：《山城棒棒军》）

语例（60）会话双方均使用了会话终止标记，毛子用"算了算了"结束会话，梅老坎用"好好好"加以回应，双方交谈就此终止。"算了/哒"作为会话终止标记，总是引出说话人结束会话的理由或者结束会话后将要进行的其他事项，该标记通常不单独构成话轮。

（二）"算了/哒"话语标记功能的形成

对于"算了/哒"话语标记功能的形成，刘红妮（2007）认为其经历了先词汇化再语法化的过程。[①] 我们认为，"算"的核心义是动词义，具有"计算、核算、清算、结算"等多种含义，该词与语气词的组合本来表示的是"算"这一动作行为已完成，因其与体标记"了"长期搭配使用，逐渐词汇化，由非句法结构凝固成词汇形式"算了"，凝固以后成为助词，常用在动词后面，表示"罢休"之义，功能与"罢了"相似，在此基础上进一步虚化，才发展成表示终止会话的话语标记。正如刘红妮

---

① 刘红妮：《非句法结构"算了"的词汇化与语法化》，《语言科学》2007年第6期。

指出的那样,"算了"从比较实在的主要范畴的动词性成分发生了语法化的演变,由实到虚,演变为比较虚的次要范畴的助词,产生情态功能,再进一步虚化,成为话语标记。

三 "行了/哒"及其变体

"行 [ɕin²¹³]"在西南官话中可以作动词、形容词、名词,含义丰富,用法多样。"行"后接表陈述语气的语气词时可以充当会话终止标记,表示"可以了、到此为止了"等含义。"行了(哒)"用作话语标记时一般置于最后一个话轮的开头,若有多个语气词依附其后则可置于最后一个话轮的末尾。我们把后面添加多个语气词的"行了噻"和叠用的"行哒行哒"视为其变体一并研究。

(一)"行了/哒"及其变体的语用功能

"行哒"的主要功能是结束会话,跟另一个会话终止标记"好₂"不同的是,"行哒"能体现发话人的主观态度,常常伴随有无奈、不满或愤怒情绪,其主观性要强于其他两个会话终止标记。

(61)梅老坎:毛子,我有三个女儿,三个女儿都要张口吃饭,三女儿又在出麻疹,你想(……)

毛子:你看你,你看你,一窝就生三个,你这不是有意破坏计划生育啊?

梅老坎:对,我对不起党,对不起人民,对不起社会主义,**行了噻**。

(重庆话:《山城棒棒军1》)

该语例中梅老坎对自己孩子多负担重的生活状况很无奈,被毛子奚落批评,又无法反驳,只好很不开心地用"行了噻"结束会话。陈彦坤、孙莉分析过"X了"作为话语标记的让步功能[①],"行了(哒)"一般体

---

① 陈彦坤、孙莉:《话语标记"X 了"的让步功能及语篇特征》,《现代语文》2016 年第 2 期。

现的是说话人的强硬立场，但此例中"行了"因语气词"噻"的添加使说话人的语气变得和缓，表现出了很强的让步意味。

（二）"行了/哒"及其变体的主观性

当"行了/哒"叠用时往往展现说话人强烈的不满情绪，其施事语力要比单用时强。如下例。

（62）云飞妻：亲弟娃儿又哪门的嘛！我给你讲哒的嘛，你那个弟娃儿他是个瘪瘪石头推不上坡。你各人说我们帮啊他好多回？有好多羊子赶不上山吗？是那个钱掉到水里头噻它还听得到个响声啰。借给你弟娃儿，泡都不得鼓一个。

李云飞：我那个弟娃儿原来确实有点晃，他现在他出来哒他想搞点正事，我们当哥哥嫂子的不帮他|

云飞妻：哎呀哎呀，**行哒行哒**，你各人有钱你给他借，我没得钱（起身离开）。

（恩施话：《私房钱》）

云飞之妻强行打断了李云飞的话，用"行哒行哒"结束交谈，体现了强烈的不满情绪。张宏国认为"够了"可以作为话轮结束标记，在具体的语境中能表现出批评指责、警告劝诫、讽刺挖苦等语用功能。[①] 此例中"行哒行哒"与"够了"有相似之处，是云飞之妻用来结束交谈、表达对李云飞的批评指责的标志。

（63）推销员：大哥，你有没有听说过啥子叫否极泰来？说不定那个运气要翻番哦。

王欻欻：还屁极泰来，人倒霉鬼吹灯，打个屁都要打到脚后跟。哎呀，走开些，走开些！爬开些！

推销员：**行了行了**，看你们两个啊，硬是霉得起冬瓜灰，离你

[①] 张宏国：《话语标记"够了"的语境特征及语用功能》，《安徽大学学报》（哲学社会科学版）2015年第5期。

们远点儿是对的。一会儿还把我搞霉了。传单爱看看，不看丢了。

王欸欸：走走走！

（成都话：《幸福炉耳朵之新年礼物》）

语例（63）推销员本来很有兴致地向王欸欸和陈黔贵推销拳击赛参赛券，但被情绪低落到极点的王欸欸驱赶，于是用叠用形式"行了行了"作为结束会话的标志，后面引出了他结束交谈的缘由。该叠用标记不仅仅是结束会话的标志，还体现了推销员对王欸欸等人的强烈不满，展现了说话人的主观态度。

四 会话终止标记的功能差异

三个会话终止标记在分布位置及所起作用上有一定的共性，但在表现说话人主观态度上有一定的差异。李慧敏（2012）认为使用"好了"时常常处于气氛缓和的场景中，语气较为舒缓，语速稍慢；使用"行了"时气氛紧张，语气略重，语速稍快。[①] 从李慧敏所举的具体语例来看，她讨论的语气舒缓的"好了"并非为了终止会话，而是对说话人的提议表示让步认同，不属于会话终止标记，我们将作为回应标记"好₃"在第五章第三节回应对方标记中探讨。就我们收集到的西南官话语例来看，"好了/哒"及其变体"好好好"主要用来终止会话，单用语气平缓，叠用则语气强硬。"算了/哒"跟另两个会话终止标记相比，主观性略弱（见表3—3）。

表3—3　　　　　　　会话终止标记话语功能的主要差异

终止标记＼比较项	出现位置	话语功能	备注
"好了/哒"及其变体	话轮开头	引出新信息；语气平缓，表示终止会话	叠用形式语气强硬
"算了/哒"及其变体	话轮开头	引出缘由；语气和缓，表示放弃会话	

[①] 李慧敏：《"好了"和"行了"交互主观性对比研究》，《汉语学习》2012年第2期。

续表

比较项 终止标记	出现位置	话语功能	备注
"行了/哒"及其变体	话轮开头	引出评价；语气强硬，表示终止会话，体现反对或不满情绪	"行了嚛"有让步功能

从表3—3可知，三个会话终止标记中，"算了/哒"的主观性最弱，"好了/哒""行了/哒"主观性较强。"好哒好哒"及其变体意在劝慰对方，"行了/哒"及其变体重在反驳对方，"行了嚛"因语气词"嚛"的添加则失去了反驳意味，表示让步。

这几个会话终止标记可以归入"X了"格式，普通话中还有近似的话语标记"够了""得了"，它们都有从行为性质义向情态义发展的虚化过程，是词汇化和语法化交叠作用的结果。

本章主要探讨了话语组织功能标记的分布特点和语用功能，分会话开启标记、话轮控制标记、话题转换标记、会话终止标记4个次类具体分析，涉及话语标记17个。话语组织功能标记用来控制会话进程，其中出现频次最高的是话轮控制标记，占比64.5%，其次是话题转换标记，占比17.3%，再次是会话开启标记，占比10.3%，占比最少的是会话终止标记，共占7.8%。

这说明，话轮控制和话题转换是会话过程中最受会话各方关注的，开启会话和结束会话都带有偶然性，但控制话轮却是听说双方都有意强化的，也就是说，双方对话语权的掌控一般都有相应的标记作出提示，以免出现多人抢着说话的局面。为保持自己的话语权，说话人运用填补空白标记赢取思考时间，运用话轮控制标记占有话轮，听话人通过话轮转接标记接过话轮或争取话轮，言谈各方均通过话语标记的运用保证会话过程有序推进。

第 四 章

西南官话的元话语功能标记

元话语功能标记指对话语自身作出解释说明、传达消息来源、凸显相关信息或变换言说方式的标记。这类标记共 21 个，占总标记数的 31.8%。在语料中共出现 100 次，占整个标记出现总数的 13.7%。

第一节 元语言与元话语

一 元语言的界定

元语言是哲学界首先提出的概念，"元"的英文为"meta"，该词来源于希腊语，原指"时间上较后的、处于更高发展状态的"，后成为"用来建构和研究一个（某一理论或学科）更高层面的抽象规则的前缀"。《牛津语言学词典》较早使用"元语言"概念的是美籍波兰裔语义哲学家塔尔斯基，他在《语义性真理概念和语义学的基础》一文中提出了对象语言和元语言的区分。[①] 对象语言和元语言是两种不同层次的语言。元语言（meta-language）是研究语言的语言，对象语言（object-language）是被研究的对象，是作为讨论对象的语言。对象语言和元语言可以是不同的语言，比如用汉语讲授英语，此时英语是对象语言，汉语是元语言。对象语言与元语言也可以是相同的语言，比如用汉语分析汉语，此时对象语言和元语言一样，就需要分清它们的界限。

---

① [美] 塔尔斯基·A.：《语义性真理概念和语义学的基础》，[美] A.P. 马蒂尼奇《语言哲学》，牟博等译，商务印书馆 1998 年版，第 81—126 页。

二 元话语的界定

语言可以分元语言和对象语言，话语也可以分为话语（discourse）和元话语（meta-discourse）。元话语是语段中对理解话语内容起指引和调控作用的部分，如下例：

(64) 村长：你跟我们想到一起去哒。上次办事处开会的时候，就强调要百花齐放，各村都在找路子，挣票子。我们这个村还有几个人都在打这个主意，像人工湖啊、小水果啊、精细蔬菜呀，都是列入规划之内的。目前我们正在扶持几家开农家乐的大户。

明轩：哎呀，村长，光吃个农家饭，那太单一哒，也赚不到几个钱。**说句不好听的话**，您这叫没得战略眼光。哎，村长，从某种角度来说，规模就是优势，规模就是效益。

(恩施话：《乡村纪事》)

该语例中"说句不好听的话"就属于元话语，对后文内容起指引作用，表示要对村长的观点提出委婉批评，同时对后续批评或打击性话语起缓冲作用，让对方在心理上有所准备，减轻给对方带来的不适，以使对方面子上过得去。李秀明（2006）曾对元话语作过系统研究，他认为话语和元话语是一个连续统，所有语段均由处于不同层面的基本话语和元话语组成。他指出元话语的特征是"第一，元话语表达的是程序意义，而不是命题意义；第二，元话语对命题的真假值本身没有影响，只是对基本话语具有组织功能和评价功能；第三，元话语体现的是作者力图建立的交际者之间的关系"[①]。李秀明界定的元话语实际上是所有话语标记的特征，我们说的元话语只是话语标记中的一部分，指话语标记当中对话语内容进行解释说明或自我修正的标志性话语，是关于话语的话语。

三 元话语功能标记的界定

元话语功能标记指会话中对话语自身起解释说明、自我修正、凸显

[①] 李秀明：《汉语元话语标记研究》，博士学位论文，复旦大学，2006年。

信息及转换言说方式作用的话语标记。西南官话中具备元话语功能的标记可以分为自我反馈标记、消息来源标记、解释说明标记、信息凸显标记和换言标记几个次类。这些标记对于话语内容来说,是更高层级的话语,其作用是针对话语内容自身的,对会话进程和会话主体不产生影响。

第二节 自我反馈标记

在日常会话中,对话语自身起确认作用的标记和说话人对自己的言谈内容进行修正和补充的标记称为自我反馈标记。西南官话中的自我反馈标记多由叹词发展而成,典型的有"哦"和"啊"。这些标记经常出现在话轮中间,表示对已经说出的话语内容进行自我确认或更正补充。该类标记在语料中共出现18次,占元话语功能标记的18%。

一 "哦$_2$"

第三章已对能作话题转换标记的"哦$_1$"做过探讨,此处探讨的"哦$_2$"表示说话人在潜意识里对说出的话语内容进行确认,是说话人的思考过程在话语中留下的印记。

(一)"哦$_2$"的分布特点

"哦$_2$"一般作为独立的韵律单位出现在话轮中间,发音为低降调,后面引出的通常是说话人确认或修正的内容。"哦$_2$"与衔接的前后话语常构成"S1。哦$_2$,S2"格式。其中S1通常是需要确认或修正的内容,S2是确认后或修正后的内容。

(65)闷墩儿:先打字后打中,没事再打幺九张。**哦$_2$**,对了,边打又边退,必定是清对。少吃多摸休贪碰,牌走门前过,不如自己摸一个。

(成都话:《麻将棒棒手》)

语例(65)中"哦$_2$"出现在话轮中间,前后均是闷墩儿背诵的麻将经。该例中,外号为"闷墩儿"的赵有才在火锅店边干活边背诵打麻将秘诀，由于部分内容记得不太牢靠，闷墩儿一边回忆一边修正，并用"哦$_2$"引出最新记起的内容。此处的"哦$_2$"是闷墩儿思考过程在话语中留下的印记，属于自我反馈，其功能是对记起的内容进行确认。

（二）"哦$_2$"的语用功能

"哦$_2$"的主要语用功能是对说出的话语进行确认或修正，使用主体可以是说话人，也可以是听话人。语例（66）和语例（65）一样，都属于对话语内容加以确认的情况，除此以外，"哦$_2$"还可以对话语内容进行纠正。

(66) 毛子：我是说，我们家那个房子，我们家那个房子，嗯，房子，也是很好的哟。

蛮牛：哎呀，我不听你那些废话。

毛子：哎哎哎，蛮牛蛮牛（...）我主要是，**哦$_2$**，我们家那头猪，那头猪，它，它，它上个月遭杀了。

蛮牛：哎呀，你到底要说啥子嘛，你一下说完噻！

（重庆话：《山城棒棒军1》）

语例（66）蛮牛准备大晚上回老家为遭遇危机的女友奔走，毛子为了阻拦蛮牛跑空路一再无话找话。因毛子知道蛮牛女友于芳已逃到重庆，且于芳告诫毛子不可让任何人知晓。毛子要保守秘密不便明说，但不知情的蛮牛心急如焚。为避免蛮牛白跑一趟，毛子只好东一句西一句找话说，并用"哦$_2$"对自己已说的内容进行反馈，以达到边想边说不重复话语内容的目的。

(67) 员工：舅公！舅婆！她在后头跟客人算账！

胖嫂：给你说过好多道了，喊啥子舅公，喊老板！你是猪脑壳噻。

员工：是我喊错了，舅婆！**哦$_2$**，不不不，嗯，噢老板娘！

胖嫂：对啰！

（成都话：《麻将棒棒手》）

语例（67）火锅店的员工大多是老板家或近或远的亲戚，员工们经常对老板和老板娘以亲属称谓相称，老板夫妇认为不合规矩，一再提醒并予以纠正。员工叫错以后，用"哦$_2$"对自己的话语加以纠正。此处"哦$_2$"发挥的是自我纠偏功能，与后文的"不不不"一起，表示说话人对说错话的事情已醒悟过来，且能在一定程度上体现说话人的自责态度。

二 "啊$_1$"

"啊"在西南官话中可以作叹词、语气词、助词，我们主要讨论其话语标记用法。"啊"可以充当自我反馈标记和寻求回应标记，我们把前者记作"啊$_1$"，后者记作"啊$_2$"，本节只讨论"啊$_1$"，"啊$_2$"在第五章讨论。

（一）"啊"的非话语标记用法

"啊"在成渝方言中是一个多功能词，可分属多个词类，用法也十分丰富。现对其主要用法略作说明。

1. 用作叹词，表达感叹。根据发音的不同，可分别表达赞叹、疑问、应诺等。
2. 用作语气词，可表达感叹语气、陈述语气、疑问语气和祈使语气。
3. 用作助词，表示列举未尽或句间停顿。

（二）"啊$_1$"的分布特点和语用功能

"啊$_1$"一般出现在话轮中间，与前后话语之间均有语音停顿，是独立的韵律单位。"啊$_1$"的出现表示说话人要对自己所说内容进行确认，其语用功能是进行自我反馈。

（68）推销员：哎，走过路过不要错过啊，花坪特产啊，纯天然无添加，桃片糕、猕猴桃片都有哇。尝一下尝一下嘛！富硒食品，**啊$_1$**，含硒！补硒补硒！年轻人吃哒排毒养颜，老年人吃哒延年益寿啊！

顾客：你这个日期新不新鲜哦？

推销员：好得很！早上才出厂的，看下嘛，尝下尝下。

（恩施话：《农特产品推销》）

语例（68）推销员通过"啊₁"对自己所说的富硒食品含硒进行确认，目的是让过往顾客相信他卖的食品是富含人体微量元素硒的好产品，从而赢得顾客，销售产品。

(69) 候诊人：这个肠镜到底咋个做哦？

陪诊人：它这个往里头伸进去在肠道里头转噻。它还不是一样的，顺倒这个肠道里头那个的。找探头，找探头，肠子要看得到，**啊₁**。你看看好长嘛，这个，好长嘛，肠子有几米长嘚嘛。

（重庆话：《医院候诊》）

语例（69）陪诊人向候诊的病人介绍他所了解的肠镜检查情况，说完以后用"啊₁"对自己所说内容再进行确认。自我反馈标记的使用相当于以简化形式重复一次前面的话语，是言者在心理上确认自己的说法并期待听者与之同步的标记。

第三节 消息来源标记

消息来源标记一般有言说词"说"参与，构成"人家说""我听说"这样的主谓结构，也可以单用"说"表示消息来源。该类标记在语料中共出现14次，占元话语功能标记的14%。

一 "人家说"及其变体

该标记由表任指的人称代词"人家"和言说动词"说"共同组成，其变体还有"别人说""他们说""别个说的"等。这些固化组合本是主谓结构，作主谓结构使用时后面有宾语，若删略则对语句的结构产生影响；虚化为话语标记以后，成为独立的韵律单位，删略不影响原句的句法结构，仅对话语的连贯度有影响。

（一）"人家说"及其变体的分布位置

"X说"类消息来源标记可以出现在话轮开头，也可以位于话轮中间，引出具体的消息内容。该类标记早期是作为插入语受到关注的，研究者普遍认为这些传信类插入语主要用来表明其后话语的消息来源。

(70) 胖哥：这个麻将长期打下去，我保证你成为一个富婆，你再开个小店儿。**人家说**，大富婆，开雅阁，小富婆，开奥拓，咪咪（此处指"财富很少"，该词还可表示"形体很小"）富婆开摩托。@@@，荷花，你开啥子呢？

荷花：我开，我拿抹脚帕揩桌子哦。

（成都话：《麻将棒棒手》）

语例（70）中的"人家说"位于话轮中间，前面的话语是说话人对自己观点的陈述，其后是转述他人的话语。标记"人家说"指引后续话语的消息来源并引出话语具体内容，这些内容为听话人设想美好前景，为支撑说话人的观点提供具体理由。

（二）"人家说"及其变体的语用功能

"人家说"这类传信标记的使用目的在于告知听者消息来源，表示后面的话语并非言者自己所说。消息来源标记既可以出现在发话人的话轮中，也可以出现在受话人的话轮中，标记自身的构成成分凝固性不强，并未词汇化，"说"的言说义完全保留。"X说"之所以能划归话语标记，是因为其与前面的话语内容之间存在语音停顿，删略以后不影响句法结构的完整性，且系对话语自身作出处理的标志，跟话语内容不在同一语言层级上，属于元话语。

(71) 明轩：我准备去贷五万块钱的款，把公司架子先搭起再说。

明轩母：你贷款，拿么子还吗？

明慧：你是不是脑壳搭啊铁（头脑短路，昏头昏脑做傻事）哦？[①]

[①] 表示头脑发昏的方言组合中，[ta^{213}]的调值在当地方言中近似上声，与"搭"发音相同，因此暂以"搭"记之；"打"在当地方言中调值近似去声，因此不取"打"字。类似的说法还有"脑壳进水"。

明轩：我到信用社去哒一哈，表都填好哒。**别人说**要搞房产证做抵押。

（恩施话：《乡村纪事》）

语例（71）中的"别人说"仅与前文之间存在语音停顿，语例（70）中的"人家说"与前后话语之间均有语音停顿。二者引出的内容均是消息来源，表示后续话语并非说话人信口开河，而是引述他人的观点，有消息来源作支撑。

二 "（我）听说"及其变体

与主谓结构类消息来源标记不同的的是，"听说"和"说"均可以单独构成消息来源标记，"听说"前面可以添加第一人称代词，后面可加语气词，形成"我听说啊"这样的变体。"说"若充当消息来源标记则不能添加第一人称代词，添加则成为会话开启标记"我说"，已作为"讲咹/嗫"的变体在话语组织功能标记一章讨论。我们把"说"和"听说"这两个消息来源标记放在一起合并研究。

（一）"（我）听说"的分布位置

"（我）听说"可以直接出现在话轮开头，也可以前加称谓语，后接具体的传信内容。该标记和称谓语之间一般存在语音停顿，后面若添加语气词则形成独立的韵律单位，若无语气词就可以直接引出消息内容，与后续内容之间没有语音停顿。

（72）贾干虾儿：胖哥想贷款先给他吊起，那"勾兑"麻将拿来搓起。他"幺鸡"自然就送给我搁起（和牌）了。@@

锅巴：贾干虾儿，**我听说啊**，胖哥的牌打得好哦。他店头的那些小工啊，经常输得哭稀流了。

（成都话：《麻将棒棒手》）

语例（72）贾干虾儿想以打麻将赢取和能帮助获得贷款的名义骗走胖哥的火锅店，贾的同伙锅巴提醒他胖哥打麻将技艺高超，采用"我听说啊"引出消息内容,表示信息虽非自己亲见,但一定要对胖哥的牌技多加小心。此处的消息来源标记属于主谓结构加语气词的非固化组合,它出现在称谓语之后,是独立的韵律单位,删略以后原句的句法结构不受影响,但失去了传信特点,话语变成了对事实的描述。

(二)"(我)听说"的语用功能

"(我)听说"是传信标记,重在突出消息来源,表示后续内容非说话人自己亲见亲闻,而是从别的渠道获知,且需要把这些消息内容告知受话人或者需从受话人处了解其真伪。

(73)明轩:诶,菊香,起来怎么早哇?

菊香:(一边清扫小卖部前面的空地一边回答)几点哒,还早哇。诶,**听说**你要搞公司,搞得哪门个哒吗?

明轩:你哪门晓得那个事啊的?

菊香:那你不跟我讲我就找不到(不知道)是不,你妹妹跟我说的。

(恩施话:《乡村纪事》)

语例(73)中的消息来源标记由词语"听说"充当,与前面的话语内容之间有语音停顿,与后面的内容紧密相连,如果删略句法结构依然成立但话语的连贯度受到影响。"听说"表示后面引出的信息并非从当事人易明轩口中得知,引出该信息有向听话人易明轩确定真假的意图。

(74)母:**说**莺莺的病又重些哒,今年怕熬不过呀。整不好舍,两个娃儿就搞造孽(可怜)哒哦。

女:妈听哪个说的,上回他们去武汉化疗过后说松哒(病情减轻)的嘛。

母:你大婶跟我讲的,**说**莺莺那只动不得的手开始烂哒。

女:她那只手复发过后就不灵活哒,我上回去看她她就是用绷带挂起的。未必癌细胞扩散到手上去哒,只怕是肌肉缺血性坏死哦。

(恩施话:《零星语料集锦》)

· 108 ·

语例（74）母亲的两个话轮中都出现了表示消息来源的"说"，语用功能与"听说""据说"一样，均表示消息内容并非自己亲历亲闻。该标记可以处于话轮开头，若在话轮中间，则与前面的话语内容之间存在语音停顿，"说"的管辖范围是该话轮处于其后的所有内容。该例中的"说"引出的信息是说话人认为听话人未必知晓且需要告知听话人的相关信息。

根据玄玥（2011）的研究，"说"用在句首表示消息来源在明清时期的章回小说中就已常见①，因高频使用逐渐发展为传信标记之一。"说"表消息来源时往往可以根据上下文找出话语主体，体现消息的可靠程度高。

"说""听说"等消息来源标记的共同点都是表示话语内容并非说话人亲眼所见，也不是原始说话人告知，而是从别处听说。其语言组合形式灵活多样，在句中能增强话语的连贯度，同时提示这些消息标记所引出信息的可靠性。

三 "说是"

"说是"在西南官话中有作为两个不同词语的相邻用法，也有虚化为词语的话语标记用法。"说是"词汇化以后成为表示消息来源的标记之一。

（一）"说"与"是"的相邻用法

成渝方言中，单音节词"说"和"是"有偶尔相邻使用的情形，此时是两个词，不是我们探讨的话语标记。如例（75）：

(75) 毛子：蛮牛！于芳到城头来了。

蛮牛：啊？你说啥子？你说啥子？

毛子：哎，于芳真的到城头来了。以后（…）你看到于芳，千万不要说是我说的哟。

蛮牛：你啷个不早说？

（重庆话：《山城棒棒军1》）

---

① 玄玥：《"说"的一种新用法——客观叙述标记词》，《汉语学报》2011年第2期。

语例（75）中的"说"和"是"是两个词语，前者表示"告知、言说"，后者系判断动词，二者相邻使用，不属于话语标记。根据陈颖、陈一的研究，早在先秦时期，"说"与"是"就有相邻使用的情况。他们认为固化的"说是"是在指示代词"是"演化为判断词之后才逐渐形成的。①

（二）"说是"的话语标记用法

我们探讨的"说是"是固化以后表示消息来源的传信标记。"说是"与前几个消息来源标记不同，该标记是由言说词"说"和系动词"是"组合后逐渐凝固成词的，词汇化以后再进一步虚化为话语标记。前几个消息来源标记要么自身是词语形式，要么是固化程度不高的短语形式，不像"说是"有相对明晰的虚化过程。

(76) 明慧：菊香，我跟你讲个好消息。

菊香：么事啊？

明慧：陈同志帮我们把那个事情办好哒欸。

菊香：真的呀！

明慧：是的，广东那边还寄哒一千块钱订金来哒，**说是**他去取哒把给我们。

（恩施话：《乡村纪事》）

语例（76）中的"说是"表示消息不是出自发话人明慧，而是话轮中提到的陈同志。"说是"已经凝固成词，去掉也不影响句法结构和句义理解，可视为话语标记。与前几个话语标记不同的是，"说是"并非"人家说"一样的短语，也不是"听说"一类的的词语，而是从短语凝固成词，再进一步虚化而成的话语标记。

（三）话语标记"说是"的语用功能

"说是"作为传信标记，主要用来表示消息来源，引出所传信息的具

---

① 陈颖、陈一：《固化结构"说是"的演化机制及其语用功能》，《世界汉语教学》2010年第4期。

体内容。不管是处于话轮开头,还是出现在话轮中间,均直接引出听闻的具体内容,表示所获知的信息属于转述,并非亲眼所见,也不是来自该话语的最初言说者。

(77)林鹏:我们楼下那老太太哪去哒?像好久都没看到她接外孙儿哒。

魏琳:**说是**着姑娘女婿气倒哒,回老家去哒。她说外孙女画画儿没画好,姑娘女婿说她伤哒娃儿的自尊。走之前跟经常在一起玩的几个老太太念啊的,说两口子都说她,把她怄哭哒,一生气回老家哒。

(恩施话:《零星语料集锦》)

语例(77)中的"说是"处于回应话轮之首,表示消息来源于其他渠道,并非说话人亲眼所见或亲耳所听,该标记管辖该话轮后面的所有话语内容。李治平(2011)认为作为话语标记的"说是"具有传信功能,其中之一是"明示消息来源"①,是说话人用来表示消息不是出于自己而是源于他人的标志。李治平等研究"说是"的功能均使用的是共同语中的语料(包括口语和书面语),这说明该标记的话语功能在北方方言里具有一致性。

刘焱(2010)认为固化的"说是"在自然口语中"具有两种不同的语用功能,一是篇章衔接功能,如'解说''因果'和'转折'等多种衔接功能,此时'说是'连词化了。一是话语标记功能,功能是标记'信息来源'"②。我们认为"说是"确实具备篇章衔接功能,并认同刘焱关于"说是"话语标记功能的看法,但对其"因果""转折"等衔接功能存疑,我们认为这些功能是由话语中的其他连词承担的。试引刘文说明"转折"功能的原例加以分析。

---

① 李治平:《"说是"的功能和虚化与对外汉语教学》,《云南师范大学学报》(对外汉语教学与研究版)2011年第4期。

② 刘焱:《"说是"的功能与虚化》,《宁夏大学学报》(人文社会科学版)2010年第4期。

a. 说是给我洗衣服的，却从第一次以后再没了第二次。洗得皱巴巴还和我说：这种衣服就这样的。（引自刘焱论文）

刘焱认为该例中的"说是"相当于连词，所起的作用是表示转折，我们认为此处的"说是"主要用来表达说话人主观态度，并非表示转折，转折功能是由"却"体现的。方梅（2018）指出"说是"的功能有三方面：传信标记；模棱语；态度标记。[①] 正如方梅所论，语例（a）中的"说是"是态度标记，目的在于体现言者的负面评价。

第四节 解释说明标记

解释说明标记是对话语自身进行解释说明的标记，会话中若说话人认为听话人对自己的意思有误解，或者自己前面的表述不足以让听话人明了自己的意思，则用解释说明标记引出对前述话语的进一步解释。西南官话中常见的解释标记主要有"我是说""是怎个""就是说"等，它们可以用在话轮中间，也可以用在回应话轮的开头。目的是对前面的话语进行解释说明，以使听话人恰当理解说话人的意图。该类标记在语料中出现 21 次，占元话语功能标记的 21%。

一 "我是说"

"说"在西南官话中含义丰富，可以表示"说话，说理，批评，告知"等语义。话语标记"我是说"由主谓结构组成，目的是对话语自身作出处理，通常用在话轮中间或回应话轮的开头，和前面的话语之间有一定的语音停顿，表示说话人对前面所说的话语作出解释，相当于"我的意思是"。其中"说"的概念义并未完全虚化，依然有表示说话行为的含义。

（一）"我是说"的表现形式和分布位置

"我是说"作解释标记使用时，还可改为"我的意思是"，该标记已

[①] 方梅：《"说是"的话语功能及相关词汇化问题》，载《中国语言学报（第十八期）》，商务印书馆 2018 年版，第 1—14 页。

经形成固定组合,但尚未凝固成词,是虚化程度不高的话语标记。与其他话语标记一致的是,该标记可以删略,删略后不影响原句的句法结构,也不改变原命题的真值。其分布位置通常在话轮中间,也可出现在话轮开头。

(78)(杷哥对王欻欻伸出三根手指,王欻欻以为杷哥只准备还三千块钱)

王欻欻:哎呀,啥子哦,杷哥!啥子三千块钱,明明五千块钱,咋个一下就变了呢?要得啥子嘛要得。

杷哥:你晓得个铲铲,**我是说**这五千块钱我花了整整三年多啊。一点儿一点儿存起来的,你让我多捏一会儿嘛!你让我把它捂热和嘛!你让我我多看两眼要不要得,啊?

(成都话:《幸福杷耳朵之新年礼物》)

语例(78)的解释标记"我是说"出现在话轮中间,下文将分析的语例(79)"我的意思是"也出现在话轮中间,语例(80)解释标记"我是说"出现了两次,一次在话轮开头,一次在话轮中间。

(二)"我是说"的语用功能

前贤对"我是说"的篇章功能作出过探讨,程乐乐、李向农(2012)认为篇章连接语"我是说"的衔接功能通过后续话语对前导语的补救来完成,具体体现在"补充—解释""更正—说明""重复—强调"三种方式上。[1] 宗守云(2012)认为"我是说"在独白语篇中有逻辑连接功能和主观情态功能,在对话语篇中有解释功能、纠正功能和接续功能。[2] 苏小妹(2016,2017)认为"我是说""我的意思是"都是修补标记,二者的具体功能有差异,前者功能要多于后者。

在西南官话的日常对话中,"我是说"的主要语用功能是解释和修正。说话人觉得自己的话语有必要作出解释,或者认为听话人没有正确

---

[1] 程乐乐、李向农:《连接语"我是说"的篇章功能考察》,《汉语学报》2012年第3期。
[2] 宗守云:《话语标记"我是说"的语篇功能及其演变过程》,载《语言研究集刊(第九辑)》,上海辞书出版社2012年版,第132—142页。

理解自己的意思时，往往用"我是说"引出新的解释说明，表示后文是对前文的解释和修正，目的是使双方的理解达成一致。语例（78）"我是说"引出了炆哥的进一步解释。

(79) 王家英：梅大哥回来了。梅大哥，我是专门来看你的。
梅老坎：看我？找些话来说哟。
王家英：是怎个的，有一批皮鞋，便宜得很，我看你们脚上这些鞋子烂渣渣的（...）**我的意思是**（...）
梅老坎：棒棒穿皮鞋，只怕吃错药了。

（重庆话：《山城棒棒军1》）

前面语例（78）说话人用"我是说"对自己的手势语加以解释，表示"三"不是指"三千"而是指"三年"，"我是说"的含义相当于"我的意思是"。该标记有纠正对方错误理解的作用，纠正了王欻欻误以为炆哥只准备还三千元钱的误解。

语例（79）说话人王家英直接用"我的意思是"对自己的言语加以解释，以让对方了解自己的想法，不过听话人梅老坎已经猜出王家英的意图，在王家英停顿的间隙就直接反驳对方，打消了王家英想卖皮鞋给他们的念头。

(80) 毛子：呃，你就是拢（到达）了，找得到于芳啊？
蛮牛：啷个找不到欻？
毛子：**我是说**她遭周老大接走了？
蛮牛：欻，不行，那我更要走了。
毛子：哎哎哎，哎~哎，我不是那个意思。**我是说**，野牛凼那一带，天黑了车匪路霸很多。上回一个娃儿都遭捅了两刀，哦？

（重庆话：《山城棒棒军1》）

语例（80）蛮牛听说女友于芳要被迫嫁给周老大为其哥哥换亲，焦急万分准备连夜往老家赶，毛子知晓蛮牛的女友已逃到重庆但又不便告知蛮牛，为了阻止蛮牛晚上跑空路，不断找理由让蛮牛不要回家。这一段对话中毛子反复使用解释标记"我是说"，意在对自己临时想出的理由加以解释。

西南官话中"我是说"与"我的意思是"语用功能相当，均表示对自己的话语作出进一步解释说明，以消除听话人的误解。苏小妹（2017）认为这两个标记在功能上大体一致，但有小的差异，指出"我是说"是话语修补标记，认为其"基本功能是重述修补，此外还有接续修补、纠正修补、解释修补和指同修补等话语修补功能"①；"我的意思是"是会话修补标记，没有重述修补和指同型修补功能，可以用来修补会话意图，包括错误修补、转换修补、适切修补、补充修补等。② 我们获得的语料尚未显示苏小妹指出的这些细微差异，两个标记的语用功能一致。

二 "是恁个"

"恁个"在西南官话中可以作副词用，相当于"那么"或"这样"，主要用来修饰形容词，如"恁个多、恁个大"。"恁个"还可以充当协商调节标记，其具体话语功能将在第五章第四节探讨。"恁个"前加判断动词"是"也可以构成话语标记，是对前面的话语作出解释说明的标志。

"是恁个"相当于普通话中的"是这样的"，其变体还有"是怎么个""是恁个样子的""是这样子的"，均表示解释说明，我们合并在一起作为一个话语标记分析。前面语例（79）王家英第二个话轮开头所说"是恁个的"就属于解释说明标记，该组合已构成独立的韵律单位，删略也不影响句法结构和语义表达。

（一）"是恁个"的非话语标记用法

在西南官话中，"是恁个"及其变体若前面还有主语，则是句法结构中不可缺少的部分。此时"是恁个"与前后话语关系紧密，中间没有语音停顿，不可删略，不属于话语标记，如例（81）：

---

① 苏小妹：《话语修补标记"我是说"》，《汉语学报》2017年第4期。
② 苏小妹：《会话修补标记"X的意思是（说）"》，《汉语学习》2016年第6期。

(81) 陈旭：（对继亮）你好！（继亮不理，放下肉扭身就走）

明慧：哎，继亮，继亮！（转身对陈旭解释）他**是怎么个**，你莫怪他。

陈旭：他今天来是跟你送牛肉的哦。

明慧：是猪肉哇。

陈旭：你看他那个脸色，不像卖牛肉的么？

（恩施话：《乡村纪事》）

语例（81）中的"他是怎么个"系由主谓结构构成的分句，表示"他是这么个人"，意思是指对话中所说的"继亮"是一个脾气不好的人。此处的"是怎么个"不能省略，是原句法结构的有机组成部分，不属于话语标记。

(二)"是怎个"及其变体的话语标记用法

当"是怎个"及其变体作为独立的韵律单位出现，且删略不影响原句的句法结构和语义时，该组合可视为话语标记。用作话语标记的"是怎个"可以出现在话轮开头，也可出现在话轮中间，引出说话人对自己言行的解释说明。

(82) 凤姐：我叫杨彩凤。哦，教练，你好凶哦。怎么多人都打不赢你！我简直佩服你佩服得五体投地哦。

教练：你要做啥子嘛？要入会吗？

凤姐：教练，**是这样子的**，我的老公马上要和你打了，哈，我想请你打个让手！让我老公赢一盘儿。

（成都话：《幸福炮耳朵之新年礼物》）

(83) 魏琳：你哪去？

杨鹏：办公室去哈。

魏琳：星期天呢，办公室去？

杨鹏：**是怎么个**，星期一检查组要来，今天去把汇报材料再看下放心些。

（恩施话：《零星语料集锦》）

语例（82）中的"是这样子的"属于解释说明标记，表示说话人要进一步追加信息，以使听话人更加明白自己的意图。该例的凤姐用"是这样子的"引出自己找教练的原因，对自己的交际目的作出进一步解释。语例（83）"是怎么个"用在回应话轮的开头，表示后面要说出原委。说话人杨鹏通过"是怎么个"引出了自己周末去办公室的原因，是对自己行为的解释说明。

王长武（2014）认为"是这样的"具备的话语标记功能是"解释说明、引发话题，以及停顿填充"①。根据我们的语料，"是怎个（的）"在西南官话中用来解释说明较常见，引发话题的情况也可见，但不多，尚未见到起停顿填充作用的语例。这说明"是怎个（的）"与"是这样的"功能相似，二者之间的差异属于方言说法在语形上的差异。

三 "再说"

西南官话中的"再说"可以作为状中词组使用，如"再说一遍，我们小区丢垃圾也要分类了"；可以作为句末助词，如"先不考虑恁个多，把店开起再说"；还可以充当动词和连词，后文具体分析。《现代汉语词典》2002 年增补本（第 4 版）已将"再说"作为词条收录，其释义有二：一为留待以后办理或考虑；二为表示推进一层。但第 4 版未对词性作出说明，第 5 版加标了词性，将前者标为动词，后者标为连词，释义和举例未变。

（一）"再说"的不同用法

胡斌彬、俞理明（2010）将"再说"分为动词性短语、动词、连词、助词四类。指出作为连词的"再说"连接的是句子或分句，用于对某个行为、态度或观点提供理由，"再说"后面的部分表示在已有理由的基础上进一步补充以加强说服力。② 该文所说的这种虚化连词就是我们视为话语标记的"再说"，这种用法在成渝方言中很常见。对于"再说"的其他

---

① 王长武：《从小句到话语标记——试析"是这样的"》，《重庆文理学院学报》（社会科学版）2014 年第 6 期。

② 胡斌彬、俞理明：《"再说"的词汇化和语法化》，《西华师范大学学报》（哲学社会科学版）2010 年第 2 期。

用法，如副词"再"和动词"说"组合成动词性短语，属于句法结构中不可或缺的部分；作为动词的"再说"语义实在，删略影响话语的理解；类似于助词的"再说"依附性较强，不能作为独立的韵律单位，这些均不是话语标记，本书只重点分析从连词虚化而来的"再说"，对动词用法仅举一例对比。

西南官话中的"再说"可以用作动词或连词，也可用作话语标记。如语例（84）中的"再说"即表示留待以后考虑，是动词用法。语例（85）的"再说"已在连词基础上发展出话语标记用法。

（84）粑哥：做啥子面包嘛，满街都是面包。想吃啥子面包就吃啥子面包。哎，凤妹儿，那这个面你还用不用？

凤姐：<u>再说</u>啰，但怕不得做。

（成都话：《幸福粑耳朵之新年礼物》）

表示推进一层的连词"再说"在西南官话中使用频率较高，已发展成话语标记，用来连接不同的列举项，有进一步说明的作用。这种"再说"不是句法结构的组成部分，主要起衔接作用，以使话语内容更加连贯，与前后话语之间均有语音停顿，具有话语标记的典型特征。

（85）明轩：哎，菊香，你晓不晓得我这几年出去打工都是为了你耶。

菊香：你瞎说，你打工关我么子事？

明轩：我原来不跟你讲过的吗？不管你爱不爱我，反正我是爱你的。结果，你婚也结哒，新郎倌也不是我。**再说**，你结婚场面搞得那么热闹，我耶，是又伤心，又自卑。哎，眼不见，心不烦。（递橘子给菊香）

菊香：我不吃。

（恩施话：《乡村纪事》）

语例（85）中的"再说"起连接前后列举项的作用，目的是补充信息以进一步说明,而且删略以后也不影响句法的完整性,不改变原句的语义,仅使话语的连贯度受到影响,这种"再说"主要具备的是语用功能,可视为话语标记。

(二)话语标记"再说"的语用功能

用作话语标记的"再说",通常用在话轮中间,用于引出新的列举项。在说话人看来,这些列举项于听话人而言是新信息,有必要进一步说明以使听话人知晓。郑贵友(2001)[①],周威兵(2005)[②] 等学者均对"再说"的篇章功能进行过探讨,何自然等(2006)认为插入性结构"再说"有提示信息追加、递进或补充的功能。[③] 我们认为,西南官话中用作话语标记的"再说"主要语用功能是追加信息以进一步解释说明。

(86)炮哥:去休息撒。

凤姐:嗨@@,我也想在这看下花呀草呀,看倒心头舒服。**再说**,你难得浇一次花,我要看倒你浇。

(成都话:《幸福炮耳朵之新年礼物》)

(87)王欻欻:我打电话我打电话!

金银花:哎呀,打啥子电话嘛,他马上就要上场了,手机肯定没在身上。**再说**,里面怎么吵,他哪儿听得到嘛!

(成都话:《幸福炮耳朵之新年礼物》)

语例(86)(87)均属于用"再说"补充新信息,对言行加以解释说明的情况。语例(86)炮哥本想支走凤姐后把戒指藏在花钵中,但凤姐不想走,并用"再说"连接前后所列出的理由,"再说"后面的内容起补充说明作用。语例(87)金银花用"再说"引出打电话没有用处的理由,"再说"后面连接的内容进一步说明了该建议的合理性。两处的"再说"均有突出后面新信息的作用,删略以后均不影响句法和语义,但影

---

① 郑贵友:《关联词"再说"及其篇章功能》,《世界汉语教学》2001年第4期。
② 周威兵:《关联词"再说"功能浅议》,《语言文字应用》2005年第3期。
③ 何自然、冉永平、莫爱屏、王寅:《认知语用学——言语交际的认知研究》,上海外语教育出版社2006年版,第232页。

响说话人对后续信息的强调意味。

(88) 明轩：我到信用社去哒一下，表都填好哒。别人说要搞房产证做抵押。

明慧：不搞，屋又不是你起（修建）的。

明轩：管他哪个起的，我只不过拿去做个抵押。**再说**，公司一开哒，有钱哒，一还钱，这个屋还不是是我们的。

(恩施话：《乡村纪事》)

前几个语例"再说"连接的均是既成事实，说话人利用现实情况进行解释说明，语例（88）"再说"后连接的是预想情况，说话人明轩通过列举可预见的发展状况对自己行为的正当性作出解释说明。这些"再说"都是在连词基础上发展出的话语标记，其连接作用已淡化，重在突出后面引出的新信息，目的是对说话人的言行进行解释说明。其中"说"的言说义已虚化为认知义，说话人意在强调自己言行的正当性或建议的合理性，其潜在交际目的是希望听话人认同自己的建议。

(三)"再说"的虚化过程

"再说"的虚化过程有不少学者探讨过，罗耀华、牛利（2009）对"再说"的语法化过程进行了梳理[①]，胡斌彬、俞理明（2010）认为"再说"曾有词汇化和语法化交叠发展的过程[②]，魏慧萍探讨了"再说"的词汇化及相关问题。[③] 大家能够达成一致的看法是，"再说"是由相邻使用的两个词语虚化而来的。

从北京大学 CCL 语料库收录的文献来看，"再说"的相邻使用始见于五代时期，宋元时期的话本、小说中开始增多，表示叙述完一个故事，再讲述另外的故事，此时仍是短语结构。随着使用频次的增多，"再说"

---

① 罗耀华、牛利：《"再说"的语法化》，《语言教学与研究》2009 年第 1 期。
② 胡斌彬、俞理明：《"再说"的词汇化和语法化》，《西华师范大学学报》（哲学社会科学版）2010 年第 2 期。
③ 魏慧萍：《"再说"的词汇化及相关问题》，《河北大学学报》（哲学社会科学版）2010 年第 4 期。

逐渐固化，慢慢发展成起连接作用的词语，连词用法在清代的小说中开始频繁出现，形成"S1，再说，S2"的固定格式。此时，"再"的重复义和"说"的言说义都已虚化，S1 与 S2 从逻辑上看本是并列关系，但"再说"使 S2 标示的信息更加突出，体现说话人想强调后面内容的主观态度。

罗耀华（2009）、张金圈（2011）①均认为语法化的"再说"经历过重新分析的过程，即由"再 +（说 S）"发展成"再说 + S"。我们认为，"再说"在重新分析之后，语义上也经历了从实到虚的过程，尤其是"说"的言说义由言说行为虚化为认知行为，再进一步虚化为仅表连接并列项的标志。董秀芳（2003）指出："表示言说义的动词在汉语发展史上经常发生从具体的言说义到抽象的认知义的语义变化。"②连词"再说"经过词汇化和语法化的交叠发展过程逐渐呈现出话语标记性质。

四 "我 V"

除了由言说词直接组成的解释说明标记以外，还有一些具有该功能的话语标记是由第一人称代词加体现主观态度的"想""觉得"之类的动词共同组成的。这类标记从语法结构看均是主谓短语，功能均是说话人对自己已说出的话语加以解释或补充，与"我的意思是"作用相当。此类标记在西南官话中出现频率较高的是"我想"和"我觉得"，它们均有行为义弱化为认知义的特点，体现说话人的主观看法。

（一）"我想"

"想"在西南官话中主要作动词用，有"思考，想念，打算"等含义。该词与人称代词"我"组合成主谓结构以后除了保持原有动词义的用法以外，还可以表示说话人对自己的话语作出解释，即进一步阐述自己的想法，此时"想"的动作义已虚化为认知义。用作话语标记的"我想"与同形主谓结构不同的是，韵律独立，可以删略，不再表示"思考，计划，想念"等动作义；而表示动作义的主谓结构常与后面的宾语形成

---

① 张金圈、刘清平：《句法位置对短语词汇化和语法化的制约——以"再说"的词汇化和语法化为例》，《齐鲁学刊》2011 年第 1 期。

② 董秀芳：《"X 说"的词汇化》，《语言科学》2003 年第 2 期。

完整的句法结构。

(89) 明慧：我还以为你开玩笑的，你还真的在搞哇。

陈旭：@@，不是的，我还不是从报纸高头（上面）看到的，现在他们城里人都喜欢我们农村里手工扎的袜垫子（鞋垫儿），他们说那个东西它吸汗，透气，并且啊，穿久哒不得得脚气。明慧，你想，要是到时候城里头每个人都穿一双你做的袜垫子，并且还是明慧牌的，**我想**，还是有点意思啊。

(90) 陈旭：还有一个也是喜事，是跟明慧说的，我把明慧她们做鞋垫的事跟办事处的领导汇报哒，领导非常高兴，他说像明慧她们这号的事要大力宣传，并且要大力支持她们这个民营企业，把它做大做强。**我想**，再过不倒好久我们只怕要跟明慧改口哒，要喊易厂长哒哦。

明轩：那今天怎么个，今天两位都莫走哒，就在这里吃饭。

(恩施话：《乡村纪事》)

以上两例，"我想"后面均引出了说话人的内心想法，是对前面话语所铺垫内容的进一步解释。语例（89）中驻村干部陈旭鼓励心灵手巧的村民易明慧发挥自己的特长，为明慧指出发展的可能性，"我想"引出的"有点意思"是说有发展潜力。语例（90）中明慧的鞋垫已经有了销路，陈旭正鼓励其办鞋垫加工厂，用"我想"勾画了发展蓝图，"我想"引出的内容既是对前面话语的进一步说明，也是对发展前景的展望。这些语例中的"我想"均可删略，且不影响话语的句法结构和语义，自身与前后话语之间也存在语音停顿，因此，我们根据其具备的主要语用功能将其归为解释说明类话语标记。

(二)"我觉得"

"觉得""以为""认为"等表达主观看法的动词均偏重认知义，它们也可以与第一人称代词共同组合成解释标记，以进一步阐明说话人的看法。

(91) 明轩：田会计，我昨天到办事处找啊领导的，办事处的领导要我回来跟村里商量哈。我这个方案呢，我跟村长也说哒。村长说，村里也准备搞哇？

田会计：是的。

明轩：那村长他还说要调整这，研究那。等你怎么搞一时，那都掉到别个屁股后头去哒。**我觉得**，村委会班子胆子要大点儿。像深圳大街上写的标语都是"发展才是硬道理"。

（恩施话：《乡村纪事》）

语例（91）中的"我觉得"引出了说话人易明轩对村委会的看法，是对前面评价村长"调整这，研究那"的进一步解释，意思是嫌村里办事进度较慢，应该迈开步子快速发展。跟"我想"一样，"我觉得"的作用是突出说话人的主观看法。人们在当面对他人的言行作出评价时往往会考虑受话人的面子，遵循礼貌原则，一般不会直接作出负面评价。易明轩作为回乡村民，准备借助村委会的支持创业，给村委会提意见当然会采用比较委婉的方式，该标记的使用缓和了语气，使话语的可接受度更强。

五 "就是说"

"就是"在西南官话中的用法很丰富，前文第三章分析话轮维持标记时曾对"就是"的非标记用法作过分析，此处不再赘述。当"就是"与言说动词"说"形成固定组合时可以用作解释说明标记，表示对自己的话语作进一步解释说明，以使听话人准确理解。这种解释标记通常用在话轮中间或者回应话轮的开头，目的是使受话人更准确地理解语义。

(92) 干部：您怎么个，您现在呢也到啊享福的年纪哒。您只是各人还做得动嘛多少做点儿事。您往这里修个屋也没得人住。

村民：嗯，(XX)坪他们也不要。

干部：他们到时候都要养您的老。

村民：这养与不养，这个，尽管是我各人的，也还是个未知数。

是不是的？

　　干部：**就是说**这个事情您还是跟他们商量哒的哟？

　　村民：嗯。

　　干部：**就是说**修房子这个事情，商量啊的哟？

　　村民：屋里（老伴儿）也不同意，娃儿也不同意。

（恩施话：《扶贫干部探访村民》）

　　语例（92）的对话背景是一村民得知国家有危房改造的专项补助，想维修自己已经几十年没有住过的老房子，也想办低保，于是到驻村干部处询问补助方案和办理程序。扶贫工作组调查得知该村民自年轻时即前往邻村与一位居住在XX坪的丧偶妇女成婚，但没有办理结婚证，也没有迁走自己的户口，婚后也没有生育自己的子女。从形式上看该村民孤身一人，属于低保救助对象。该村民成婚时，两个继子一个七岁，一个三岁，为家庭生计该村民常年在外打工，基本没回过原村。如今，老两口在女方所在村的住房已扩建，两个继子均已读完大学并成家立业，且在城内购房居住。扶贫工作组建议该村民不必回原村维修老屋，老屋年久失修，维修相当于重建，五万元补助款不够维修。因此该语例中的扶贫干部劝这位村民不必劳神费力，但该村民认为自己有独立的住房后老年生活才更有保障。

　　语例中扶贫干部用"就是说"进一步解释自己问话的意思，即村民想维修自己户籍所在村老屋的想法有没有跟老伴儿和继子们沟通，当村民模糊回应"嗯"后扶贫干部进一步追问是否就"修房子这个事情"与家里人商量。此例中扶贫干部两次用到"就是说"对自己的问题加以解释，目的是确认村民理解清楚了所问的问题。

　　（93）A：主要是星期四，他也有校部查寝嘛，好让我们先去，提醒下那些寝室，要不然到时候可能会有，哪门说诶，**就是说**，我们先去，没提醒到，查寝没查到，查那些东西没查到的话，被校部查哒，我们就可能要挨骂。

　　B：也是的，感觉他们检查都还检查得蛮认真的呢。

（恩施话：《吐槽学校》）

语例（93）为两个大学室友的对话，A 系学生干部，冬天要负责检查本院的学生宿舍有无违规使用大功率取暖器的情况。学校为避免火灾的发生，每周四都组织人员检查有无大功率电器使用情况，各学院都提前做预检查。A 用"就是说"给室友 B 解释了他们作为学生干部预先查寝的缘由和具体做法。"就是说"用作解释标记时偶有省略"说"的用例，语例（94）就属于这种情形。

(94) 芝芝：她找不到，她啥子都找不到。她［绝对找不到，她］啥子都找不到。

张爷爷：　　　　　　　　　　　　　　　［各人来方便些撒］

张爷爷：哪个会找不到哦？

芝芝：她已经惯使得来。**就是**，必须要专车专送。

（成都话：《拜访长辈》）

语例（94）芝芝拜访自己母亲的好友张爷爷夫妇，张爷爷建议她让其母自己有空常来，芝芝解释其母不认识路，不知道怎样坐车。对话中芝芝直接用"就是"解释自己所说的"惯使得来"是什么意思，即母亲已经被迁就惯了，自己出门不知道路，需要儿女专车接送。

这些解释说明标记在西南官话中均保留有短语结构的用法，作为句法结构的一部分出现。当它们作为话语标记时，多用在话轮中间或回应话轮的开头，表示是对前面所说的话语进行解释。解释标记只用来解释自己所说的话，以进一步说明言者的真实意图或者表明言者的主观态度。这种解释标记自身的概念义均已虚化，尤其是其中的"说"已由言说义虚化为认知义，其他含认知动词"想""认为"等的标记虚化程度更高，仅具有语用功能。

第五节　信息凸显标记

信息凸显标记是突出后续信息重要性的话语标记，在话语中的分布位置多在话轮中间或起始话轮的开头,偶见处于话轮末尾的用例(若处于话轮末尾,则凸显前述信息的重要性)。西南官话中的信息凸显标记大多由短语组成,其中言说词是其核心成分,其作用主要在于提醒听话人关注位于标记后面的信息。这类标记使用频率高,大致可分普通凸显和警告式凸显两类,普通信息凸显标记包括"(我跟你)说(个/句)AA话""哪门(跟你)说呢""说白了"等,警告式凸显标记包括"我跟你说清楚""你信不信""我警告你"等。这类标记在语料中共出现36次,在元话语功能标记中占比36%,在总标记数中占比5%。

一 "(我跟你)说(个/句)AA话"

该标记是西南官话信息凸显标记中变体最多的一类,其中"我跟你"可出现也可不出现,"AA"通常带有形容词的特点,以"实在""实""老实"居多。

(一)"说实话"及其变体

该标记以对"话"的评定为核心,是对话语自身的判断和评价,强调说话人说出的是值得信赖的真实话语,通过对话语自身可靠性的评价来凸显所提供信息的可信度,以此凸显关注该信息的价值。该标记属于坦言类标记,对语句命题的真实性没有影响,仅起强调作用。其变体围绕"实"展开,有"说实在话""说老实话""说实在的""我跟你说实在的"等不同表现形式。

1."说实话"及其变体的分布位置

这类标记的出现位置比较灵活,话轮开头、话轮中间或末尾均可以出现,如语例(95)出现在话轮末尾,语例(96)接近话轮开头。但该标记一般不出现在首话轮的起始位置。

(95)张爷爷:呃,不是,二十三个小时,大概。头一天11点多开,中午开车,一点多的那个样子开车,第二天晚上十点钟(..)到。

芝芝:反正在卧铺上睡倒么。

张爷爷:晚上我就睡觉就完了。是啊,所以就好得多,所以我们这次出去还是比较，比较，根本不累，**说实话**。

（成都话：《拜访长辈》）

语例（95）"说实话"作为独立的韵律单位出现在话轮末尾，前面是需要强调的具体信息。语例中张爷爷向来访的好友之女描述坐卧铺的感受，用"说实话"凸显了此次旅行没有受累的事实，表示超出了通常情况下旅行就要受累的预期。

(96) 孙女：公证，我想下好久去。

孙女婿：你花几百块钱？

孙女：花几百块钱花几百块钱无所谓呀，我想的是好久去公证。

爷爷：我们，**说实话**我跟你奶奶两个我们不懂这些，人家专门提醒我说你把它公证了。

（成都话：《看望爷爷奶奶》）

语例（96）"说实话"出现在话轮靠近起始位置之处，后接需要凸显的信息。语例中爷爷奶奶准备把老房子通过公证的方式换到孙女名下，"说实话"的使用在于强调这么做的缘由。该标记引出的信息内容是爷爷奶奶自己确实不懂的事实，之所以这样做是别人提醒的结果，意在提醒孙女和孙女婿重视自己的提议。

2. "说实话"及其变体的语用功能

"说实话"类标记的主要语用功能是以示诚的方式凸显信息的重要性，一方面是为了引起听话人对相关信息的关注；另一方面是为了与听话人在情感态度上达成一致，以取得对方的理解和信任。

(97) 胖哥：哎呀，**说点儿实在的**，今天哪，我在贾干虾儿那才弄清楚，那个刘科长，他的意思是想，嗯（……）

胖嫂：想啥子？

胖哥：想喊芋儿去公刘科长他们头头的关。

（成都话：《麻将棒棒手》）

语例（97）胖哥在与妻子对话中用"说点实在的"强调后续信息，意在表明自己话语的真实性，但因话语内容涉及利用妻子侄女做事，所以吞吞吐吐不便启齿，等待妻子追问。"说点儿实在的"意在强调话语内容涉及的做法并非胖哥自己的想法，而是有可信来源的，该标记是提醒胖嫂关注后续信息的标志。

李水（2018）认为"说实在的"属于坦言类话语标记，"有三种传信功能：第一，叙实传信功能；第二，推断传信功能；第三，不合预期传信功能"[①]。李水选用的语料书面语口语均有，根据我们对西南官话日常交际语料的整理，"说实在的"的语用功能主要就是叙实传信，目的是强调话语的真实性，提醒听话人关注信息的重要性。"说实话"类标记除了叙实传信以外，还可以表现说话人的示诚态度，不管言语内容是否完全真实，说话人都以此向受话人强调自己的言语是可信的，交际态度是诚恳的。

(98) 王欻欻：好好好，多看两眼，多看两眼，让你再过下瘾。好，好！(4.0) 哎，炧哥，**说实在话**，我确实也不想为难你，但你也晓得，我们金银花还不是把我的私房钱全部洗白了。我也确实是没得办法了。

炧哥：我晓得，我晓得，一会儿你把戒指选好了，我就跟你付钱嘛。

（成都话：《幸福炧耳朵之新年礼物》）

语例（98）中的"说实在话"除了展现说话人话语的真实性，还强调了说话人与受话人共情的态度，以使受话人理解自己的做法。对话中王欻欻先是对炧哥要求再把钱多看两眼的要求表示许可，停顿4秒以后再用该标记引出自己的难处，强调自己所言不假。

[①] 李水：《坦言类话语标记"说实在的"的形成过程及其传信功能》，《大连海事大学学报》（社会科学版）2018年第4期。

（99）女伴2：哎，金银花，**说句老实话**，你戴凤姐那个戒指还有点好看哦。

金银花：你也觉得好看啊。

女伴2：你看嘛，你的手指拇儿又细又长，戴起就是好看，凤姐那个手又短又粗的，好像戴起还有点儿小一样。

（成都话：《幸福耙耳朵之新年礼物》）

语例（99）中的"说句老实话"重点不在话语本身是否百分百真实，而在于强调说话人主观评价的真诚度，意在表明女伴儿是真心认为金银花戴那个戒指好看。此处的"实"凸显的是态度的"实"，目的是让受话人相信说话人的评价。

3."说实话"的其他表现形式

"说实话"这一标记在使用中还有在前面加上言者和听者的用例，用以提醒对方关注言语内容的真实性，凸显后面信息的可靠性。如以下两例：

（100）过客：哎呀，我不要。

王家英：真的，**我跟你说实话**，便宜惨了。可以，又便宜。真的是，怎个便宜到哪里去找嘛？买一件嘛！

（重庆话：《山城棒棒军1》）

（101）陈旭：你去帮我拿两双吵。

菊香：你各人去拿嘛，她又不得把你吃哒。

陈旭：不是的，**我跟你说个老实话**，我感觉明慧的妈妈她不喜欢我。每次到她们屋里去，她横直（总是）把我跟倒起，你看嘛，我好歹还是个驻村干部，她像防强盗样的防倒起，没得意思吵。

菊香：那只怪你长得太帅哒。

（恩施话：《乡村纪事》）

语例（100）王家英为兜售服装，强调自己的话语是对路过的客人所说，并且言语信息为真，特别用"我跟你说实话"以示提醒。语例

(101)"我跟你说个老实话"也是说话人陈旭强调自己所言不虚的标志。这些标记均是向听话人坦言自己话语内容真实性的标志,意在让对方相信自己,使交流继续推进。无论是"说实话"这种短语型的还是"我跟你说实话"这类小句型的标记,均不影响语句命题自身的真值,属于独立的韵律单位,具备话语标记的典型特征。

以上所分析的坦言类话语标记均是针对话语内容的真实性而言的,还有一类坦言类标记是针对说话方式的真实性来说的,如"老实跟你说",可以视为"说实话"类话语标记的变体。

(102)女伴1:哎呀呀,金银花,不要开黄腔了。

金银花:我没有开黄腔啊!凤姐,这个事情本来我忍了就算了,但是你今天得理不饶人,那今天就不要怪我在姐妹面前不给你面子。**老实跟你说**,这个戒指不是炮哥买给你的,是我们欢欢买给我的!

(成都话:《幸福炮耳朵之新年礼物》)

语例(102)中的"老实跟你说"同样强调了话语内容的真实性,但强调的视角不同,主要突出了言说方式的真实性。该标记同样是独立的韵律单位,删略以后不影响话语的句法结构和真值,属于坦言类话语标记的另一种展现形式。

对于"说实话"类坦言标记的话语功能,多数学者认为其具有叙实传信功能。王天佑(2019)认为这类标记的主要语用功能是"示诚",即说话人向听话人强调自己坦诚的交际态度。[①] 说话人使用该标记时,话语内容本身并不一定绝对真实,但通过该标记向听话人强调自己态度的诚恳和所说话语的真实性。该标记传递的是发话人自身的交际态度,具有较强的主观性。

(二)"说句不 A 的话"

在交际过程中,涉及对听话方作出非正面评价时,为遵循礼貌原则,

[①] 王天佑:《话语标记"说实话""老实说"的语用功能和形成机制——附论"说真的""实话说"等话语标记》,《语文研究》2019 年第 1 期。

不伤及对方面子，说话人往往选取一些减轻对方不适感的话语予以缓冲，话语标记就是其中一种缓冲手段。"说句不好听的话""说句不怕你多心的话""说句得罪你的话"等均属这类标记，我们总结为"说句不A的话"，其中字母A代表形容词性内容。

（103）村长：这个产业结构调整是个好事，但是我们必须要解决一个问题。

陈旭：么子问题吗？

村长：就是在推广小水果的时候哇，嗯（..）我们有些村民在问我，改种小水果，今后这个销路哪门办？

会计：那也是的，正儿八经那天过后哒，产品也都出来哒，不能成批量地往外销，**说句不好听的话**，几百口人没饭吃哒，天都要垮。

（恩施话：《乡村纪事》）

语例（103）驻村干部陈旭和村委会讨论该村的发展问题，建议进行产业结构调整，由原来单家独户种粮食改为发展集体经营小水果和精细蔬菜，以提高村民收入。村长和会计担心销路问题，害怕出现极端局面。田会计为表示自己不是反对驻村干部的方案，只是表明自己的担忧，用"说句不好听的话"加以缓冲，让陈旭在有心理准备的情况下接受后面所说的"不好听的话"，使交际得以继续进行。

（104）明慧：你到我们屋里做长工我们都不得要，我们怕你。

明轩：怕么子？

明慧：怕你到我屋里去开公司。

明轩母：哎呀，你们莫争哒，明慧的事早就定好哒，不是说改就改。明轩，**我不是说掉底子的话**，屋里的财产你也晓得，经不起你败。要搞么子我们不管，但是你莫打屋里的主意。明慧，洗脚睡去。

（恩施话：《乡村纪事》）

语例（104）"我不是说掉底子的话"相当于"我说句不怕掉底子的话"，因此放在"说句不 A 的话"中一起分析。该例对话背景是易明轩想拿家里的房子作抵押去贷款开公司，遭到了母亲和妹妹的反对。急需用钱的易明轩转而催促妹妹赶快结婚好借他们的人情钱去开公司，更引起了母女两人的反感。母亲用"我不是说掉底子的话"意在向易明轩强调家里没有多少家底，不能做没有把握的事情，有此标记缓冲，比直接反对儿子的做法更容易让人接受。

周明强（2013）认为这类标记的使用目的"重在使批评或自我批评（自责）显得委婉"①，薛兴鸽（2019）认为"说句不好听的"具有语气上的缓冲功能。② 我们认为，"说句不 A 的话"类标记具有面子缓和功能，其作用与"不是我说你"有相通之处。

二 "哪门（跟你）说呢"

"哪门"在西南官话中相当于"怎么"，"哪门说呢"指的是"怎么说呢"，表示该采用什么样的方式说，其中的"说"是动词，指言说行为。"哪门说呢"在西南官话中既可以表示由状中短语构成的疑问形式，也可以充当不表疑问的话语标记。

（一）"哪门说呢"的疑问用法

该疑问形式的疑问义是由疑问语气词"呢"和疑问代词"哪门"共同决定的，"哪门"指的是方式，相当于疑问词"怎么"，可以用来询问方式或者原因，其主要用法如下：

1. 询问方式。"学工科的老师要我们十点钟之前把寝室检查完，现在时间到哒还剩一层楼没看，他来哒我们哪门说呢？"

2. 询问原因。"我明明早上来上啊课的，你哪门说我缺勤呢？"

这些疑问形式中的"说"均是实义动词，"哪门说呢"属于问话形式，需要对疑问部分作出回答。除了这种疑问形式以外，"哪门说呢"在西南官话中还常用作调动听话人注意力，凸显后续信息的话语标记，此

---

① 周明强：《坦言性话语标记语用功能探析》，《当代修辞学》2013 年第 5 期。
② 薛兴鸽：《言说类话语标记"说句不好听的"浅析》，《新乡学院学报》2019 年第 7 期。

时不再表示疑问。

(二)"哪门说呢"的话语标记用法

用作话语标记的"哪门说呢"以疑问形式出现但并没有疑问义,是独立的韵律单位,删略不影响原句句法结构的完整性,使用目的是为了突出标记后面引出的信息。前面探讨的坦言类话语标记通过示诚的形式凸显话语信息,"哪门(跟你)说呢"则以纠结言说方式的形式来凸显后面的信息。在实际使用过程中,"跟你"可以出现也可以不出现。

(105)平平:那个,你有没有喜欢的偶像啊?

琳琳:有啊,赵丽颖吵,你呢?

平平:我最喜欢王源啊,**哪门说呢**,我是在初中就喜欢上的他,感觉那个时候,他在快乐大本营里的表现特别开朗活泼,你为么子喜欢赵丽颖呢?

(恩施话:《回忆儿时美食》)

语例(105)中平平为了强调自己喜欢王源的原因,特意用"哪门说呢"吸引听话人琳琳的注意力,意在提醒琳琳关注后面的信息,并对自己的喜欢缘由表示理解和认同。

(三)"哪门说呢"的语用功能

"哪门说呢"出现位置通常在话轮中间,与前后话语之间均有语音停顿。其功能重在突出该标记引出的新信息,提醒听话人关注这些信息的重要性。另外,该标记在一定程度上也可以体现说话人的主观态度。

(106)明轩:我到办事处去,主任他们正在开会。我就在外头等到起。我等不得哒吵我就去敲门,我正敲门的时候主任就出来哒。

明轩母:他哪门说的?

明轩:他说,**哪门跟您说呢**,主任就用他那双温暖的大手把我手抓倒起,就跟我讲,欢迎你回来投资。拐哒,讲这句话我晕都晕哒。

(恩施话:《乡村纪事》)

语例（106）明轩在回答母亲的问话时本可以直接告诉母亲主任说了什么，但他特意添加了"哪门跟您说呢"加以提醒，意在让母亲关注他后面所说的内容，强调他自己内心的喜悦。该标记若删略对句义和语句的完整均没有任何影响，但对体现说话人易明轩的兴奋程度有影响，因此，该标记具有凸显新信息的作用。

（107）明轩：造孽（可怜）哟，我跟你讲，开头到深圳去，又没得技术，那只有在别个工地上去扛下水泥包子，后来诶，才慢慢进哒工厂。

菊香：你工资肯定还高哦？

明轩：工资，**哪门说呢**，嗯，那肯定比我们这是高点儿吵，但那边物价也高。我就像别个说的，老鼠子掉啊面缸里头，只糊哒一张嘴巴。不过耶，我还是有收获，我再哪门晓得（再怎么也弄清楚了）别个是哪门赚钱的。

（恩施话：《乡村纪事》）

语例（107）说话人易明轩认为简单回答工资的高低不足以让听话人菊香了解他在深圳打工的具体情况，于是先用"哪门说呢"吸引菊香的注意力，然后再强调工资虽高一些但物价也高的事实。使用该标记的目的就是为了凸显后续信息，强调工资的高低要与物价的高低相结合，否则就同菊香所理解的高低不一致。

"哪门说呢"也可以用在说话人对说话方式和说话内容感到犹豫之处，此时可以显现说话人的主观情绪。

（108）叔叔：苏苏啊，你爸爸现在每个月跟你把好多生活费，你够不够用啊？

苏苏：这个，**哪门说呢**？钱多有多用，少有少用。

叔叔：你就跟叔叔实说，是不是比以前少哒？

苏苏：嗯，是少些了。我可以勤工俭学的，叔叔莫担心哈。

（恩施话：《零星语料集锦》）

语例（108）中的苏苏读高中时丧母，现正上大学，其父再婚后减少了给她的生活费，苏苏有情绪但不便指责父亲。苏苏叔叔询问时，苏苏犹豫此事该如何表述，于是用"哪门说呢"加以缓冲，然后给出了模棱两可的回答，暗含了对父亲的不满，意在让叔叔留意"哪门说呢"后面的信息，叔叔接下来的追问可以看出苏苏已达到凸显答话中后续信息的目的。

曹秀玲（2014）指出"由询问形式（需要答语）发展为非询问形式（不需要答语）是汉语话语标记的一个重要来源"[①]。西南官话中的"哪门说呢"就是由询问形式发展为非询问形式的话语标记之一。该标记的询问形式（疑问用法）在该方言中依然保留，属于话语标记形式和非话语标记形式并存的情形。

西南官话中的话语标记"哪门说呢"虽然与普通话中的"怎么说呢"在语义上有一致之处，但语用功能并不完全相同。刘焱（2014）曾论及作为话语标记的"怎么说呢"之后出现的话语大多是倾向于负面的、消极的内容，有时也可以引导积极意义的话语。[②] 据我们对西南官话日常交际的调查，"哪门说呢"之后的话语可以是正面的也可以是负面的，还可以是中性的，使用该标记的目的并不在于突出说话人的主观评价，而在于引导听话人关注后续话语，话语内容可以是对客观事实的叙述，也可以是说话人自己的心理感受。

三 含否定词的信息凸显标记

部分信息凸显标记含"不""莫"等否定词，形成"我不是说""不是说的话""你莫说"等短语形式的话语标记，其作用也是凸显后续信息，并非表示否定。董思聪（2013）分析重庆方言中含否定词的话语标记后，得出的结论是该类标记"表示说话人对某事极有把握，并无否定

---

① 曹秀玲：《从问到非问：话语标记的一个来源——以"怎么说呢"为例》，《山西大学学报》（哲学社会科学版）2014年第4期。

② 刘焱：《话语标记"怎么说呢"》，《云南师范大学学报》（对外汉语教学与研究版）2014年第5期。

含义"①。我们把这几个含否定词的标记合成一个大类来分析其语用功能。

（一）"我不是说"及其变体

"我不是说"作为主谓结构组合在一起使用时，表示对"说 X"的否定，如"我不是说他，我说的是你"；作为话语标记使用时，各组合部分的概念义均已虚化，不再表示"我不是说 X"的含义，而是作为面子威胁缓和语引出后续话语。因概念义已虚化，"说"的后面不带宾语也无法补出宾语。西南官话中以"说"为核心成分且包含否定词的信息凸显标记主要有"我不是说""不是说的话"两种，因语形主体部分相同，我们合并在一个类别中分析。

1. "我不是说"及其变体的分布位置

"我不是说"及其变体均以独立韵律单位出现，与后续内容之间有语音停顿。分布位置主要是话轮开头，也可以出现在话轮中间，使用目的是凸显后续信息。

（109）王家英：**不是说的话**，你这个身胚穿上这个衣服，只有恁个漂亮了。

蛮牛：好多钱呢？

王家英：这个夹克 30 块，这个裤儿嘛，收你 12 块嘛！

（重庆话：《山城棒棒军1》）

该例中"不是说的话"位于话轮开头，目的是提醒听话人关注后续信息。王家英为凸显后续信息，先用"不是说的话"作铺垫，表示她后面的赞美话语是真诚的，没有虚夸成分，最终目的是让蛮牛心甘情愿买下她卖的衣服。对比而言，"我不是说"的使用主要是减轻面子威胁，"不是说的话"则是提醒对方自己所说的话是真真切切的事实，没有虚夸成分。

2. "我不是说"及其变体的语用功能

"我不是说"及其变体均含有否定词，但都没有否定含义，其功能是

---

① 董思聪：《重庆方言中几个含否定词的话语标记》，《重庆邮电大学学报》（社会科学版）2013 年第 6 期。

凸显后续信息，表达说话人的主观态度。虽然这两个标记都可以引出说话人的主观评价，但"我不是说"常引出负面评价，"不是说的话"通常引出赞美的话语。

(110) 圆圆同学：**我不是说**，随便摔好多回，他（指圆圆）都是输！还跟我两个比！

小渝：圆圆来，我跟你说，一哈两只脚一定要站稳，听到没得？随便他啷个扭你，你都要稳起！主要是心头不要慌。

（重庆话：《山城棒棒军1》）

语例（110）圆圆在放学路上想跟摔跤很厉害的一个同学比试一下，这个同学根本没把体胖且动作笨拙的圆圆放在眼里，为顾及圆圆的面子，让圆圆听了更容易接受，该同学在向围观的小朋友们表态时，先用"我不是说"降低后续话语的冲击力，减轻负面评价的贬低程度。"我不是说"引出的话语是说话人确凿无疑的信息，这一标记强化了说话人的主观态度，一方面减少给对方的面子威胁；另一方面强调自己的绝对优势。

(111) 小渝：圆圆，你今儿确实威风，要是有准备的话，第一盘都赢了，啊！今天就是缺少点儿观众，**不是说的话**，这种比赛，买票看都值得嘎！回去，啊！

圆圆：明天你还来不来？

小渝：当然要来哦，我要给你扎起嘛！

（重庆话：《山城棒棒军1》）

语例（111）中小胖墩儿圆圆在小渝的指导下，凭借体重优势摔赢了同学一次。小渝为鼓励圆圆坚持锻炼身体，练习摔跤，对圆圆大加称赞。"不是说的话"在此例中也是为了突出赞美的可信度，目的是让受话人相信称赞是真实可信的。

（二）"你莫说"

"你莫说"意思是"你不要说"，在西南官话中可以作实义的主谓短语，如"你莫说别人，先想下你自己有没有错"；也可以充当语义虚化的话语标记。作标记使用时与话语标记"你别说"有相通之处。"你莫说"引出的后续信息是说话人的表义重心，通常表示话语内容超出了预期。该标记常出现在首话轮，由发话人说出，引出受话人所不知道的新信息或者发话人的新评价，目的是凸显标记后面的信息。

1. "你莫说"的分布位置及语用功能

（112）陈旭：明慧，**你莫说**这个袜垫子做的真是蛮好欸，垫子高头（上面）起花，又美观又实用。有没得我穿的，我也来买一双哦。

明慧：那我们不得跟你卖耶。

陈旭：那是哪门搞的？（那是为什么呢）

明慧：我们要跟你送一双，你给我们帮啊怎么大的忙，我们要好生感谢哈你。

（恩施话：《乡村纪事》）

语例（112）中"你莫说"各组成部分的语义均已虚化，使用该标记是为了凸显陈旭对明慧所做鞋垫的赞美。表示说话人对鞋垫也可以做得这么美观感到意外，超出了以往的心理预期。

（113）林鹏：诶，**你莫说**这个腊肉虽说看起黑黢黢的，味道还是可以哦。

魏琳：是还可以，买的时候那个老板说这次的烘得好些，要我多买点儿，我说先买一个蹄脚杆杆试哈。

（恩施话：《零星语料集锦》）

语例（113）中"你莫说"出现在发话人的话轮开头，目的是凸显腊肉不好看但好吃这一信息，表示结果大大超出预期。林鹏的心理预期本来是颜色不好看的腊肉味道应该也不好，结果却与预期相反。该标记的使用凸显了后续信息，并且获得了说话人的正向回应。

2. "你莫说"话语标记功能的形成

"你莫说"充当话语标记时，语形已凝固，后面不能带宾语，中间也不能添加别的内容，属于固化程度较高的结构。如果删略也不影响原命题的真值，对语义和句法结构也没有影响。"你莫说"在CCL语料库古代汉语部分总共出现17次，均是实义，表达"你不要说"的意思，还不是话语标记，但有两例可以表示递进关系；现代汉语部分的语料共出现6次，其中1例是话语标记用法。

a. <u>你莫说</u>学无上道，自己父母尚乃不知，出去出去。（南宋·古尊宿语录）

b. 众人说："<u>你莫说</u>别项，只王公子三万银子也够买三百个粉头。玉姐左右心不向你了，舍了他罢。"（元·话本选集）

c. 计拉道："你这等上门凌辱人家，<u>你莫说</u>是武城的马快，就是武城县大爷，我也告你一状！"（明·醒世姻缘传）

d. "咱爷爷前来行刺，是有人指使而来，这人可与昏君有切齿之仇，但不便告诉于你。<u>你莫说</u>用严刑吓我，就便将钢刀架在咱爷爷颈项上，咱爷爷也无实供的。"（清·七剑十三侠）

e. 铁拐先生先对何仙姑说："<u>你莫说</u>，说她则甚，打量我和你一般不生眼珠子么？连个两代的老伴侣都认不得呢！"（清·八仙得道）

f. 有一个说："他得什么绝症？我看他身体好得很，打得死老虎。"另一个说："哎，<u>你莫说</u>，他前一向是病了，在县医院住院了的——"（当代·山楂树之恋）

以上摘选的不同时期的语例中，a，b，e均是实义，表示"你不要说"，c，d均有表衬托递进的作用，这种用法在今天的西南官话中依然很常见。语例e中的"你莫说"虽然与后文有语音停顿，但概念义很明确，表示"你不要说"，所以不是话语标记，但已经呈现出了话语标记单用的趋势。语句f中的"你莫说"属于独立的韵律单位，删略不影响原句的成立，表示对"打得死老虎"的他身患绝症这一超出大家预期的事作出解释，引出"他"曾经生病住院的信息。此例中的"你莫说"已经发展成为话语标记。该语例出自小说《山楂树之恋》，小说原始底稿的创作者是宜昌人，故事的发生地也是宜昌下辖的小山村，人物对话自然留下了当地方言痕迹，而宜昌话属于西南官话中的一部分，小说中出现话语标记"你莫说"也从侧面说明"你莫说"是西南官话的话语标记之一。

"你莫说"的话语标记功能是由表衬托递进的"你莫说A，就是B，也C"结构虚化而来。该递进句式强调更进一层的B，无论A还是B，最终结果都是C，而C往往是超出听话人心理预期的结果。在该结构中，"莫说"的否定意义已完全消失，C是需要凸显的信息，句式强调无论怎样都是C所表述的结果。这与"你莫说"否定义完全虚化，语用功能是凸显后续信息已趋于一致。在不断的语义磨蚀和结构固化过程中，"你莫说"不再是语法语义的必要组成部分，所起的作用只剩下语用意义，发展出了纯话语标记功能。

3. "你莫说"与"你别说"的异同

西南官话表否定的词语有"不、莫、没有"等，一般不用"别"。"你莫说"的语用功能相当于"你别说"，二者有相通之处，但前者不像后者有"你还别说""别说"那样的变体，西南官话中不存在"你还莫说""莫说"这样的话语标记。董思聪（2013）认为普通话中的"别说"有那么多的变体是词汇化程度比重庆话的"你莫说"高的表现。[①]景高娃（2016）认为"你还别说"充当话语标记时可以引出"评注性小句、结果性小句和转折性小句"[②]，"你莫说"也可以引出这三类小句。无论引出的小句偏重评注还是结果，该标记都有提醒听话人注意的作用，"你莫说"引出的的内容也是跟说话人原先的认知预期不一样的信息，正因为超出预期，才需要凸显这些信息。

[①] 董思聪：《重庆方言中几个含否定词的话语标记》，《重庆邮电大学学报》（社会科学版）2013年第6期。

[②] 景高娃：《也论话语标记"你还别说"》，《汉字文化》2016年第3期。

四 "说白了"及其变体

"说白了"中的"白"指"清楚明白","说白了"即把话说得清楚明白之义。该标记的重音为"白","说白了"的后续内容是说话人需要强调的信息。该中补结构虽然语义并未完全虚化,但一般只出现在对话体中,且作为独立的韵律单位出现,不属于语句的句法结构部分,删略以后也不影响原命题的真值,所以,"说白了"已具备话语标记的典型特征。张黎(2017)等认为"说白了"是一个专门用作话语标记的固定结构。与"说白了"语用功能一致的变体还有"明说""说得明白点儿"等,我们视为一个标记合并分析。

(一)"说白了"及其变体的分布位置

"说白了"及其变体通常出现在话轮中间,后面引出需要凸显的信息,这些信息对听话人而言不管是新信息还是旧信息,对说话人来讲都是需要着重强调并希望听话人认真对待的。

(114)巴经理:胖妹儿,我跟你说,我是看倒亲戚的面子上才让你当的领班,你不要不识相!你再像这份样儿,我(……)我(……)

胖妹儿:你要干啥子,你还敢打我吗?你敢!论辈分,我是你妈的隔房的表姊妹儿,**说白了**,我就是你的大姨妈!

(重庆话:《山城棒棒军1》)

语例(114)胖妹儿对自己的老板巴经理态度很蛮横,一方面是性格使然;另一方面就是因为她用"说白了"这一标记引导出的内容。"说白了"在此处的作用就是提醒听话人巴经理注意后续信息,即说话人是以大姨妈身份在火锅店做事,言下之意就是不管胖妹儿事情做得好还是坏,巴经理都不可批评长辈。

(二)"说白了"及其变体的语用功能

"说白了"及其变体的语用功能都是为了强调后续信息的重要性,目的是促使听话人关注这些信息,并作出言行上的回应。"说白了"及其变体都是典型的信息凸显标记。

(115) 妻：你这次去讨账，他们跟你还哒好多？

夫：又没讨到！又说挣的钱这事那事急用只剩个过年钱哒，说让他们一家老小过个年，明年挣哒再还，好像是我们逼得他们年都过不成样的。借的时候说得好听，现在推三阻四的，**说白哒**，他们就是想赖账！

妻：这也借啊三年多哒，原先说一年就还。那怎么个，明年要他们按月还，每个月还得出好多是好多。我们的钱又不是大水冲起来的，还不是辛辛苦苦一分一厘攒起来的。

(恩施话：《零星语料集锦》)

语例 (115) 夫妻俩辛苦攒下的钱被人借走后好几年没还一分，空手而回的丈夫讲述讨账的结果时用"说白哒"强调后续的核心信息，那就是借钱人想赖账，因此听话人才给出了来年的讨账建议。恩施方言语气词多用"哒"不用"了"，因此"说白了"通常表述为"说白哒"，二者语用功能完全一致。

"明说"与"说白了"是功能一致的话语标记，语义也未完全虚化，依然保留说得清楚明白的概念义，但通常单用，与前后内容之间存在语音停顿，使用目的也是引起听话人的注意并强调后续信息。

(116) 王欻欻：你霉到足，我更霉到足，那咋个办嘛？咋个办嘛，你！

杷哥：我……

王欻欻：我不干了，**明说**，我不干了。你必须想办法。咋个办嘛，恼火！

(成都话：《幸福杷耳朵的幸福生活》)

语例 (116) 的对话背景是王欻欻出差时给妻子金银花网购了戒指，自己未回戒指已到，为给妻子惊喜于是请杷哥代收。未料杷哥之妻凤姐误以为是㸍哥买给自己的就戴上了，㸍哥无奈，只好取出私房钱准备给王欻欻重新买戒指，结果买戒指的钱在路上又被裹挟着全部捐出了。一筹莫展的王欻欻用"明说"强调自己不满意陷入既没有戒指也没有钱的两难境地，该标记的使用就是想向㸍哥凸显自己极度愤怒的态度，要求㸍哥必须在行动上作出回应，解决买戒指的事。

司罗红（2016）认为"说白了"的"核心功能是强调某种事实或情况的实质，同时具有评价功能和总括功能"[1]。霍倩倩（2018）认为"说白了"具有"强调突出、标示对命题内容的态度、凸显话语信息真实三种元语用功能"[2]。成渝方言中出现的语例也证实了司罗红、霍倩倩两位的研究结论。"说白了"的主要功能就是凸显后续信息，并让听话人意识到该信息的重要性。该标记引导听话人关注说话人的核心信息，属于元话语标记范畴，同时，该标记是言说类自述式话语标记中的一个，具有该类标记的总体特征，即"说明后续命题句的信息理解值或点明后续命题句的信息可信值"[3]。

五 警告式信息凸显标记

警告式信息凸显标记除了具有上述同类标记的信息凸显作用以外，还对受话人有警告威胁作用。由于这类标记伤及对方的面子，违反了礼貌原则，因此出现的次数很少，其中"我跟你说清楚"出现3次，"你信不信"出现2次，"我警告你"出现1次。

（一）"我跟你说清楚（哈）"

"我跟你说清楚"以小句形式出现，后面还可以接语气词，各组成部分的语义已弱化，说话的目的并不在于把语义说清楚而在于警告对方。该标记常出现在非首话轮的开头或者话轮中间，后面紧跟警告的内容，意在使听话人关注说话人的话并遵照执行。

（117）周老大：这个在哪里去找嘛？这个，于老大，**我跟你说**

---

[1] 司罗红：《"说白了"的固化及语用功能》，《昭通学院学报》2016年第2期。
[2] 霍倩倩：《话语标记"说白了"的功能研究》，《现代语文（语言研究）》2018年第4期。
[3] 杨才英、赵春利：《言说类话语标记的句法语义研究》，《汉语学报》2013年第3期。

清楚哈，我娶不到你幺妹儿噻，你莫想娶我幺妹儿哟。

于老大：我这个幺妹儿呀，从小就鬼得很，没得哪个古得倒（管得住，欺负得了）她。

（重庆话：《山城棒棒军1》）

语例（117）的对话背景是周老大和于老大商议相互换亲，都娶对方的妹妹为妻，于老大的妹妹于芳得知后逃到了重庆城。两人发现于芳逃走后周老大警告于老大，“我跟你说清楚”引出具体的警告内容，表示后续信息是说话人重点强调的信息，需要听话人引起足够的关注。

（二）“你信不信”

“你信不信”既可以作普通的人际互动标记，也可以作信息凸显标记。充当前者时，“信”保留了“相信”这一概念义，表示希望对方做出相信与否的回应。作信息凸显标记时，各组成部分的概念义均已弱化，“你信不信”的疑问义已消失，该主谓结构虚化为固化组合，表示给对方提出警告，引出的是不听警告的后果。

（118）王欻欻：你让不让？诶，说你！你让不让，不让我马上跟你毛起哦！

保安：口气不小哦，啊！你是不是闹事，**你信不信**，我喊一堆兄弟把你打到坐地求饶。来来来，让！（让工作人员抬出5号）看到没有，就成这个样子！

（成都话：《幸福耙耳朵的幸福生活》）

语例（118）王欻欻一行想进拳击赛赛场把准备参赛的耙哥叫出来，但安保人员不让进，王欻欻等担心耙哥被专业拳击手打死，说话也带有警告语气，安保人员反过来直接以威胁语气教训王欻欻。“你信不信”在此处并无询问对方是否相信的意思，而是以此引出警告的具体内容，意在让听话人意识到后果的严重性。

（三）“我警告你哈”

“警告”“命令”“禁止”等语词本来就可以实施言语行为，属于施事语力强的一类语词。该词组成的语句表示说话人要实施"警告"这种行为,"我警告你"后面引出的通常是具体的警告内容。

(119) 明轩母:那黄主任哪门说的?

明轩:黄主任说|

明慧:你这个方案牵涉到村委会,你最好是回去和村里一起打个报告来。

明轩:易明慧,**我警告你哈!**

明慧:哪门的?

明轩:你跟踪我是不?你哪门晓得怎么清楚诶?

(恩施话:《乡村纪事》)

语例(119)易明轩从深圳打工回乡,想创业但只有粗略设想,既无资金也无具体可行的实施方案,其做法遭到母亲和妹妹的反对,尤其是妹妹易明慧。兄妹因为创业观念和创业方式的分歧彼此不满。易明轩找了办事处村委会及村镇银行均无结果,内心很窝火。语例中当明慧打断了易明轩的话轮后,明轩直接用"我警告你哈"对妹妹加以警告,以发泄自己的怒火。该标记不仅凸显明轩反对明慧干涉自己,而且带有强烈的主观情绪,其愤怒情绪通过直呼妹妹的全名加"我警告你"的双重作用得到了充分体现。

"你信不信"只是强化威胁语气,"我警告你"还可强化说话人的愤怒情绪,其主观性更强。由于这些标记都违反会话的礼貌原则,一般来讲说话人都会慎用,因此这两种带有威胁警告特点的话语标记在语料中都出现得极少。而"我跟你说清楚"虽然带有警告特点,但威胁语气要弱一些,使用以后的不适感明显低于另两个标记,所以出现频率比其他两个略高,共出现三例。

三个话语标记虽然都属于警告式的信息凸显标记,但其警告程度有一些差异,按语力大小可作如下排序:

我警告你 > 你信不信 > 我跟你说清楚

以上三个话语标记从左至右警告威力递减，语力最强的"我警告你"不需要借助语境，其警告作用依然存在，因为"警告"本身就是言语行为；"你信不信"和"我跟你说清楚"都需借助语境和说话人语气的轻重才能体现出警告语气，二者自身一个侧重提示听话方；另一个强调说话人的话语方式，使用目的均是突出后续话语的重要性。

第六节 换言标记

换言标记表示说话人要换一种说法表达自己的意思，一般都有言说词"说"作为其组成部分，目的是引导听话人正确理解说话人的话语。这类标记是对话语内容自身作出处理的标记，具有元话语的特点，属于元话语功能标记中的一种。在西南官话中的其主要表现形式有"换句话说""车过来说""话说回来"等。该类标记在语料中共出现11次，占元话语功能标记的11%。

一 "换句话说"

廖秋忠（1986）在《现代汉语篇章中的连接成分》（原载《中国语文》1986年第6期）一文中专门分出了"换言连接成分"一类，指出该类成分"将较为通俗易懂或较为具体的描述与前面较为抽象或较为难懂的成分连接起来，它们的表达方式虽然不同，却是同义或同指"[①]。口语中也有类似的连接成分，我们把廖先生所举例子中的"换言之""换句话说"视为换言标记，"也就是说""（这/那）就是说"等视为"解释说明标记"。不过，日常会话中用到的换言标记一般没有书面语色彩较浓的"换言之"。

（一）"换句话说"的分布位置

该标记常出现在话轮中间或转接话轮的开头，没有出现在话轮末尾的情况。若出现在话轮中间，则是说话人对自己的话语换用通俗说法或

---

① 廖秋忠：《现代汉语篇章中的连接成分》，载《廖秋忠文集》，北京语言学院出版社1992年版，第72页。

者作解释说明；若出现在转接话轮的开头，则是受话人对发话人的话语进行解释。

（120）子：爸爸，"固若金汤"是什么意思啊？

父：嗯，这个"金"是城墙的意思，"汤"就是汤池，**换句话说**，就是护城河。护城河你懂不懂？就是围绕城墙保护城市的河流。"固若金汤"就是防守坚固的意思，你查词典看看嘛，要养成自己查词典的习惯，啊。

（121）湘湘：诶，纯子，今年过年准备去哪玩啊？我们准备到海南去，你们想不想出门，要不然我们两家一起去嘛，热闹些！

纯子：哎，我们哪里有你们潇洒哦！本来我老公就只个把星期的假，老太太又不舒服，两个姑姐都说回来看她，就一起过年。我们哪都走不成哦。

湘湘：**换句话说**，你今年又要当一大家人的煮饭婆啊，@@。你屋里老太太哪门年年过年的时候就不舒服哟。

（恩施话：《零星语料集锦》）

上述两例中的"换句话说"一个出现在话轮中间，表示对自己的话语作进一步的解释；一个出现在转接话轮的开头，表示对对方的话语作出了自己的理解。语例（120）中的父亲担心上小学的儿子不懂"汤池"是什么意思，换了一种通俗一些的"护城河"作出解释，又害怕儿子对"护城河"也不理解，再作出解释说明，以让儿子弄清楚防守坚固为何要用"金汤"作比。语例（121）是两个闺蜜之间的对话，湘湘用"换句话说"接过话轮表示完全理解了纯子不能出门旅行的缘由，并站在纯子的立场对纯子的辛苦表示安慰。

（二）"换句话说"的语用功能

"换句话说"具有解释功能和衔接功能，是典型的换言标记。语例（120）中的"换句话说"标志着说话人换用更易理解的表述方式。例中的父亲担心儿子年幼知识面不够还难以理解"汤池"，因此再作更为通俗的解释。正如廖秋忠所言，"换句话说"所衔接的前后内容虽然用语不同，实则同义或同指。语例（121）由听话人湘湘对说话人纯子的话作了进一步解释，解释标志就是"换句话说"，属于听话人解释说话人话语的情形。在该连续毗邻语对中，湘湘首先向纯子发出过年一起出游的邀请，纯子在回应话轮中通过介绍家中情况作出了对该邀请的委婉拒绝，湘湘接过的话轮对纯子回绝邀请的原因作出了进一步解释。湘湘的解释实际就是对纯子话语的解码，从另一个角度解析了纯子的言外之意。该标记在此例中除了表示换用其他说法表达相同意思以外，还衔接了前后话轮，使听说双方围绕同一话题展开的交流更加连贯。

张振亚（2013）认为"换句话说"具有衔接功能和提请听话人注意的功能，并对这些功能的产生过程作出了探讨。① 从现有语料来看，西南官话中"换句话说"的使用主体大多为经常使用书面语的知识分子，如教育行业、医疗卫生行业从业者，使用目的是对标记前的话语作进一步解释。其语用功能主要体现为解释功能和衔接功能，也有提请听话人注意的作用。

二 "话说回来"

"话说回来"这一固化结构在口语表达中常用来表示转换话题、找回话题或委婉表达，在语句中不表达概念义，只有程序义。其变体还有"话又说回来""话说回来哟"，我们合并为一个话语标记研究。

（一）"话说回来"及其变体的分布位置

"话说回来"通常作为独立的韵律单位出现在话轮的中间或非首话轮的开头，删略不影响原句的语义和句法结构，在句中主要起让步或转折作用，具有衔接功能。

（122）菊香：我是沾明慧的光哦，要是我托你办个事，你肯定不得这么热心哟。

陈旭：哎，菊香我跟你说哟，你看我们驻村干部在村里头帮倒村民搞五改三建，又搞新农村建设，你莫说是你嘛，只要村民相信

---

① 张振亚：《"换句话说"话语标记功能的浮现》，《哈尔滨学院学报》2013年第3期。

我们嘛，哪个托我搞事我肯定都跟他帮忙哟。

菊香：哎，你那么紧张搞么子嘛，我说一句话你说这么大一箩筐。哎，不过**话说回来**，明慧真的还可以，可惜哒，她又订婚哒，要是不订婚舍，你们两个！

陈旭：我们不说这个要不要得，菊香你赶紧去给我搞两双袜垫子来。

（恩施话：《乡村纪事》）

语例（122）"话说回来"出现在菊香所说话轮的中间，用来连接前后两个不同的话题，前一话题是菊香对陈旭做法的评价，后一话题是关于明慧的评价，后一话题与菊香前一话轮所谈内容相关，属于交谈中重回原来话题的情况。该语例中，菊香认为驻村干部陈旭热心帮她们是因为喜欢明慧，当陈旭解释并否认以后，菊香先对陈旭的回应作了评价，然后利用"话说回来"将话题拉回对明慧和陈旭关系的评判上。"话说回来"衔接了当前话题和既往话题。

（二）"话说回来"及其变体的语用功能

"话说回来"的主要语用功能是找回话题，将现有话题转向交谈双方前面曾经谈及的话题，其次是表达让步评价，表示话题中涉及的当事人言行是可以理解的，应该得到允许。李胜梅（2004）把"话说回来""换句话说"等话语标记称为"言语自述短语"，认为"话说回来"的"前项是所表达的主要观点，后项是换一个角度补充说明，或换一个立场提出不同看法"[①]。前后项合起来可以使表达更加客观，可接受度更强。我们认为这是"话说回来"的让步评价功能，表示对与前项不一致的观点或做法作出许可，并提供可以允准的理由。

（123）陈旭：我跟你说，三到五年搞得成那算快的。

明轩：我怕等不起。

明慧：他恨不得今天就搞，硬是想开公司想疯哒。

陈旭：**话又说回来**哟，哪个不想干一番事业呢？明轩你在底下

---

① 李胜梅：《"话说回来"的语用分析》，《修辞学习》2004年第3期。

搞的是么子工种啊?

明轩：我学的是数控机床，我这个技术在这里用不到。

(恩施话:《乡村纪事》)

语例（123）的"话又说回来哟"处于非首话轮的开头，引出说话人陈旭与明慧不一样的评价，表示陈旭认为易明轩想干一番事业的想法应该得到理解。该例中听话人陈旭用"话又说回来哟"接过话轮，表达了对明慧观点的委婉否定，具有让步评价功能。明慧认为其兄明轩"硬是想开公司想疯哒"，这是一种负面评价；而陈旭的评价是"哪个不想干一番事业呢"，表示理解易明轩的想法，明显与明慧所持观点不同。"话又说回来哟"的使用让两种对立的观点和谐共存，削弱了对明慧的面子威胁，也对明轩是一种肯定和鼓励，因此具有让步评价功能。

(124) 陈旭：诶，明慧，你莫撕哒哈，他巴（粘贴）这儿又没影响你。

明慧：想钱想疯哒，硬是不怕羞先人。

陈旭：明慧，**话说回来**，我还是蛮佩服你哥创业的这个精神的。

明慧：他是不到黄河心不死。

(恩施话:《乡村纪事》)

语例（124）的"话说回来"位于称呼语之后，近似于在话轮开头，这处换言标记同样用来表达让步评价，表示谈论对象的言行是可以理解的。该例中易明轩因缺创业资金，在小卖部外面张贴了寻找创业合伙人（其实是吸纳资金）的广告，易明慧嫌丢人，想撕掉易明轩的广告，并再次对哥哥的做法作出了负面评价。陈旭用"话说回来"引出自己的看法，表达了对易明轩创业精神的肯定，即不管易明轩的创业方式是否让人认同，但其创业干劲还是应该鼓励。同语例（123）一样，话轮中的换言标记"话说回来"也具有让步评价功能，削弱了观点之间的对立，同时将话题转向关于创业精神的讨论。

宋晖（2018）认为"话说回来"是"准语用标记"，其回指功能是由其概念义决定的。我们认为，相对于别的话语标记而言，换言类话语标记的虚化程度的确不高，其概念义依然保留在核心组成部分之中，但该类标记是独立的韵律单位，删略也不影响原命题的真值和句法结构，且多在对话中出现，具有话语标记的典型特征，应该划归话语标记。同李胜梅（2004）一样，宋晖也认为"话说回来"有引出话题的作用，表现为话题延续，同时有减轻或加重转折的功能，语用上有"下台阶"与"求全面"的功效，"一方面要使交际双方都留有余地；另一方面要使言语内容尽量周全"①。宋晖对其语用功效的探讨我们十分认同，成渝方言中出现的语例也印证了这一点，我们已作为其让步评价功能分析。

综上所述，西南官话中的"话又说回来"具有话题找回功能、让步评价功能和话题转换功能。上文语例（122）中该标记所起的作用就是将现有话题拉回起初谈论的话题，让言谈双方继续延续前一话题展开后续会话。语例（123）和（124）均体现的是让步评价功能，语例（125）还具有话题转换功能。

三 "车过来说"

"车"在西南官话中有"回转""转动（身体）"的意思，"车过来"与言说词"说"组合在一起，对言说方式加以限定，其语义与"话说回来"相当。"车过来说"与"话说回来"语义和功能都相似，对话中有时候省略"说"，直接用"车过来"表示话说回来的意思。该标记由状中短语组成，其中"车过来"的动作义已虚化为抽象义，删略以后不影响原命题的真值，与前面的话语之间存在语音停顿，具备话语标记的典型特征。

（一）"车过来说"的分布位置

"车过来说"可以出现在话轮中间，也可以出现在非首话轮的开头，但不能出现在最后一个话轮，后接说话人想强调的其他信息。

---

① 宋晖：《"话说回来"的"界指"模式研究》，《语言研究》2018 年第 1 期。

(125) 爷爷：这里头卖的基本上都公证了的。

孙女婿：上次我们问那个公证处的，他说可以公证，但是公证是没得啥子法律效力的。

爷爷：**车过来说**你那又有法律效力？

孙女婿：是没得嘞。

（成都话：《看望爷爷奶奶》）

语例（125）中爷爷想把自己的小产权房通过公证的方式转给孙女和孙女婿，孙女婿告知公证没有法律效力，爷爷用"车过来说"引出反驳的话语，减缓了反驳力度。

（二）"车过来说"的语用功能

"车过来说"与"话说回来"语用功能有近似之处，在减弱对听话人的面子威胁上是一致的。语例（125）若去掉"车过来说"，虽然语句依然成立且语义基本不变，但语气显得很生硬，带有反问质疑的语气，这显然不符合对话中爷爷的原义。该语例的对话背景是爷爷奶奶想把房子直接留给孙女和孙女婿，但是小产权房无法办理房产过户手续，孙女婿建议立赠予协议，爷爷想仿照其他住户公证。对话中孙女婿提出公证可能没有法律效力，爷爷认为赠予协议也没有法律效力，于是用"车过来说"引出对孙女婿提议的反驳。"车过来说"的添加比直接提出反对意见语气缓和，更容易让人接受。该标记的语用功能一方面是找回话题；另一方面是引出看待问题的其他视角，以缓和语气，降低面子威胁。

元话语是关于话语的话语，元话语功能标记主要对话语自身作出解释说明和修正补充，或变换言说方式，用来衔接和组织话语内容，凸显说话人的交际意图，避免听话人产生误解。自我反馈、修正和解释等体现了说话人的话语加工过程，能让听话人更加清楚说话人传递的重要信息和情感态度。

本章对西南官话日常交谈中的元话语功能标记进行了探讨，涉及话语标记21个，主要分析了它们的分布特点和语用功能，对比了这些标记与普通话中相似标记在功能上的异同。元话语功能标记以"说"为核心组成成分，根据其具体语用功能的不同，分自我反馈标记、消息来源标记、解释说明标记、信息凸显标记和换言标记 5 个次类展开讨论。这些标记体现了说话人的元语用意识，从更高层级对话语自身作出处理，占语料中话语标记出现总次数的 13.7%，系出现频次最低的一类。

第 五 章

西南官话的人际互动功能标记

口语交际过程是交谈双方的互动过程，为使对方留心听取自己的谈话内容，正确理解自己的意思，并及时作出回应，发话人常常使用一些帮助理解或提请对方注意的标记。受话人在听取过程中需要不断给发话人足够的回应，以表示自己的交流进程与发话人同步，回应过程中为避免对方误会自己的意思，也会使用一些引导标记。这些作用于交际主体的话语标记我们称为人际互动功能标记。在西南官话三大功能类话语标记之中，人际互动功能标记共 28 个，占总标记数的 42.4%；出现 272次，占整个标记出现频次的 37.3%。这些标记可以分为提请注意标记、寻求回应标记、回应对方标记和协商调节标记四个次类。

第一节 提请注意标记

提请注意标记是吸引听话人注意力的标记，可以分不带说话人主观态度的普通提醒标记和带强烈主观情绪的责怪提醒标记两个次类。根据语用功能的差异，两个次类均可分出不同的小类。提请注意标记共计出现 83 次，占人际互动功能标记的 30.5%。其中普通提醒标记出现 62 次，占提请注意标记的 74.6%，责怪提醒标记出现 21 次，占提请注意标记的 25.4%。

一 普通提醒标记

普通提醒标记出现频率最高的是以言说词"说/讲"为核心成分的话

语标记，其次是疑问格式话语标记，这些标记的组成成分多数有人称代词。其功能是吸引听话人的注意力，提醒听话人认真听取自己的谈话内容。

（一）"（我）跟你说/讲（哈/嘛/吵/嚟）"

从语料统计来看，西南官话中的提请注意标记"我跟你说"和"我跟你讲"并存，但在恩施州的部分县市，如来凤、宣恩、利川、咸丰，以"我跟你讲"为主，极少出现"我跟你说"。来凤县甚至只用"讲"不用"说"，凡是需要用到言说义的地方一律用"讲"，"讲"的语义丰富，可以表示"说话，告知，批评，协商"等多种含义，详见前文第三章关于会话开启标记"讲吵/嚟"的讨论。"我跟你说/讲"有时后接语气词形成不同变体，该组合在西南官话中话语标记用法和非话语标记用法并存。

1. "我跟你说/讲"的实义用法

该标记的实义用法指"说/讲"表达具体的言说义，此时"说/讲"代表的是言说行为。如：

a. 先等一下，<u>我跟你说</u>件事。
b. 买面包机的事情<u>我跟你讲</u>过没有？

以上两例都属于"我跟你说/讲"的实义用法，"说/讲"后面可以跟宾语或补语，"我跟你说/讲"是句法结构中不可缺少的部分。

2. "我跟你说/讲"的话语标记用法

"我跟你说/讲"用作话语标记时，常以独立的韵律单位出现，后面不能接宾语或补语，且"说/讲"的言说义已虚化，删略也不影响原语句命题的真值，成为提醒对方注意的标记。该标记的出现频率较高，语料中共出现50次，占提请注意标记的60.2%。

（126）萍萍：**我跟你讲**这部剧反正就一个甜，然后就一个兵哥哥，你晓得不，超级帅的那种，然后就一路甜到底啊，救命啊！**我跟你讲**，他又他又当上总裁然后就霸道总裁，你晓得吧，啊，**我跟**

你讲，真的，超级好看，而且你晓得赵丽颖，对吧？而且我最开始我是因为喜欢赵丽颖，然后才去看的，然后直接就被男主圈粉了，**我跟你讲**，强烈安利！真的超级好看，你们一起去看嘛，我们组团姨母笑，来嘛！

倩倩：算哒算哒，我不喜欢看霸道总裁类型的，我最近正在看那个仙魔剧，我觉得里面的古装好漂亮的哟！

(恩施话：《宿舍玩游戏》)

语例（126）中"我跟你讲"多次在同一话轮中出现，该组合并非句法结构的组成部分，而是独立的韵律单位，主要功能是提醒受话人倩倩注意自己所说的内容。发话人萍萍在每一个她要强调的信息处均使用了"我跟你讲"来提醒，以期自己的观剧感受得到倩倩的共鸣。

3. "我跟你说/讲"及其变体的分布特点

作话语标记用的"我跟你说/讲"位置灵活，可以出现在话轮开头（包括首话轮开头）、中间或末尾，若出现在话轮开头，则常与称呼语共现。称呼语以称谓居多，也可以是叹词，和"我跟你说/讲"一起用来吸引受话人的注意力。

(127) 许阳：哎，拐哒，嘞个书包好重哦。装哒两本书都怎么重。

向洁：你有我重么，我还有个热水袋在里面，还有几本书。

许阳：**我跟你讲**，热水袋（指充电热水袋）是违禁用品的哦。

向洁：哎呀，不被发现就行了嘛！那你晓得好多人都有那东西，他检查他又不会搜你，搜你的东西。

(恩施话：《吐槽学校》)

(128) 吴医生：（接电话）喂喂喂，我是吴医生。啥子？

王老师：晓东啊，**我跟你说嘛**，他（晓东之父）没打倒麻将，起来就烦躁不安！

吴医生：我爸爸好像不行了啊。

王老师：大口大口的气出来，就是不见有啥子气进去哟。

(成都话：《麻将棒棒手》)

语例（127）"我跟你讲"位于话轮开头，系独立的韵律单位，与前后内容之间均有语音停顿。语例（128）属于电话对答，"我跟你说嘛"位于称谓语之后，与前后内容也有语音停顿，自身以语气词"嘛"结尾，系"我跟你说"的变体。在实际使用中，"我跟你说"还有与叹词和称谓语共现的情形，如语例（129），"我跟你说哈"位于首话轮，前面还有叹词"哎"和称呼语"胖子"。

（129）胖嫂：哎，胖子，**我跟你说哈**，听倒别个说后天要抠个大奖，特等奖是一台桑塔纳。反正我要去抠哈。

胖哥：哎呀我的先人板板呢，你抠啥子桑塔纳，你呀，这辈子就没得那个运气。

（成都话：《麻将棒棒手》）

"我跟你说/讲"除了以完整形式充当话语标记以外，还有少量省略其中的主语"我"的用例，如语例（130）：

（130）云飞妻：云飞，**跟你讲吵**，你妈今天过生，等会你把口漱完哒去银行里取点钱。我们下午到街上逛下买点东西（...）听到没得？

李云飞：哎，卡呢？

云飞妻：给你放桌子上哒！

（恩施话：《私房钱》）

以上为处于话轮开头或接近话轮开头（前有称呼语）的情况，"我跟你说/讲"用在话轮中间的情况也很普遍。

（131）王欸欸：啥子？戒指都着戴起了，那我咋整呢？

炮哥：哎呀，你不要着急嘛。我想办法。**我跟你说**，我肯定有办法。

（成都话：《幸福炮耳朵的幸福生活》）

语例（131）为"我跟你说"出现在话轮中间的语例，该标记前是说话人的表态和承诺语，标记后引出的是说话人认为需要强调的信息。该标记若出现在话轮末尾，则强调的是标记前的信息。

（132）母：睿睿，只有几个月就要高考哒，你哪门还一玩游戏就是一两个小时？名次要是掉到年级100以后，你就莫想上985哒，**我跟你讲！**

子：哎呀，妈，一个星期才放几个小时的假，本来就是给我们放松的嘛。

（恩施话：《零星语料集锦》）

语例（132）中的"我跟你讲"出现在话轮末尾，用以提醒受话人注意标记前提出的信息，即预想中的可能结果是发话人重点强调的，需要其子对此信息给予足够的重视。

4. "我跟你说/讲"的语用功能

话语标记"我跟你说/讲"处于话轮开头和中间主要用来提醒受话人关注后续信息，若处于话轮末尾则是提醒受话人关注前述信息。这些信息是发话人的表意重心，而且对受话人而言都是新信息或者未引起足够关注的信息。其主要语用功能如下：

第一，衔接前后话语，引出新信息。

（133）王欻欻：哎呀，咋个的哟？我们两个不是说好的嘛，喊两个人演个戏，你把戒指拿到就还给我，咋个又说话不算话嘛你？哎呀。

炽哥：欻欻，欻欻，冷静点，冷静点，来，坐倒。**我跟你说**，事情又有新的变化了。我们凤妹儿发现戒指没在了，她到处找找不到，哭得死去活来。我确实忍不下这个心呐。

（成都话：《幸福炽耳朵的幸福生活》）

语例（133）中炽哥用"我跟你说"提醒王欻欻关注后续新信息，即

"事情有了新变化",王欻欻一时拿不到戒指。该信息对王欻欻而言是新信息,而且是不愿面对的新情况,因此炣哥用此标记加以提醒,让受话人王欻欻有心理准备。

第二,引出说话人的评价。

(134)李云飞:我把钱放到旧电视机里头的,她给我把电视机卖哒。我花啊50块钱满城找,找回来哒!吓着哒。里头放的500块钱呢,500块钱呢!

大姚:哎嘿嘿,**我跟你讲哟**,这你就没得经验哒。哥子跟你教几招。

(恩施话:《私房钱》)

语例(134)的对话背景是李云飞将私房钱藏在旧电视机中,其妻不知情,将旧电视机作价20元卖给了收破烂儿的人。李云飞得知后找了好几家废旧电器铺以50元买回,取出了500元私房钱。该语例中,李云飞向大姚描述了自己私房钱失而复得的危险经历,受话人大姚用"我跟你讲哟"引出对李云飞私藏方法的评价,认为李没有经验,同时以此标记提醒李云飞,后续信息非常重要。因为后续信息将要提供藏私房钱的方法,这正是李云飞在前一话轮中谈及的话题。

第三,突出后续话语的重要性。

(135)胖嫂:耶,他龟儿子还想得美呢!他咋个不喊他妹儿去公关呢?哎,胖子,**我跟你说哈**,哪个想打我们芊儿的主意嘛,不得行。

胖哥:那,那到哪儿去贷款呢?

(成都话:《麻将棒棒手》)

语例(135)胖嫂以"我跟你说哈"突出后续话语的重要性,即不允许任何人让她的侄女去做公关。该标记引出的是带有警告义的信息,目的是让受话人意识到该信息的重要性,不要轻举妄动。

第四,引出需要与听话人商议的事项。

(136) 李云飞：这里卖女式衣服的，你把我喊起来做么子？

云飞妻：你陪我逛哈嘛，那么久都没陪我逛哒。

李云飞：**我跟你说哟**，我回去打游戏哟，要不我在下面等你嘛。

（恩施话：《私房钱》）

语例（136）中李云飞用"我跟你说哟"引出自己的想法，以求得妻子的允许，该标记增添了与受话人商询的语气。

(137) 云飞妻：我东拼西凑就只凑到五万块钱，还差五万块钱，你说哪门搞吗？想起就急死人的。

李云飞：**我跟你说哟**，你还是不要急，我明天回去找下妈老汉（父亲），看他们想不想得到办法。

（恩施话：《私房钱》）

语例（137）中"我跟你说哟"引出的是自己的计划，计划涉及的事项需要同听话人商议，且有可能解决听说双方共同面对的问题。该标记引出的内容对受话人有劝慰作用，因此需要特别提醒受话人注意。

无论是引出新信息，还是引出评价或解释，或者突出后续话语的重要性，其主要目的均是让受话人关注相关信息，该标记的总体功能是提请注意。

5. "我跟你说"与"我跟你讲"的使用差异

在取得的语料中，以"我跟你说"为主体的话语标记35例，以"我跟你讲"为主体的话语标记15例，前者占70%，后者占30%，二者在语用功能上没有明显的差异，因此本书合为一个标记来探讨。刘丽艳认为二者存在地域差异，但不能简单视为地域变体。她指出告知情况以用"我跟你说"为常，告知事理以"我跟你讲"居多。[①] 在西南官话中并无告知情况和告知事理的明显区分，两个标记是混用的，部分群体两个标记都用，部分群体只用其中一个。只用一个的有明显的地域差异。

---

① 刘丽艳：《汉语话语标记研究》，北京语言大学出版社2011年版，第160页。

调查中发现，虽然"我跟你说"的使用频率更高，但在部分地区（如湖北恩施州的部分县市）只用"讲"，不用"说"。在该方言小片，所有需要用"说"的地方均可以"讲"代替，无论是日常口语还是较正式的场合（如用方言开会）均使用"讲"。据汪维辉（2003）的研究，现代汉语方言"说类词"主要有"说""讲"和"话"，三者分属于北方方言、中部方言、南部方言。① 西南官话"说""讲"兼用，但西南官话毕竟是北方方言的分支，因此使用频率还是"说"高于"讲"。我们调查到的口语语料也说明，"我跟你说"的使用频率要高于"我跟你讲"。

（二）"你不晓得"

"晓得"在西南官话中表示知晓义，其语义与"知道"相当。作为话语标记使用的"你不晓得"，"晓得"的知晓义已弱化，且不能带宾语，整体作为独立的韵律单位出现，与前后话语均有语音停顿。在西南官话中，"你不晓得"的实义用法与话语标记用法并存，前者是句法结构的一部分，表示"你不知晓某事"，后者的概念义已弱化，但未完全虚化，作为固化结构表示提请受话人注意谈话内容。

1. "你不晓得"的分布位置

用作话语标记的"你不晓得"通常出现在话轮中间，也可以跟在称谓语后面，出现在话轮开头。后接需要听话人特别关注的信息，这些信息是听话人不知晓的新信息。

（138）贾干虾儿：诶，是不是刘科长还有啥子弯弯想法没说出来哟？

胖哥：这个刘科长也是，钱都吃了，还有啥子不好说的嘛？

贾干虾儿：哦，我想起来了，他是不是看起你们那个芋儿了。

胖哥：芋儿？这有点儿恼火哟，**你不晓得**，芋儿是我老婆表姐的女儿。这件事我老婆她是绝对不会答应的。

（成都话：《麻将棒棒手》）

---

① 汪维辉：《汉语"说类词"的历史演变与共时分布》，《中国语文》2003年第4期。

语例（138）"你不晓得"位于话轮中间，后面所接的是对方不知晓的新信息，且这些新信息是说话人需要听话人特别关注的信息，即需要芋儿做公关难度很大。"你不知晓"的概念义有一定程度的保留，但主要目的不是评判对方不知晓某事，而是要求对方关注后续信息。

2."你不晓得"的语用功能

"你不晓得"主要用来提醒听话人关注后续信息，具有提请注意功能。通常这些信息对听话人而言是新信息或者没引起足够关注的信息。

（139）凤姐：（见炮哥把面团从面包机里抓出来）陈黔贵，你在做啥子，你跟我拿出来，你这个爪爪稀脏巴脏，我咋个吃嘛。

炮哥：凤妹儿，**你不晓得**，我吃过面包，从来没看到过面包是咋个做的，太神奇了。

（成都话：《幸福炮耳朵之新年礼物》）

语例（139）的对话背景是王欻欻给妻子金银花网购了戒指托炮哥陈黔贵保管，陈黔贵为避免自己的妻子知晓后也要买戒指，便将替王欻欻保存的戒指藏在近期不准备使用的面粉中。没料到妻子买了面包机，用这袋面粉做实验，已经放入面包机。急于取出戒指的炮哥巧言支走妻子后把面团拿出来寻找，被妻子发现后赶快找理由搪塞。该理由虽然是为了掩饰真实目的临时编就，但却是事实。"你不晓得"的使用目的就是提醒妻子凤妹儿关注他看似出格行为的原因，不再追究他浪费面粉毁掉面包的事。

（140）陈凯妻：我硬是没搞懂，臭汗臭脚板的，有啥子吸引你的？

陈凯：哎呀，**你不晓得**，走过那棵大黄桷树，前面就是座石拱桥，桥下面是一条清幽幽的小河，顺倒小河往前一走，再往那边一看！

陈凯妻：有个小芳等倒的！

（重庆话：《山城棒棒军1》）

语例（140）的对话背景是陈凯经常怀念他当知青的地方，妻子表示难以理解，认为他当知青时生活条件非常艰苦不值得留恋。陈凯用"你不晓得"引出妻子不知晓的新信息，目的是让妻子关注他所描述的知青点美景，从而理解他为何对知青生活念念不忘。

"你不晓得"有时也以"你不懂"形式出现，后者可以看作前者的变体。但"你不懂"的语气要重于"你不晓得"，有伤及对方颜面的可能，因此出现频率较低。

（141）贾干虾儿：我这个人不晓得咋个的，只要一坐倒起，手一摸倒起，哎呀，那个灵感就像府南河的泉水样，一股一股地往外头冒，想止都止不倒。这个时候啊，你们要找我出点子，想点儿主意，那可以说不摆了，硬是分分钟搞定。（看 BP 机）

牌友 1：贾总，你的 BP 机没响的嘛！

贾干虾儿：哎呀，**你不懂**，现在上点儿档次的人，哪个还让 BP 机叫嘛，都是安的震动。

（成都话：《麻将棒棒手》）

"你不懂"在语例（141）中的作用是提请听话人关注后面的信息，该信息在言者看来，听者是不知晓的或者知晓程度不够的。其功能与"你不晓得"相当，"懂"与"晓得"的语义也有相通之处。"你不懂"可以改为"你不晓得"，不影响原句的语义和语用效果。

"你不晓得"之所以具有提请注意功能，是因为"晓得"的知晓义并未完全虚化，用"你不晓得"更容易引起对方的好奇心，促使听话人关注到底不知晓的信息是什么。虽然保留有知晓义，但该组合不能带宾语，固化程度高，且删略以后不影响原句的真值和语义，因此依然可以视为话语标记。

该标记与普通话中的话语标记"你不知道"功能一致，属于语言形式具有地域色彩的话语标记。周毕吉等（2014）探讨过"你不知道"的语法化过程，认为主观化的"你不知道"具有提醒功能和提供新信息的作用,^① 这一点与成渝方言中"你不晓得"的提请注意功能是一致的。吉晖（2019）认为"你不知道"的核心功能是"引入新信息、提醒强调及表情功能"^②，西南官话中的"你不晓得"功能与吉晖的分析大体一致。因此，"你不晓得"和"你不知道"可以视为同一标记的地域变体。

（三）"我问你"

"问"在西南官话中可以表示"要求解答，关切询问，审问，干预"等语义，"问"本身是一种言语行为。"我问你"在该方言中非话语标记用法和话语标记用法并存。若作为句法结构的一部分，通常是双宾句的一部分，如"我问你一件事"；作话语标记时，则不能带远宾语，虚化为会话中一方提醒另一方的标记。因同时包含第一人称代词和第二人称代词，即包含说话方和听话方，且"问"的"询问义"保留，因此该结构交互主观性很强。虚化的"我问你"与前后话语之间均有语音停顿，删略以后不影响原义，符合话语标记的典型特征。

1. "我问你"的分布特点

"我问你"常位于表呼唤的叹词或称谓语后面，引出要询问的具体内容，表示强调言语行为"问"自身，需要听话人特别关注所问的具体信息。

（142）芋儿：诶，**我问你**，你是不是赵冈墩儿？

赵有才：是，你咋个晓得呢？

芋儿：哼哼，你还安逸吖，找你半天，原来跑到这种地方来耍来了嗦。快点儿跟我回去，一家人都在等你！

（重庆话：《山城棒棒军1》）

语例（142）"我问你"处于首话轮的称呼语"诶"之后，作为吸引对方注意的标志，引出需要询问的具体内容。处于话轮开头或中间是该标记的典型分布特点。

---

① 周毕吉、李室：《"你不知道"向话语标记的演化》，《汉语学报》2014年第1期。
② 吉晖：《论话语标记的语用功能及生成机制——以"你不知道"为考察对象》，《江汉学术》2019年第5期。

(143) 炍哥：**我问你**，你为啥子刚才开那么快？累得我气都喘不过来。你啥子居心，啥子企图，啊？还有，**我问你**，你刚才收的最后一袋垃圾在哪儿？跟我指一下。

清洁工：就这一袋！

（成都话：《幸福炍耳朵之新年礼物》）

语例（143）话轮开头和话轮中间都有"我问你"出现，该话轮并非对话中的首话轮，前面还有炍哥请求清洁工停下三轮车的呼喊。两次出现时后面都引出了说话人想要询问的具体内容。

2. "我问你"的语用功能

作为话语标记的"我问你"，后面总是引出要询问的具体内容，该标记的使用就是要强调"询问"这种行为，提醒听者注意该标记引出的询问信息。其主要语用功能是强化功能和提请注意功能。前面的语例（142）发话人芊儿提醒受话人关注自己的问话内容，且问话需要受话人作出肯定或否定回答。语例（143）中的"我问你"是发话人炍哥提请受话人清洁工关注问话的标志，且这些问话均是特殊疑问句，需要受话人就疑问部分作出回答。

(144) 冈墩儿：这城里头的女娃儿，猛地一看，长得还是可以，这个仔细一看呢也不咋个嘛。

芊儿：人家是化了妆的，美了容的。

冈墩儿：哦，美容。呃，芊儿，**我问你**，你美容没得？

芊儿：美容谈不上嘛，小勾小画还是要点儿嘛。你一个男的问恁个多做啥子~？

（重庆话：《山城棒棒军1》）

语例（144）处于话轮中间的"我问你"用来引出发话人冈墩儿的具体问题，目的是让受话人芊儿关注该问题，并作出肯定或否定的回答。

询问是一种言语行为，"我问你"以表示言语行为的"问"作为核心成分，其目的是强调该言语行为，该标记的主要语用功能即提请受话人注意，突出言语行为自身，从而让受话人关注询问的具体信息。

二 责怪提醒标记

该类提醒标记都带有说话人的主观情绪，体现了说话人的情感态度或主观评价，是主观性（subjectivity）突出的一类话语标记。Lyons（1977）在论及言语行为时曾指出个体的言语内容体现了该说话人的倾向和态度，这种情感倾向和态度即"主观性"[①]。沈家煊（2001）指出"主观性"是指"语言的这样一种特性，说话人在说出一段话的同时表明自己对这段话的立场、态度和感情"[②]，并从说话人的视角（perspective）、说话人的情感（affect）和说话人的认识（epistemic modality）三个方面对语言的主观性和主观化进行了探讨。本节分析的责怪提醒标记均具有强烈的主观性，明显留有说话人的自我印记。

（一）"（你）硬是"

"硬是"在西南官话中功能多样，语义丰富，常修饰谓词，具有多类副词的不同功能，如表态度的副词"一定"，表肯定的副词"确实"和表强调的"只能"，在句中作状语用。其出现位置比较灵活，大多为主语之后，谓语中心之前，若谓语有多个状语，则在其他状语之前。若单独出现在句末，则可移位至主语后。

1. "硬是"的副词用法

（145）明轩：这回呀，我**硬是**要把这个事搞成功。哎，菊香，你马上就要看到一个男人是怎么样走向成功的哒。

菊香：你又在吹牛。

明轩：哎，你哪门不相信人呢？我这次不仅要事业成功，我还要收获爱情。

菊香：你真是死不要脸，**硬是**。

明轩：你等起，一年，最多最多两年，我会让你再次成为我们

[①] Lyons, J., *Semantics 2 Vols*, Cambridge: Cambridge University Press, 1977, p.739.
[②] 沈家煊：《语言的"主观性"与"主观化"》，《外语教学与研究》2001年第4期。

全村最幸福的新娘。

（恩施话：《乡村纪事》）

语例（145）中"硬是"出现两次，第一次作副词用，表示态度坚定，第二次作话语标记用，可删略，且是独立的韵律单位。"硬是"作副词用时，常与其他状语共现，共同修饰后面的谓词或谓词短语。该语例首话轮中的"硬是"后面有能愿动词和把字结构，三者分别作状语修饰谓词短语"搞成功"，表示说话人态度坚定，决心很大。

"硬是"作状语时可以处于主语之后，也可以移到全句末尾，若处于句末，则同前面的内容之间有语音停顿。

（146）秀儿：那哪门搞欸？

明轩：我也找不到哪门搞哒。反正找村里啊，村里不同意；说去贷款呐，我又拿不到房产证。我**硬是**眼睁睁地看到那钱啰，一股一股地往旁边流起走哒。

（147）秀儿：我是想，你才从外面回来，没得么子事。哎，给我讲点大城市的新鲜事吵。

明轩：哪门没得事啰，我一天忙得屁火秋烟的，<u>硬是</u>。

（恩施话：《乡村纪事》）

语例（146）与（147）中，"硬是"都作状语用，但分布位置不一样，前者处于主语"我"之后，方式状语"眼睁睁"之前；后者处于全句末尾，属于后置状语，可以移到主语"我"之后或时间状语"一天"之后，即该句可以改为"我硬是一天忙得屁火秋烟的"或者"我一天硬是忙得屁火秋烟的"。处于句末的"硬是"虽然是独立的韵律单位，省略后原句依然说得通，但是叙实程度会大大降低，说话人的主观情绪也无法展现。语例（146）中"硬是"的语义相当于"只能"，凸显说话人明轩的惋惜与失望情绪。语例（147）中的"硬是"语义相当于"确实"，凸显了说话人明轩的不耐烦情绪。两例中的副词"硬是"均体现了说话人的主观态度。

2. "硬是"话语标记功能的形成

张谊生等（2016）认为"硬是"是评注性副词中的一个，具有强主观性，属于反预期标记。① 带有强烈的主观性是"硬是"成为话语标记的基础，其次是因为"硬是"常出现在句末，容易形成独立的韵律单位。随着主观性的增强，"硬是"不再充当句中的状语，不再是句法结构中必不可少的部分。当其语义进一步虚化，仅表现说话人的情绪和态度时，其话语标记功能就显现出来。

在西南官话中，"硬是"既可以作副词，也可以作话语标记，以下语例可以大致看出"硬是"从副词到话语标记的发展过程。

(148) 贾干虾：嗨，又搁了（和牌了）。

牌友1：贾总，你的手气硬是好哦，连和了三把，打得好，真的好。

（成都话：《麻将棒棒手》）

(149) 凤姐：啥子？我羡慕嫉妒恨，诶，你没听到人家说的嗦，秀恩爱死得快，晒幸福迟早哭。诶，你今天喊我来摆龙门阵的，紧倒打啥子电话嘛。走了走了。

金银花：哎哎哎，凤姐凤姐，坐倒坐倒，我错了。坐倒坐倒，我们继续摆。

凤姐：哎呀，难得来摆一回龙门阵硬是。

（成都话：《幸福妣耳朵之新年礼物》）

(150) 秀儿：公司哪门个办法吗（怎么办）？

明轩：我跟你讲哈，首先要去验资，然后再到工商局去搞注册。

秀儿：哦，怎么简单呐，那你去办一个吵。

明轩：你怕说得好玩儿哟！注个册要好几万块钱呢，我这几天就为哒这几万块钱，毛冈着哒，硬是。

（恩施话：《乡村纪事》）

---

① 张谊生、田家隆：《从"X是"的反预期情态看语义积淀对副词主观评注功能的影响——以"硬是、愣是、就是、偏是"的个性差异为例》，载《语言研究集刊（第十六辑）》，上海辞书出版社2016年版，第74—96页。

以上三例"硬是"都修饰谓词性成分,可以视作副词,但语例(150)已经出现向话语标记发展的趋势。语例(148)的"硬是"修饰谓词"好",强调情况属实,评注的是话轮中所讨论的手气好坏的事情;语例(149)"硬是"处于句末,但与前面的话语之间还没有语音停顿,评注的还是情况,但已体现出说话人的不满情绪;语例(150)"硬是"处于句末,可以前移到"毛闷"之前作状语,表示情况属实,评注的主要是说话人的情绪,与前两例已有不同,且成了独立的韵律单位。从能否删略来看,语例(148)的"硬是"不可删,语例(149)和(150)的"硬是"可删,不影响句法结构的完整性但影响语义。

(151)炮哥:我忘了吃药了,我回来拿药,你做啥子?

凤姐:做啥子,哎呀,一群鬼娃娃在那费,我刚好端的一杯水,全部倒在我身上,我回来换衣服。**硬是**,遇得到喔。诶,你在这神起做啥子,几下把药吃了,赶快去,那边客人多,快点儿。

(成都话:《幸福炮耳朵之新年礼物》)

语例(151)中的"硬是"已进一步虚化,其表达重心不在于评注话轮涉及的命题,而在于评注情绪,表达说话人的情感态度,此处的"硬是"已经具备了话语标记概念义虚化、语用功能强化的特点,但还没有完全虚化成话语标记。该例的"硬是"对话轮中论及的命题还是有一定的评注义,可以作"遇得到"的修饰语,且与前后内容之间都有语音停顿,已经接近于话语标记。

(152)魏琳:诶,林鹏,你是不是又悄悄喝烟哒?

林鹏:没有,你闻嘛。

魏琳:诶,那哪门窗户都是大敞八开的?

林鹏:我几个月都没沾烟哒,说哒我没喝你就是不相信人,**硬是**!

(恩施话:《零星语料集锦》)

语例（152）中的"硬是"已完全虚化为话语标记，不能再当作副词理解，也不再是状语成分，且是话轮中的独立韵律单位，仅表达说话人的不满情绪。"硬是"的虚化过程如下：

副词　→　评注功能强化副词　→　话语标记
（修饰谓词评注状况）　主观性增强（评注态度）　完全虚化（体现情感态度）

"硬是"的虚化在语义上有两个重要的阶段，一是由评注状况发展为只评注主观态度，这是该词主观性增强的表现；二是完全虚化，不再具有概念义也不作句法成分，仅用来表达说话人的情感和态度。经过这两个重要的虚化阶段，"硬是"发展为责怪提醒标记，表示发话人一方已有不满情绪，提醒受话人注意自己的言行。

"硬是"在使用过程中，随着分布位置的后移和主观性的增强，原有的概念义逐渐脱落，成为只表达说话人个人态度的纯话语标记。当"硬是"虚化为话语标记以后，还常与第二人称代词"你"一起构成固定组合"你硬是"，表示说话人的不耐烦情绪和责怪情绪是针对受话人的，以此提醒受话人关注相应情况。有人称代词"你"作为附加成分加入也是"硬是"虚化为话语标记的一种表现。

（153）凤姐：哎呀，**你硬是**，慢点儿！哎呀，使点儿劲！

杷哥：哦，哦。

凤姐：哎呀，就是这痛。

（154）王欻欻：（对妻子金银花）你咋个的，你咋个说话不经过大脑呢？**你硬是**！

金银花：我还不是一着急了一着急了就全部都说出来了。凤姐，你不要恼了！

王欻欻：（对金银花）**你硬是**！（转身对凤姐）哎，凤姐，你不要恼了嘛，别个杷哥真的不是安了心要哄你的啊。

（成都话：《幸福杷耳朵之新年礼物》）

语例（153）和（154）中的"你硬是"不修饰任何成分，不再是句中的状语，而是表达责怪或埋怨情绪的话语标记。成为话语标记的"你硬是"在话轮中位置灵活，可以在话轮之首，也可以在话轮中间，还可以出现在话轮末尾。语例（153）中的"你硬是"出现在话轮中间，表示提请对方注意自己表达出的埋怨情绪。语例（154）两次出现的"你硬是"既有位于话轮之首的，也有位于话轮末尾的，都是王欻欻用来责怪妻子金银花失言说出真相的标记。

（二）"看你"及其变体

"看"可以表示"观察，判断，看护，对待，拜望"等动作行为，"看你"是动宾结构，当其中的动作义虚化，主要用来表示说话人的责怪态度时，"看你"就成为话语标记。该标记的核心成分是"看你"，还有前加人称代词"你"或后加语气词的变体，前加成分和后加成分还可以共现，形成"（你）看你（嘛）"这样的变体。不管是哪种变体，"看你"的重音大多在"你"上。该类标记最突出的语用功能就是进行责怪提醒。

1. "看你"及其变体的分布位置

"（你）看你（嘛）"分布位置灵活，可以位于话轮的开头、中间或末尾。其中的"看"已失去原有用眼睛观察人和物的动作义，仅表示提醒。

（155）涵涵妈妈：**看你**，又把裤子打湿哒！这么大哒，要屙尿哒又找不到（不知道，不懂）各人去，又找不到喊人。一玩就玩忘形哒。这个样子哪门敢去上幼儿园。

涵涵奶奶：哎呀，娃儿还小，叫他慢慢学嘛。涵涵，我们要屙尿尿哒就各人到厕所去脱裤裤好不好？

（恩施话：《零星语料集锦》）

语例（155）"看你"出现在首话轮开头，后接需要听话人关注的具体情况，体现对话中的妈妈对儿子尿裤子一事的责怪。

（156）毛子：喂，你挣到钱没得？

梅老坎：只挣到一块钱。

毛子：**你看你**，哈戳戳的，我随随便便都是两大两块钱。你才来两天不晓得行情，要学会讲价嗟。

（157）顾客：慢点慢点，看到起，（见棒棒差点摔掉货物）**你看你嘛**。

梅老坎：诶，诶。

顾客：跟你说喊你小心点儿，硬是。

（重庆话：《山城棒棒军1》）

语例（156）"你看你"为该标记的变体，位于句首，表示说话人对受话人梅老坎作出负面评价。"你看你"引出的是说话人的评价内容，体现了评价人的主观判断和不满。语例（157）"你看你嘛"位于话轮末尾，跟在提醒内容之后，表达说话人的责怪态度。

2. "看你"及其变体的语用功能

"看你"类话语标记主要用来体现说话人的态度和评价，目的是促使受话人注意自己的言行。东北方言中也有类似的"瞧你""你瞅瞅你"等标记，其功能与"看你"一致。李宗江（2009）认为"你看你"小句的功能不在于要对方看什么，而是说话者通过它们来提示听话者，注意自己行为或言语上的不当之处，表达说话者埋怨或嗔怪等情绪。[①]"看你"类标记的主要功能表现在提请听说人注意言行和表达说话人情绪两个方面。

第一，提请受话人注意自己的言行。"看你"类标记的使用前提是受话人说了什么不妥当的话或者做了什么不恰当的行为，发话人用此标记提醒受话人要注意前述不当言行。语例（155）涵涵妈妈使用"看你"是针对儿子涵涵将近3岁还在尿裤子的行为而言的；语例（156）是毛子针对同伴梅老坎挣钱少的情况而言，梅老坎之所以面对这种状况在毛子看来是不会讲价所致；语例（157）是顾客针对梅老坎没保护好货物的行为而言。以上语例中，"看你"类标记均有提请受话人注意自己言行的

[①] 李宗江：《"看你"类话语标记分析》，《语言科学》2009年第3期。

功能。

第二，表达发话人的责怪情绪。说话人使用该标记并不在于要受话人看什么具体物事，而在于展现自己的不满情绪。郑娟曼等（2009）认为"你看你"所责备的具体内容就算不出现，该标记依然能体现责怪态度，指出"你看你"作为话语标记"已凝固成了一个语义自足体"，单独出现也能表现责怪和不满情绪。① 前述语例（155）体现了涵涵妈妈对涵涵的责怪和批评，（156）体现了毛子对梅老坎的埋怨，（157）体现了顾客对梅老坎的责怪。总体而言，"你看你"总是表现出说话人的情感、态度和评价。

（三）与判断动词"是"有关的其他责怪标记

西南官话中由判断动词"是"参与组成的话语标记还有"真的是""（你）也是（的）""（你）是不是的"等。作为话语标记时，其中的"是"不再充当判断动词，其后也不跟宾语。

1. "真的是"的分布位置及语用功能

"真的是"常以独立的韵律单位形式出现在话轮中间或末尾，若出现在中间，则语义后指，后续内容通常是说话人责怪的原因，若出现在末尾，则语义前指，前面的内容是责怪原因。

（158）凤姐：陈黔贵这个挨千刀的，当倒我一套背倒我一套，这么大的事情，哄倒我就算了嘛，还让我遭受这种奇耻大辱！**真的是！**

女伴：凤姐，不怄了哈！

（成都话：《幸福炮耳朵之新年礼物》）

语例（158）"真的是"处于句末，前面是被责怪对象陈黔贵该受责怪的原因。对话背景是凤姐责怪其丈夫没说真话，谎称替王欸欸保管的戒指是买给自己的，让她空欢喜又和戒指真正的主人金银花因戒指问题吵了架。凤姐在阐述需要责怪的事实后用"真的是"强化自己的愤怒情

---

① 郑娟曼、张先亮：《"责怪"式话语标记"你看你"》，《世界汉语教学》2009年第2期。

绪，增强责怪程度。

  (159) 丹丹：你这个人，**真的是**，我跟你拿啊无数次快递，要你跟我拿一次你还忘记哒。我没得语言哒。
  萍萍：哎呀哎呀，So～rry，莫生气莫生气，晚上请你吃烧烤哈。

(恩施话：《宿舍玩游戏》)

  语例 (159) "真的是" 用在话轮中间，其后续话语是可以责怪的事实依据和说话人自己对此事的态度。"真的是" 的语用功能即引出责怪原因，强化说话人的主观态度。

  "真的是" 与 "真是的" 语形很相似，但并非同一话语标记。王幼华 (2011) 探讨过话语标记 "真是的"，按语义倾向分肯认型和埋怨型两类。[①] 虽然该标记也有埋怨功能，与 "真的是" 只有顺序之别，但并非同一个标记的不同表现形式。我们调查的语料显示，西南官话只用 "真的是"，不用 "真是的"。"真是的" 结构为 "真+是的"，而 "真的是" 结构为 "真的+是"，属于 "X 是" 系列，其中的 "是" 已虚化为构词成分，"真的是" 已经词汇化。按照董秀芳 (2004) 的研究，附在连词和副词后的 "是" 可进一步语法化，变为词内成分。[②] 西南官话中的 "真的是" 固化程度很高，可以认为其中的 "是" 已经由词虚化为词内成分，附着在 "真的" 之后，形成固化结构 "真的是"，该结构再词汇化为一个词，随着其概念义的虚化，成为只具备语用功能的话语标记。

  2. "(你)也是(的)" 及其变体的分布特点与语用功能

  "也是" 是该标记的核心部分，该组合用作话语标记时概念义已虚化，不再表示某事或某物具有同样的特点，而是说话人表示不满的标志。其变体有 "你也是" "也是的" "也是哈" 等。该标记主要位于话轮的中间或开头，引出说话人的责怪理由。"也是" 不带附加成分单独用作话语标记时，还可以表达肯定回应，这项功能在本章第三节回应对方标记中探讨。

[①] 王幼华：《"真是的"的语义倾向及其演变过程》，《语言教学与研究》2011 年第 1 期。
[②] 董秀芳：《"是"的进一步语法化：由虚词到词内成分》，《当代语言学》2004 年第 1 期。

(160)粑哥：哎呀，凤妹儿，你发梦癫，硬是阵仗大。又是踹的，又是打的，又是掰的。

凤姐：打到你哪儿呢？没有受伤吧。

粑哥：没有，没有。

凤姐：哎呀，**你也是**，你晓得我睡觉脚不停手不住，你不要挨我怎么近嘛。

（成都话：《幸福粑耳朵之新年礼物》）

语例（160）所用的标记为"你也是"，在基础结构"也是"的基础上添加了第二人称代词"你"，位于感叹语"哎呀"之后，责怪理由之前。"你也是"引出埋怨理由，用来强化说话人的嗔怪态度。

(161) 中年女：晶晶拈菜吃，快吃快吃！来，拈菜吵！

晶晶：你们各人吃吵，横直喊我拈菜拈菜，我晓得拈菜！

中年女：**也是的**，各人吃。

（恩施话：《零星语料集锦》）

该例中，"也是的"位于话轮开头，引出的是当前说话人对上一说话人话语内容的重复，这一重复片段是一种自我解嘲式的回应。该例的对话背景是：在餐馆就餐的一桌食客中，有一中年女性不断让大家夹菜吃，尤其对身边几个高中生模样的男孩女孩说得最勤，每上一道菜，就不断叫着名字催促那几个孩子夹菜，其中叫晶晶的女孩表示反感，抱怨了几句。被抱怨的中年女性对此有些意外也有些难堪，于是用"也是的"来回应，强化自己的不满情绪和无奈情绪。

对"也是"的话语标记功能，有多位研究者进行过探讨。刘志富（2011）认为由判断词构成的"也是"词汇化为副词"也是"，并进一步虚化为表示态度的"也是"，可以用来表示接受，也可以用来表示不满。[①]严小香（2012）认为"也是"具有连接话语的篇章功能和表达情感的情

[①] 刘志富：《话语标记语"也是"》，《宁夏大学学报》（人文社会科学版）2011年第3期。

态功能，在情态功能方面可以表达委婉的语气、批评和埋怨的情绪。[①] 李治平（2012）认为"也是"是一种表态语，具有解释、认同、埋怨三种功能。[②] 可见，"也是"可以用来表达不满或埋怨是大家的共识。成渝方言中的"也是"也具备李治平所探讨的三种功能，其中埋怨功能与我们分析的责怪功能相通。因本节只集中讨论责怪类标记，所以不展开分析"也是"的其他语用功能。

3. "（你）是不是（的）"的分布特点及语用功能

作为责怪类话语标记使用时，该标记有"你是不是""你是不是的""是不是的"等多种表现形式。该标记常与称呼语共同组成话轮或单独构成话轮，表达对听话人的责问或警告。肖娅曼（2002）探讨过成都话中的警告式"是不是的"，指出其与正反疑问式并不相同，我们对此表示认同。该标记跟疑问句没有关系，并不表达疑问，只是表达说话人的主观态度和警告语气，已具备话语标记功能。

（162）彤彤母：（见彤彤在玩鱼缸中的水）彤彤，**你是不是的！**招呼挨打哈！

彤彤父：彤彤，又玩水，今天跟你换哒几遍衣服哒？（转头对彤彤母）我们再把鱼缸放高点儿，个小东西，还学会搭板凳哒！

（163）星星：不许关，嗯，不许关电视，我的动画片儿。

星星母：动画片儿动画片儿，你还要不要眼睛的？（夺过遥控器关掉了电视）

星星：嗯！（发脾气把遥控器往地上扔）

星星母：**你是不是的！**

（恩施话：《零星语料集锦》）

语例（162）"你是不是的"位于称呼语之后，是向听话人彤彤发出

[①] 严小香：《论"也是"的话语标记性》，《湖北师范学院学报》（哲学社会科学版）2012年第5期。

[②] 李治平：《表态语"也是"的功能类型及其演变历程》，《语言教学与研究》2012年第6期。

警告的标志,表示禁止彤彤再玩水。语例(163)"你是不是的"单独构成一个话轮,用来警告星星的不当行为。一般来说,话语标记是依附性的,很少单独构成话轮,而"你是不是的"和其他责怪类标记"你看你""你硬是"等出现时均可以省略具体的责怪内容,由这些话语标记单独构成话轮,原因在于这些标记已发展成语义自足体,可以单独表达责怪态度。"你是不是的"用于一方警告另一方,较多使用在家长喝止小孩儿的犯规行为,或者孩童之间产生争执时。其语用功能主要在于表现说话人的责怪态度,责怪态度升级即是警告。

(四)"你老实说"及其变体

"你老实说""你说清楚"等话语标记,其核心成分"说"的言说义并未完全虚化,"老实"限定言说方式,"清楚"补充说明言说结果,这两个形容词的概念义也未虚化。之所以认为这两个主谓结构是话语标记,是因为其表义重心并不在言说义上,而在于强调说话人的主观态度,且该组合是韵律独立的固化结构,删略不影响原命题的真值。因其语义有一致性,我们放在一起作为一个标记的变体分析。

1. "你老实说"及其变体的分布位置

"你老实说"常位于话轮中间,前面是说话人指出的事实,后接说话人的主观评价,形成"S1,你老实说,S2"结构。S1和S2可以出现在同一话轮,也可以出现在毗邻语对中,即S1出现在上一话轮,S2出现在下一话轮,但都属于同一说话人的话语。"你说清楚"常出现在话轮开头或称谓语之后,其后续话语往往是责怪的具体内容。

(164)梅老坎:(看毛子穿着顾客送的旧格子西装)啷个像个怪物?怪眉日眼的。毛子,**你老实说**,是不是在马戏团找了活路?

毛子:没有哇!

(165)巴经理:你才要把店搞垮!肥不隆咚一坨,站起往那一杵,说出话来把人冲起八丈远,别个哪个还来嘛?

胖妹儿:巴倒烫,**你说清楚**,你是不是看姓张的长得漂亮,就来损我?

(重庆话:《山城版棒军1》)

语例（164）中，"你老实说"位于话轮中间，前面的话语描述的是受话人的异常行为，是需要"老实说"的基础事实；后接的疑问句并非真的要受话人作出肯否回答，而是表达说话人的评价和疑惑。

语例（165）"你说清楚"出现在称谓语之后，后接说话人的指责内容。该标记在使用中还可以省略称谓语直接用在话轮开头。其常见结构是"（称谓语）你说清楚，S"，其中称谓语可以出现也可以不出现，若出现还可以用表示呼唤的叹词代替，其中的 S 通常是疑问句。

2. "你老实说"及其变体的语用功能

这两个标记的主要语用功能就是表达说话人的不满情绪或责怪情绪，以促使听话人对说话人不认同的言行作出解释或纠正。

语例（164）的对话背景是梅老坎和毛子作为以替人搬运货物为生的棒棒，平时都穿便于干活儿的粗布衣服，而毛子突然穿了一身一个顾客送给他的过时西装，这是不符合常理的行为。梅老坎因不解而责怪，用此标记表达对毛子的奚落和埋怨。

语例（165）的对话背景是胖妹儿在亲戚开的火锅店当领班，因服务态度差被顾客投诉，面对经理的提醒和批评，胖妹没反思自己的言行，反而仗着辈分比经理高和经理大吵，并胡乱猜测原因。胖妹儿认为经理应该站在自己一边，为经理批评自己而恼怒，因此用"你说清楚"来发泄自己的愤怒和不满。

以上责怪类提醒标记均是说话人表达自己态度和评价的标记，具有表情功能，主观性较强，且有明显的交互作用，其使用目的是引起听话方的注意，并希望听话方改变不当言行或对不当言行作出合理解释。周明强（2014）对责怪性话语标记作过总体分析，认为该类标记都可以表达责怪情绪（有的属于表面责怪实则夸赞），并细分为 11 类，包括夸赞、自夸、叙实、提醒、嗔怪、述评、批评、责怪、奚落、自责等。[①] 西南官话中的责怪类提醒标记出现频率要远低于普通提醒标记，因此我们对责怪类标记不作太细的划分，仅重点分析表达嗔怪、批评、奚落、埋怨等

[①] 周明强：《埋怨性话语标记语语用功能的认知探析》，《浙江外国语学院学报》2014 年第 4 期。

主观情绪的代表性责怪标记。

第二节 寻求回应标记

口语交际过程中,交际双方的交际进程在编码—发送—接收—解码的不断循环中进行。说话人需要确认对方是否认真听取自己的话语、是否理解自己意思,并希望对方给出相应的反馈。为了解对方的看法,让对方及时回应自己,说话人常常使用特殊的标记提醒对方作出回应,这些作用于交际主体的话语标记我们称为寻求回应标记。语料中寻求回应标记共出现109次,占人际互动功能标记的40.1%,是该类标记出现频次最多的一个小类。这类标记表现形式多样,我们选取其中出现频率最高的几种略作分析。

一 "你(各人)V(哈/嘛)"

该类标记中的核心成分V是"看、想、说"类动词,但这些动词的动词义已虚化为认知义。该类标记V前面是第二人称代词"你""您"或"你们",后面可以添加语气词,有时V的前面还可添加反身代词"各人"(相当于"自己")。成渝方言中"各人"可以指自己,凡是需要用"自己"的地方,均可用"各人"代替。据周作明(2011)等人的观察,在四川方言中,并不使用"自己"一词,"自己"所能出现的句法和语用环境,多用"各人"来表达。[①]其他西南官话区大多也以"各人"指"自己"。

该标记按照其中V的不同可以分为三个大类。使用过程中,根据代词和语气词的出现情况,该标记可以形成多种变体。

(一)"(你/您)看₁(哈/嘛)"

"看"是该类标记的核心词,可以前加代词后加语气词,也可以前后都有附加成分,形成不同变体,如"你看""看嘛""你看哈"等。这些话语标记位置灵活,均具有寻求回应的功能。除表示引起注意、寻求回

[①] 周作明、马友平:《四川方言中的"各人"》,《重庆社会科学》2011年第6期。

应以外,"你看"还具有协商功能,表示与听话方商榷,以求得一致。我们把前者记为"你看₁",把后者记为"你看₂",二者都属于人际互动功能标记。"你看₁"是本节分析的对象之一,"你看₂"将在协商调节标记一节分析。"你看₁"有后加语气词的各种变体,"你看₂"通常没有与语气词连用的形式。

1. "(你/您)看₁(哈/嘛)"的分布位置

该标记的表现形式有"你看""你看嘛""你看哈""看嘛"等多种形式,其分布位置可以是话轮开头,也可以是话轮中间。

(166)菲菲:哎,我觉得这发(这段时间)天气哪门搞的嘛,**你看₁**,今儿又落雨哒,勒个月差不多都落雨哒。

画画:是的啦,前头好不容易晴几天,我把衣服洗哒,现在那个天气又那个哒。还没晾干,都不晓得穿么子。

(恩施话:《吐槽学校》)

(167)凤姐:这个啊,就是老娘的本事。凡是在凤姐双龙园吃过饭的人,我都过目不忘。吃过饭,哼!好嘛,点的啥子菜?点的啥子菜?

敲诈男:香辣爬爬虾!

凤姐:**你看₁**,露馅儿了嘛!去把菜谱拿来。哼,想找我的麻烦,可能还嫩了点儿。咋的呢?拿给他们看!好生看,我们这从来就没卖过这个菜。爬爬虾,给老娘爬爬爬哟!

(成都话:《幸福炮耳朵之新年礼物》)

语例(166)"你看"出现在发话人的话轮中间,位于标记之前的是发话人的感慨,位于标记之后的是需要对方关注并作出回应的事实。前面关于天气的感慨与后面对事实的描述是照应关系,需要对方回应的是对下了太久的雨这一事实的认同度。回应话轮是受话人作出的肯定认同,认同的内容再次照应了发话人描述的事实,这说明寻求回应标记发挥了应有的作用。

语例(167)"你看"位于第三个话轮开头,后接发话人的评价和解释说明。该例中第一个话轮的末尾凤姐对敲诈男发出了疑问,第二个话轮是敲诈男针对该疑问的回答,第三个话轮实际上是发话人凤姐通过受话人敲诈男的回答作出的推理。推理内容借助"你看"引起受话人和周边观众的注意,以使推理结果得到更多人的认同。

2. "(你/您)看₁(哈/嘛)"的虚化过程

该标记主要是说话人用来引起对方注意,要求对方作出认可回应的标记,主要目的是要求对方的认知与自己达成一致。该标记的形成有一个语义逐渐虚化的过程,主要体现在"看"观察义的虚化上。

(168)王欻欻:早就说好了,只准打屁股,不准打脸,**看嘛**,怎么大个包,你还金银花,我看你简直就是狼毒花!

金银花:哎,你嚎啥子嘛嚎!哪个喊你瓜兮兮地不早点说的?你如果早点说,至于是这个样子吗?你!啊?我是不是那种不通情达理的人?切,搞了半天,凤姐是戴起我的戒指来眼气我,气死我了!

(成都话:《幸福炐耳朵之新年礼物》)

语例(168)中"看"的动作义还没有完全虚化,"看嘛"既有说话人王欻欻提醒妻子金银花查看自己伤情之义,又有希望妻子认同自己说法的请求义。"看嘛"引出的是说话人对事实的描述及评价,"看嘛"之前是对旧有约定的陈述。"看嘛"前后内容之间有逆向照应,妻子金银花的做法超出了约定的范围,因此引来丈夫王欻欻的负面评价。该例第一个话轮中,"看嘛"是丈夫希望妻子对自己的申诉作出肯定回应的标志,但是妻子的回应话轮并未认同丈夫的诉求,反而得到更多的数落,该寻求回应标记得到了对方的回应但不是预期回应,属于逆向回应。无论得到的是正向回应还是逆向回应,该标记均起到了寻求回应的作用。

(169)凤姐:这个药啊,你要记倒吃,**你看嘛**,头发都掉得没得几根了。人又不聪明呢,还要学人家秃顶。诶,你不要紧倒在这神起,赶快把药吃了。那边生意好,我忙不赢,你过来帮下忙。快点儿!

炮哥:嗯嗯。

(成都话:《幸福炮耳朵之新年礼物》)

语例(169)"你看嘛"中的"看"已进一步虚化,其语义重心不在要求听话人具体观察什么,而在于提醒听话人作出正向回应。"你看嘛"与前后话语都有语音停顿,其前后内容分别是凤姐对丈夫的叮嘱和叮嘱缘由,若删略则影响了提请受话人注意的效果。该标记的使用表明凤姐希望丈夫认真吃药,并正视按时吃药的重要性。

3."(你/您)看(哈/嘛)"的语用功能

该类标记的主要语用功能是寻求听话人的回应,希望听话人对说话人的提议和要求表示认可,并从行动上付诸实施。

(170)炮哥:哦,你喜欢啥子车,我就跟你买个啥子车。

凤姐:我喜欢啊,钻石戒指。**你看**₁我们结婚这么多年,我连戒指都没得。

炮哥:哎呀,我咋个就忘了呢?我跟你买个大钻戒,鸽子蛋那么大的,你这个大钻戒一掉到水里头,肯定是鸽子蛋先沉底。这下感觉舒服了点哦。

(成都话:《幸福炮耳朵之新年礼物》)

语例(170)中,"你看"中的"看"并无用眼睛观察人或物之义,"你看"这一主谓组合已完全虚化为吸引注意的话语标记。该标记是希望引起丈夫认同,并作出相应举措的标志。说话人凤姐借助该标记让丈夫重视他们虽结婚多年,但却没有戒指的事实,并希望丈夫将购买戒指之事落到实处。丈夫答应购买的承诺虽然有些浮夸,但可以视为作出了正向回应,可见该标记发挥了寻求回应的功能。

(171)明轩:陈同志,**你看哈**,我们这具备最大的两个优点就是,一是土地,外头这成千上万的土地都荒废哒,不用可惜哒。第二是民族文化,现在是挖掘民族文化最好的黄金时段。

陈同志:你说的这两条呢还是我们村里的两张王牌耶。

(恩施话:《乡村纪事》)

语例(171)中"你看哈"位于称谓语之后,与称谓语一起共同吸引听话人的注意力,后面引出的是发话人易明轩的看法。因"你看哈"的参与,加大了发话人希望受话人认同自己看法的程度。对方的正向回应表明该标记发挥了寻求回应的作用。

需要注意的是,"你看"若重复使用,则不再是寻求回应的标记,反而表示责怪,成为责怪提醒标记,其功能类似于"看你"类责怪标记。

(172)江疯子:龟儿!

黄婆婆:**你看你看**,你这个嘴巴,要干净点儿,不要动不动就龟儿老子的。我们重庆是大都市哟。

(重庆话:《山城棒棒军1》)

语例(172)中黄婆婆所说的"你看你看"中"看"的动作义也已虚化,且与后续话语存在语音停顿,删略不影响原命题真值,属于话语标记。但该标记引出的内容明显是对江疯子言语习惯的批评,因此该标记属于责怪提醒标记,并非寻求回应标记。

"你看"的话语标记功能,已为不少学者所关注,并从不同角度进行了探讨。刘月华(1986)是较早分析对话中"说""想""看"的特殊用法的学者[1],她探讨了这类动词在会话中的共性和差异,文章所说的特殊用法其实就是现在所说的话语标记用法。曾立英(2005)认为"你看"由观察义发展出认知义再进一步虚化为话语标记的过程是一个主观性增强的过程。[2] 陈振宇等(2006)把"你看"分为表认识情态、道义情态

---

[1] 刘月华:《对话中"说""想""看"的一种特殊用法》,《中国语文》1986年第3期。
[2] 曾立英:《"我看"与"你看"的主观化》,《汉语学习》2005年第2期。

的非现实标记"你看₁"和表提请注意的现实标记"你看₂"①。我们在本节探讨的"你看"及其变体跟陈振宇所分"你看₂"的功能大体相同。西南官话中作为话语标记的"你看"常带语气词形成"你看嘛""你看哈"等变体，这是与其他北方方言最大的不同，二者的差异主要体现在语词形式上，语用功能大同小异，因有语气词的添加，西南官话中的"你看"征询功能更强，需要对方作出回应的意愿更迫切。

（二）"你（各人）想（哈/嘛）"

该标记以"你想"为核心成分，其中"想"的动作义已虚化。"想"在西南官话中语义丰富，可以表示"思考，惦记，计划，推测"等多种含义。话语标记"你想"中的"想"是从思考义虚化而来。"你想"中间可加反身代词"各人"，后面可加语气词，形成不同变体。

1. "你想"及其变体的分布特点

"你想"常出现在话轮中间，前面陈述状况，后面连接提醒受话方注意并作出回应的内容。"你想"还可以出现在非首话轮开头，引出需要对方认同的信息。其构成格式有"S1，你想，S2"和"你想，S"两种。

（173）张爷爷：后来我就喊他卖了，我喊昊霖给我卖了。我说我不坐那个，**你想**，坐八九个小时的高铁，高铁就跟硬座有啥区别，没好多区别，就是说开得快点儿而已。

芝芝：嗯，嗯。

张爷爷：我这哈坐八九个小时好恼火哦。

芝芝：你觉得还不如睡卧铺，反正睡一下。

（成都话：《拜访长辈》）

（174）牌友1：大农业是么子概念？

易明轩：简单地说，就是搞农业和搞旅游休闲有机结合起来。

牌友2：旅游？我们这个地方有么子好看的吗？

易明轩：**您要想哟**，我们这里是城郊，环境没受到么子污染，

---

① 陈振宇、朴珉秀：《话语标记"你看"、"我看"与现实情态》，《语言科学》2006年第2期。

这就是个天然氧吧。

（恩施话：《乡村纪事》）

以上两例的"你想"及其变体都是概念义虚化的固定组合，且韵律独立，删略不影响原句的真值，属于话语标记。语例（173）"你想"位于话轮中间，前面是说话人张爷爷描述的既有事实（让儿子将动车票换为卧铺票），后面接的是张爷爷的看法。"你想"的添加是张爷爷希望听话人认同自己看法的标记。语例（174）"您要想哟"位于回应话轮开头，用来引出对听话人而言还是未知信息的相关内容。该例中易明轩所说虽然是本就存在的事实，但对牌友 2 而言，却从未认识到这些事实（环境好空气好）的存在，因此这些信息可算新信息。

2. "你想"及其变体的语用功能

用作话语标记的"你想"，与前后话语之间均有语音停顿，其思考义有一定程度的虚化，成为一个提示听话人关注后续信息并作出回应的固定组合。其语用功能有二：

第一，寻求共识，希望对方理解并认同自己的想法。

（175）王欻欻：哎哎哎，你藏啥子藏欸，你就跟凤姐直说，就说这个东西是我买跟我们金银花的就行了撒。

炮哥：王欻欻，你晓得个铲铲，我们凤妹儿要是晓得你跟金银花买了戒指，绝对也要喊我跟她买一个，**你想**，我才怎么一点儿私房钱，要是跟她买了戒指，我绝对就成了贫困户的嘛。

（成都话：《幸福炮耳朵之新年礼物》）

该例中"你想"出现在回应话轮的中间，形成"S1，你想，S2"结构。S1 叙述说话人的猜想，即妻子若知晓王欻欻买戒指肯定也要戒指。这个猜想是说话人不想让其成为现实的，S2 解释了说话人不想给妻子买戒指的理由。说话人用"你想"提醒听话人关注自己提供的理由，并希望对方认同自己的做法。

张德岁（2009）认为"你想"的语用功能有求同、提示、征询、明示等多个方面。① 此处的"你想"所起的作用主要体现在求同上,即说话人希望获得听话人王欻欻的同情,从而理解他要将王欻欻托管的戒指藏起来的做法。

(176) 明轩:姑爷,我们这搞个公司,实行那个经理负责制,您如果出钱多,您就是公司的总经理。到时候也跟您整一套笔挺的西装,学我逮根领带。再印几个片片(名片),您见到熟人发。那出去哪个晓得您是农二哥(农民)。**您各人想哈**,是不是行市(气派)完哒。

姑爷:@@,行是行市,不过,我这个片片高头印些么子?

(恩施话:《乡村纪事》)

该例中的"您各人想哈"位于发话人话轮的中间,具有提示功能,提请受话人关注标记前后的描述并认同发话人的看法。该标记前面的内容是跟受话人有关的发展前景,后面是发话人对设想一旦成功的展望。发话人易明轩使用该标记的目的是希望受话人接受自己的游说给公司投资。

第二,引起关注,希望对方改变原有看法或计划。

(177) 炮哥:凤妹儿,我在想啊,万一报错了呢?**你想哈**,我们认不到他们,他们也认不到我们,嗯,他们咋个会晓得你有戒指呢?就算他们晓得你有戒指,他们咋个可能晓得你把戒指放在这儿呢?凤妹儿,冷静点儿,是不是刚才我们走得急,衣服角角把戒指一下子碰到哪儿整掉了呢?你想,万一报错了还惹人笑哦。

凤姐:那你赶快帮我找嘛。在哪儿去了呢?戒指,我的戒指在哪儿吗?哎呀,你在那神起做啥子,快点儿帮我找嘛。

(成都话:《幸福炮耳朵之新年礼物》)

---

① 张德岁:《话语标记"你想"的成因及其语用修辞功能》,《安徽大学学报》(哲学社会科学版) 2009 年第 5 期。

语例（177）中，炽哥用计诱使凤姐取下了戒指，并趁凤姐不注意偷藏在自己口袋里准备还给王欻欻，但是凤姐不知情，以为戒指被偷，想报警，炽哥找理由阻拦妻子报警。"你想"在话轮中两次出现，前后连接的均是炽哥提供的不用报警的理由，"你想"出现的目的是让凤姐引起重视，认真对待炽哥的分析，从而打消原有想法。第一个"你想哈"后接炽哥关于戒指不会被偷的分析，让凤姐认同小偷不会来偷未知东西的分析；第二个"你想"后接万一报警报错的后果。前后两个标记促使听话人凤姐意识到报警是盲目的不可行的，最终放弃原有计划。这样就实现了说话人炽哥希望听话人改变计划的目的。

在恩施方言中，该标记有时以"你默一下"形式出现，其功能与"你想一下"相同。"默"[mɛ²¹³]在恩施方言中的语义为"思考"，"你默一下"相当于"你想一下"。

(178) 明轩：时间就是金钱，我这个方案肯定行。别个外头好多村里都是怎么搞的。

田会计：情况它还是各有各的不同。你呢，还是要稳当点儿，**你默一下**，按照你所想的，该要投入还多的钱呐。先不说投入恁么多钱的话，你万一你要是没搞好的话，那就拐哒，五六百人也没饭吃哒。天都要垮。

(恩施话：《乡村纪事》)

语例（178）中的"你默一下"出现在回应话轮的中间，前后连接的均是受话人田会计否定发话人原有计划的理由。话语内容构成"S1，你默一下，S2"格式，其中S1是田会计对易明轩的劝告，提醒他办事一定要稳重，S2是田会计对易明轩方案的潜在风险所作的细致分析。"你默一下"用来提醒听话人易明轩重视可能的不良后果，从而改变贸然开公司的想法。

(三)"你说（嘛）"

"你说"是由第二人称代词和言说动词构成的主谓结构，在西南官话中可以用作句法结构的一部分，也可以用作话语标记。当"你说"作为句法结构使用时,后面常带宾语或补语;当"你说"用作话语标记时,与前后话语之间存在语音停顿,不再是句法结构中不可缺少的部分,删略不影响原句的真值,但会影响语句的连贯性。用作话语标记的固化结构"你说",在对话中用来寻求听话人的回应和认同,其中"说"的言说义已虚化为认知义,不再代表言说行为。

1. "你说"的分布位置

用作话语标记的"你说"可以出现在话轮开头,也可以出现在话轮中间,用以提醒听话人关注后续话语并作出相应回应。

(179)粑哥:哎,凤妹儿,现在好多高科技,嗨,那个面包机,**你说**怪不怪,这个面倒下去,它自己和,自己发,它咋个就成了面包了。嗨呀,怪得很,怪得很,我硬是想不通。

凤姐:想不通?你想不通的事情嘛,多得很嘛。使点儿劲,哎,就这痛。

(成都话:《幸福粑耳朵之新年礼物》)

(180)唐娟:(走至阳台发现快要枯萎的花)拐哒的,你们两口子一天在忙么子吗?花都要死哒。

李云飞:管它的。

云飞妻:(见唐娟接水准备浇花)**你说嘛**,一天哪里有时间来搞这些事情吵,都忙得要死一天。

(恩施话:《私房钱》)

语例(179)"你说"处于发话人话轮中间,后接需要受话人关注并作出回应的内容,这些内容在发话人看来都是新信息,需要提醒受话人注意。语例(180)"你说嘛"位于话轮开头,引出需要受话人认同的信息,这些信息在发话人看来是需要受话人评判并希望受话人理解的内容。

2. "你说"的语用功能

话语标记"你说"的主要功能是寻求肯定回应,在陈述需要受话人了解的信息后,用此标记寻求受话人的理解和肯定认同。

(181) 炮哥：我在想，你不要闹。诶，这样，我跟你说，我们凤妹儿一睡着了，雷都把她打不醒，等她睡着了，神不知鬼不觉的，我就把她手上的戒指抹下来。等她第二天一醒过来，她当她自己掉的。@@，**你说**，要不要得？

王欻欻：咦，这个倒是个好办法，噶！诶，炮哥，看不出来，你还是多聪明的嘛。@@，不笨嘛！

（成都话：《幸福炮耳朵之新年礼物》）

语例（181）中的"你说"前面叙述的说话人的计策，后面引出的是商询问句。从字面看是征求意见但表达的实际意思却是希望听话人认同自己的计策。对方的肯定回应说明"你说"这一寻求认同标记起到了作用。

(182) 大姚：钱，你不能集中放到一个地方，有些危险的地方你也不要放。（耳语支招）**你说**，我说的哪门个？是不是这么个道理？

李云飞：那怎么个，下午把几个兄弟喊起，羊蝎子，算我的！

（恩施话：《私房钱》）

语例（182）像上例一样，寻求回应标记"你说"也位于话轮中间，标记前面是发话人对自己藏私房钱经验的描述，标记之后引出的是征询对方意见的疑问句。"你说"用于提醒受话人李云飞接受自己传授的经验并付诸实践，受话人以请大家吃饭的方式对大姚的观点和经验表示了认同。

(183) 秀儿：哎，我发觉我们两个可以到一起去。

菊香：哪门呢？

秀儿：**你说嘛**，我又没找到个合适的。你耶，屋里有一个，但是又没守住。你说我们两个是不搞啊一堆哒。

菊香：哎呀，这个男的，你一将就他，他就不得了哒。你看我现在一个人，活得舒舒服服的。倒是那些叫花子，你看哪有几个女的哦？全部都是些男的。

(恩施话：《乡村纪事》)

语例（183）中秀儿跟菊香套近乎，寻找到了二人的共同点，那就是都处于单身状态。秀儿用"你说嘛"提示菊香关注后续信息并希望得到菊香的共鸣，但菊香并未作正向回应，而是通过描述自己对单身状态的满意态度反驳了秀儿的观点。该标记起到了提示听话人关注后续信息并寻求对方回应的功能，只是听话人的回应没有达到说话人的心理预期。

对于"你说"话语标记功能的形成，多数研究者认为像"看、想"这类动词一样，都经历了从动作义到认知义的发展过程，当认知义又进一步虚化时，该标记的话语标记功能就产生了。

二 "V不V"及其省略式

肯定否定式话语标记"V不V"及其变体在西南官话中出现频次较高，在我们收集的语料中共出现32次。其中的V可以是判断动词"是"，也可以是知晓动词"晓得"，还可以是领会动词"懂"等。这些标记有完整式"V不V"和省略式"V不"两种表现形式。使用中还可以在标记前添加第二人称代词"你"或"你们"，以增加对话的交互性特点。

（一）"（你/你们）晓不晓得"

"晓得"在西南官话中表示"知晓"，与"知道"的语义和用法相当。"晓不晓得"可以作为句法结构的一部分，此时后面可以接宾语，表示询问是否知晓某人或某事。当"晓不晓得"作为独立的韵律单位出现，不参与句法单位的组成，仅表示提示对方注意后续信息时，作话语标记用。若"晓不晓得"前面添加第二人称代词，则更能吸引听话方的注意，以确保听话人与说话人处于信息同步状态。该标记的完整式是"（你/你们）晓不晓得"，省略式是"（你/你们）晓得不"以及"晓得不嘛"。

1. "晓不晓得"从真性问到假性问

"晓不晓得"作为疑问句的一部分出现时，可以构成"S，晓不晓得"或"晓不晓得 S"格式，S指言者想要询问听者的具体信息。会话中听者需要对是否知晓 S 所代表的信息作出肯定或否定回答。如"松鼠鳜鱼咋个做你晓不晓得?"或者"你晓不晓得松鼠鳜鱼咋个做?"都是真性问,听话人需要作出"晓得"或"不晓得"的回答。

该疑问格式在对话中高频使用,其疑问意义逐渐磨蚀,"晓不晓得 S"格式中间开始出现停顿,形成"晓不晓得,S"格式,为"晓不晓得"成为话语标记提供了可能。随着"晓不晓得"疑问义的完全虚化,该结构成为假性问结构,多指向陈述句,不像真性问指向疑问句。当格式的疑问义虚化以后,该"V 不 V"结构也逐渐发展成只起提示和寻求回应作用的话语标记。

2. "(你/你们)晓不晓得"的分布位置

"(你/你们)晓不晓得"用作话语标记时可以出现在话轮中间,也可以出现在话轮末尾。话轮可以出自发话人,也可以出自受话人,目的均是吸引对方的注意力,以使对方认真听取自己的谈话内容,保证双方的思维进程保持同步。当"晓不晓得"位于话轮中间时,可以指向前面的信息,也可以指向后面的信息,还可以前后信息兼顾。当"晓不晓得"位于话轮末尾时,总是指向前面的信息。

(184) 王欸欸:哎呀,炝哥,你说哪去了?说实在话,在幸福村,我最相信的就是你,而且办事最牢靠嘛,也是你噻。

炝哥:@@@@@,那是哦,我跟你说,王欸欸,为了跟你藏这个戒指,我有好辛苦哦,**你晓不晓得**?你不晓得我们凤妹儿那个鼻子啊,比警犬还灵。那个眼睛呐,比孙悟空的眼睛还要尖,在她的面前藏东西,你不晓得有好困难。

(185) 炝哥:等倒!你晓不得,这个是自来水,自来水头有漂白粉,你要是一浇了,明年开花的时候全部是白花,说不定你要把它浇死,**晓不晓得**?

凤姐:我看你在这打胡乱说哦,诶,陈黔贵,你今天咋个突然关心起花来了呢?再说这个里头不是自来水,是我后头缸里头我存的雨水。

(成都话:《幸福炝耳朵之新年礼物》)

语例（184）中"你晓不晓得"处于扒哥话轮的中间，标记前是说话人的自我评价，表示藏戒指藏得很辛苦；标记后引出的是藏得辛苦的原因，前后内容对听话人王欻欻而言都是新信息。这些新信息主要描述的是扒哥藏戒指的不便和难处，是希望对方关注并理解的重要内容。通过强调藏戒指的辛苦来获取对方的认同。语例（185）"晓不晓得"位于说话人话轮的末尾，前面的内容是说话人希望对方关注的信息。说话人主观上认为这些信息对听话人而言都是新信息，因此使用"晓不晓得"增强听话人的关注度，以使听话人终止当前行为。本例中，因扒哥已将戒指藏于凤姐正要浇花的花钵之中，因此找理由阻止，希望凤姐认同自己提供的理由并终止浇花行为。

3. "（你/你们）晓不晓得"的语用功能

"（你/你们）晓不晓得"的语用功能主要是吸引听话人的注意力和兴趣点，以使对方的思维状态与自己同步，并认同自己的看法或提议。

第一，吸引对方注意力和兴趣点，寻求情感上的认同。

（186）大姚：哪门的？你老婆子（妻子）还是天天晚上搜你包包啊。

李云飞：没法，哪门搞？

大姚：这就是你的问题！

李云飞：那哪门搞喂？

大姚：这个事情我就给你教个乖。你有钱哒，该收还是要收，**晓不晓得**？你一个男客家走出来身上分钱不统（袋里不装一分钱）像个么样子？

（恩施话：《私房钱》）

语例（186）李云飞为自己没有私房钱而苦恼，并与同事大姚谈论此事，大姚建议他想办法藏钱。该例"晓不晓得"位于建议之后，是提醒受话人李云飞关注该信息的标志。该信息正是李云飞自己的兴趣点，兴趣点的激发为李云飞接受大姚在后续话轮中的藏钱建议奠定了基础。

第五章　西南官话的人际互动功能标记

(187) 萍萍：哎，我，我觉得我还是比较喜欢吃重口味的，就那个卤鱼店里面的卤鱼，**你们晓得不**，那个卤鱼就超级辣。然后虽然说那个店面不怎样，但是我们经常在点外卖嘛。嗯，超级好吃，下次回购。

露露：哎呀！大晚上的不要扯那些好吃的要得不？早点儿睡可以不，明天还要早点起床哎！

(恩施话：《利川风景与美食》)

语例（187）几个室友在谈论美食，发话人之一谈及自己的喜好之后用"你们晓得不"引出对卤鱼的评价，以期引起几个听话人的注意并获得认同。发话人萍萍所提供的信息是针对几个受话人的，因此在标记中添加了第二人称代词"你们"，表示邀请所有听话人关注自己所说内容。"你们晓得不"将主题和述题分隔为两部分，给听者留下悬念，以使听话人集中注意力了解话语主题讨论的"卤鱼"到底怎样。说话人通过分隔前后内容加使用话语标记的双重提示方式突出了述题"卤鱼超级辣超级好吃"这一信息。

"你们晓得不"及其变体的语用功能与话语标记"你知道吗"有相似之处，刘丽艳（2011）认为处于"X_1，你知道吗——，X_2"模式中的"你知道吗"用来指向后续信息，该信息是说话人叙述的焦点信息。[①] 该模式中的"$X_1 X_2$"均指不同的信息单位。语例（187）中的"你们晓得不"后面引出的信息是说话人萍萍想重点叙述的信息，在萍萍看来，该信息对于其他听话人而言都是新信息，因此需要着重强调，特地用标记加以提醒。在突出焦点信息这一点上，"你晓得不"与"你知道吗"有相通之处。

第二，提醒对方关注提供的新信息，确保语义理解无误。

"晓不晓得"及其变体可以用来提醒听话人关注新信息，这些信息是听话人了解说话人语义的重要信息，可以帮助听话人正确理解说话人的话语。

[①] 刘丽艳：《汉语话语标记研究》，北京语言大学出版社2011年版，第138页。

(188) 女主人：哦，我们屋头十多年没开伙，**晓得不**？我们娃娃出国过后我们就没开伙了。

女客1：就他们，就一直（...）

女主人：一直开茶楼嘚就在茶楼吃噻。

（成都话：《吃饭闲聊》）

语例（188）中的女主人先开茶楼后开家庭麻馆，一直雇请厨师负责店里客人和服务员的餐饮，基本不在自己家做饭。位于话轮中间的"晓得不"可以指向前后信息，这些信息对于听话人而言都是新信息。"晓得不"具有提示对方关注这些信息的作用，以帮助听话人了解自己家多年没开伙的原因。

(189) 娟姐：他们家娃儿早就上大学了，**晓得不嘛**？他们两个现在多安逸的。

刘洁：就上大学了，好快！还真是岁月不饶人哈，一晃我们也成黄脸婆了。

（成都话：《零星语料集锦》）

语例（189）是两个已经多年未见的老同学谈及另一个同学时的对话，"晓得不嘛"用来提醒听话人刘洁关注前述信息，此信息在说话人娟姐看来，听话人刘洁未必知晓，需要用此标记加以提醒和确认，以理解另一同学何以现在过得很自在。

(190) A：嗨呀，你们比赛的材料准备得恁个好哇，准备拿第一名吗？

B：这才哪跟哪哦，还要接到练。我们老师只注重结果，**你晓得不**？

A：那你的意思是暑假就呆学校里。

B：也不是一直在学校，还是要回去个多星期。

（重庆话：《食堂闲聊》）

语例（190）的"你晓得不"处于话轮末尾，指向前面的信息。说话人 B 使用该标记的目的是让听话人 A 关注自己所说的信息（老师只注重结果），该信息于 A 而言是新信息。了解了该信息才能理解 B 为什么处于忙碌状态。该标记的主要功能是引导听话人关注新信息，并理解说话人的言行。

"你晓得不"虽然跟前一节分析的提请注意标记"你不晓得"只有语序之别，但并非同一标记。"你晓得不"来源于疑问格式，是"你晓得不晓得"的省略式，"你不晓得"却是陈述式；"你晓得不"的语用功能重在寻求回应，"你不晓得"的语用功能重在提请注意。

作为话语标记的"你晓不晓得"及其变体均不表疑问，具有寻求回应的功能。其使用目的主要是把自己知晓但对方未必知晓的信息告知对方，再用该类标记加以提醒和确认，以寻求对方的肯定回应。其分布位置一般在某句话的末尾，不一定是整个话轮末尾，前面是需要听话人作出回应的相关信息。

（二）"是不是（的/嘛）"

像"晓不晓得"一样，"是不是"及其变体也是由疑问格式虚化而来，处于句末的"是不是"有疑问用法和话语标记用法两种不同表现。李咸菊（2019）认为"是不是"可以负载说话人全疑而问、半疑半问或无疑而问的语义信息。同时，北京话口语中还有"非问"用法，仅表示引起听话人注意，或用来求证，这种用法即话语标记用法。[①] 西南官话中的"是不是"结构也有疑问程度不等的疑问用法和不表疑问仅具语用功能的话语标记用法。

1. "是不是"的疑问用法

"是不是"表示疑问时，可用在语句中间，也可以处于句末。其疑问程度在不同的语境中略有差别，有强疑问和弱疑问之别。

（191）候诊人：说他检查结果有心脏病啊，<u>是不是</u>？

陪诊人：他怀疑心脏有毛病，还不是没得所以然，一般都是没

[①] 李咸菊：《北京自然口语中的"是不是"》，《现代语文》2019 年第 6 期。

得所以然。@@主要检查是不是癌,就是这点儿。结果还不是没得啥子毛病。也没说出个所以然,就说心脏心率不齐,有点毛病。

(重庆话:《医院候诊》)

该例中的"是不是"处于句末,用来确认前面陈述信息的真假,即询问对话中的谈论对象"他"是否有心脏病,"是不是"表示有疑而问,是表达强疑问的疑问格式。

(192)赵有才:大爷,你们这<u>是不</u>是那个公共,诶,公共厕所?
大爷:嘿,你才问得怪哟,这不是公共厕所未必还是海鲜酒楼?
赵有才:咋闻不到气气呢?
大爷:我们这是啥档次哦,是洒了香水的。

(成都话:《麻将棒棒手》)

该例中的"是不是"位于疑问句中间,属于有疑而问,是向听话人验证所问信息的标志。为强调疑问程度,有时一个话轮中还可连续出现几个疑问结构"是不是",如下例:

(193)李云飞:哎,大姚,我跟你说个事。手头活不活泛?
大姚:搞么子吗?
李云飞:跟我借四千五百块钱。
大姚:扯哟!你飞哥一向不差钱的呀,<u>是不</u>是外头养啊一个小的,<u>是不是</u>?
李云飞:不是的,有正事。

(恩施话:《私房钱》)

该例中"是不是"这一疑问结构在同一话轮中出现两次,分别处于中间和句末,强化说话人的疑问程度。"是不是"有表达全疑问和半疑问之分,"是不是"若在其后添加语气词单独构成话轮,则"是不是"的疑问程度将被削弱,如"是不是的哦"的疑问程度比"是不是"低,表示将信将疑。肖娅曼（2002）认为"是不是的哦"表达的是怀疑性追问。①这种怀疑性追问表明听话人对说话人话语的真实性有怀疑，并非肯定也并非否定，有一定的疑问但不是全疑问而是半疑问。

（194）云飞妻：那么点菜花 30 几块钱哪？
　　　李云飞：这段时间天气冷，卖菜的说少哒（...）贵些！
　　　云飞妻：<u>是不是</u>的哦？

（恩施话：《私房钱》）

上例表明云飞妻对李云飞所说的话将信将疑，没有全信，但也并未全部否定，而是对话语内容的真实程度产生怀疑，这种"是不是"格式我们可以理解为半疑问结构。

以上所举例子中的"是不是"疑问格式，不管表达的疑问程度如何，听话人均可以用"是"或"不是"作答。还有一种"是不是"疑问格式，询问的不是话语内容的真假，而是听话人的意愿，带有商量语气。我们可以把这种问句称为弱问句，听话人不能用"是"或"不是"作答，而应用能愿动词作答，如"可以"或"不可以"。下例就是如此：

（195）八孃：我看今天胖哥，那是玄得很啦。<u>是不是</u>把冈墩儿找回来哟。冈墩儿是个棒棒手哟。
　　　芊儿：哎，姨妈，冈墩儿真的有用啊，你相信我嘛。
　　　胖嫂：他来管得倒啥子用嘛，我才不信呢。
　　　荷花：不管有没有用，找哈再说嘛。

（成都话：《麻将棒棒手》）

上例中的"是不是"疑问程度很弱，说话人的使用目的是提出自己的建议，采纳与否取决于听话人。李晓琳（2013）认为弱问句具有祈使

---

① 肖娅曼：《成都话警告式"是不是的"》，《西南民族学院学报》（哲学社会科学版）2002 年第 5 期。

功能。[①]该语例中，说话人八孃对话语内容自身并无疑问，用"是不是"的目的是与胖嫂商量，希望胖嫂找回闷墩儿扭转胖哥的败局。像李晓琳分析的那样，这种"是不是"格式具有祈使功能，说话人用疑问格式表达的是意愿，并非真的有疑而问，我们称为弱疑问句。

从以上语例我们可以看出，疑问格式"是不是"可以表达不同程度的疑问，从全疑问到半疑问再到弱疑问，有清晰的发展脉络。当其疑问义完全虚化，发展到无疑问阶段时，其话语标记功能也就形成了。

2."是不是"的话语标记用法

"是不是"格式的疑问用法和话语标记用法在西南官话中是并存的，从疑问格式发展为不表疑问的固化结构经历了疑问义逐渐虚化的过程。

全疑问→半疑问→弱疑问→无疑问

以上虚化链中，从左到右"是不是"格式的疑问语义逐渐变弱直至完全消失，到无疑问阶段，"是不是"成为只表达语用功能的话语标记。

（196）玉兰：但是我不晓得哪门跟他说，他反正每次例会，他大三了嘛，忙，每次例会都去不成，活动也去不成。但是我不晓得哪门跟他说。我就直接说：嗯（..）师傅呀，我把文学社退了，然后因为么子么子吗？这样子吗？

丹丹：我觉得还是要跟他说一下吧，要不然他下次一看你哪门你没有交那个练笔文章欸，**是不是**？

（恩施话：《社团活动》）

当"是不是"作为话语标记使用时，常出现在句末。上例中处于话轮末尾的"是不是"不表达疑问，也不参与句法结构的组成，是独立的韵律单位，已经具备话语标记的特征。"是不是"在该例中表示征询玉兰

[①] 李晓琳：《"是不是"弱问句：从真问到反问的中间环节》，《汉语学习》2013年第3期。

的意见,玉兰需要对"是不是"前面的建议表达自己的看法,对丹丹作出言行上的回应。

3. "是不是"的语用功能

"是不是"用作话语标记时,后面还可接不同的语气词,形成不同的变体。其语用功能多表示对自己意见的确认,并向听话人求证,希望听话人认同自己的观点。

(197) 王欻欻:现在呢,这颗心呢终于放下了。早晓得恁个样子嘛,我们炽哥嘛也没得必要做怎么多板眼儿嘛,**是不是嘛**?

凤姐:诶,板眼儿,啥子板眼儿哦?

王欻欻:你不晓得,炽哥为了把你手上的戒指取下来,深更半夜地差点儿把你卡死,现在想起都后怕得很哦。

(成都话:《幸福炽耳朵之新年礼物》)

上例话语标记"是不是嘛"之前是说话人王欻欻对自己看法的陈述。王认为炽哥没必要想尽各种办法从妻子手上偷戒指,"是不是嘛"用来求得在场听众的认可,希望大家都认同他的说法。在场的其他人都默认了王欻欻的看法,只有蒙在鼓里的当事人凤姐就"板眼儿"发出了追问。大家的默认说明"是不是的嘛"发挥了寻求认同的作用。

(198) 李云飞:(举杯)来来来,这味道还可以,搞一口。今天我做庄,岔起搞(放开吃放开喝)!

同事们:谢谢谢谢!谢谢领导谢谢领导。

小王:李科,今天哪门肚子不疼哒耶?

大姚:我说小王你这个人也是的,你是哪壶不开提哪壶,多少给科长把点面子啵,**是不是的**?

(恩施话:《私房钱》)

上例的对话背景是李云飞的同事们曾经让他请客吃饭,但李的钱全部被其妻拿走,手头不便,于是假装肚子疼不去餐馆。现在李云飞存了一些私房钱,很大方地请大家到一家新开的餐馆吃饭,同事小王故意拿上次的事情打趣。对话中大姚劝小王不要伤李云飞的面子,用"是不是的"求得小王的认同,希望小王不要再提及旧事。该例中的"是不是的"没有疑问义,是寻求对方肯定回应的话语标记。

(三)"你看到没(有/得)"

"你看到没(有/得)"的完整式可以表述为"你看到没看到"或"你有没有看到",因此可算作"V不V"标记中的一种。该疑问结构的疑问义已虚化,其组成成分"看"的观察义也已虚化。该结构主要用来充当提醒听话人注意并寻求肯定回应的话语标记。西南官话中,"你看到没(有/得)"的疑问用法和话语标记用法也是并存的。

(199)芊儿:请问,你们是从内江来的哈?

路人:嗯,对头!

芊儿:打听一下,这个人(指照片)<u>你看到没得</u>?

路人:这就是刚才遭罚款那个嘛!

(成都话:《麻将棒棒手》)

该例中,"你看到没得"是句法结构的一部分,属于有疑而问,表示询问听话人是否看到,是该疑问结构的实义用法,不属于话语标记。

1."你看到没(有/得)"的分布位置

"你看到没(有/得)"用作话语标记时常出现在话轮中间,与前后话语之间存在语音停顿,总是指向其后的话语内容,发话人和受话人双方均可以使用。其表现形式有"你看到没有""你看到没""你看到没得"等多种变体,多由第二人称代词"你"加"V没(有/得)"结构共同组成,其中第二人称代词也可省略。

(200)客人2:她这个开过馆子的她就晓得炒哪些配哪些菜。

女主人:她配得也好,荤素哇,颜色看到很舒服,而且她很干净,**你看到没有**?不管人家厨房、灶台,嚼,干干净净,真的是。

(成都话:《吃饭闲聊》)

上例"你看到没有"用于话轮中间,前面是说话人的评价,标记后是需要听话人关注的焦点信息。该标记用来提醒听话人关注后续内容,并认同说话人对家中所请帮厨做饭风格和卫生习惯的正面评价。

2. "你看到没(有/得)"的语用功能

"你看到没(有/得)"主要用来提醒听话人关注后续信息并在关注后与说话人的意见达成一致。后续信息对于听话人而言可以是旧信息,也可以是新信息,不管听话人事先是否已经获悉,都是尚未足够重视的信息。说话人使用该标记的目的就是提请听话人注意后续信息,并在关注信息后与自己保持看法上的一致,即希望听话人作出肯定回应。

(201)干豇豆:打哪张?

闷墩儿:左边第三张,正常情况冬瓜点炮,除非他不想搁。

干豇豆:哎,听到没得?说该你点炮哦。

冬瓜:还我点,不可能。**看到没得**?这张熟的很,都放了好久了。你闻嘛,都馊了。四筒!

(成都话:《麻将棒棒手》)

该例中的"看到没得"是说话人冬瓜提示在场打牌看牌的人关注后续信息的标志,表示他自己没有点炮的可能,并希望大家认同这一点。标记后的信息对其他人来说是新信息,因此冬瓜特别强调,提示该信息足以让大家相信他不会点炮。

(202)圆圆爷爷:圆圆,你一天大鱼大肉的,**你看到没得**,你恁个重,啷个跳得起来耶?

圆圆:婆婆还没我跳得远呢。

圆圆爷爷:你跟婆婆两个比,我像你恁个大的时候,随随便便一跳,都是一两米。

(重庆话:《山城版棒军1》)

该例中"你看到没得"用于话轮中间,是圆圆爷爷提醒圆圆关注后面信息并认同自己观点的标志。圆圆爷爷用此标记提醒圆圆注意,体育不及格跳远不达标是因为吃得太好,长得太胖的缘故,并希望圆圆认同改变饮食结构并加强体育锻炼的安排。从圆圆的回答来看,该标记尚未充分发挥应有的功能,爷孙之间的交流并未按照爷爷的预期推进。

总体来看,"你看到没(有/得)"的使用目的是获得听话人的关注和认同,是寻求回应标记的一种。说话人希望用此标记获得正向回应,但交际效果并不一定完全符合说话人的心理预期。

(四)"你懂不懂"

"你懂不懂"在西南官话中疑问用法和话语标记用法并存,表示疑问时,是句法结构的一部分,后面常带宾语;作话语标记时,与"你晓不晓得"用法近似,均具有提醒听话人关注并接受自己观点的语用功能。"你懂倒没得"是该标记的变体。

1. "你懂不懂"的分布位置

用作话语标记的"你懂不懂"常处于句末,同前面的话语之间有语音停顿,提示听话人关注前面的内容,并与说话人达成共识。

(203)贾干虾儿:专骗熟人是门学问,风险小效益高,撕破脸都不得挨刀。进门容易精通难。**你懂不懂**?

锅巴:每次都遭洗白了,哪次不是我输哦。

(成都话:《麻将棒棒手》)

上例贾干虾儿和锅巴合谋通过打麻将和谎称可以帮助贷款的方式骗火锅店主胖哥的钱。"你懂不懂"位于发话人贾干虾儿话轮的末尾,前面的内容是贾干虾儿对骗人技巧的陈述。"你懂不懂"用来提示听话人锅巴关注前面的信息并认同自己的意见。

2. "你懂不懂"及其变体的语用功能

"你懂不懂"及其变体的语用功能跟其他由"V不V"为核心成分的话语标记一样,都具有提醒注意寻求认同的语用功能,是说话人希望听话人认同自己观点的提示性标记。

(204)母亲：这几天文化中心广场那里有人发面条，一人领一把，还有一小瓶酱油，不要钱呢！

女儿：你小心上当哈，是不是卖保健品的？莫去贪便宜。

母亲：他们说按摩床按摩椅可以免费用，听他们讲下课就可以领东西，没要我们交钱。

女儿：这些人就是骗人的，专门骗老年人。先给你们尝点甜头，给点儿小恩小惠，再就跟你们推销保健品，喊你们一买就买成千上万不值钱的东西，**你懂倒没得**？

（恩施话：《零星语料集锦》）

一些骗人团伙抓住部分老年人喜欢找人打发时间又贪小便宜的心理，诱导老年人购买毫无治疗作用的保健品。上例是母女对此事的谈论，语例中处于女儿话轮末尾的"你懂倒没得"意在提醒母亲关注前面提及的相关信息，希望母亲重视并认同自己的看法，不要上当受骗。

以上肯定否定式疑问结构组成的话语标记在西南官话中丰富多样，本文只重点探讨了其中出现频次较高的一些。这些话语标记的共同特点是都由疑问格式虚化而来，且在话轮中起寻求肯定回应的作用，属于寻求认同标记。

三　"啊$_2$""哈""噶"

部分语气词单独用在句末时，脱离了对原语句的依附性，可以起征询对方意见、表达言者情绪态度的作用。这些语气词均可视作寻求回应的话语标记，成渝方言中具有此类功能的语气词主要有"啊""哈""噶"等。

（一）"啊$_2$"

"啊"在西南官话中可以用作叹词，也可以用作语气词，还可以用作话语标记。作语气词时，跟在四种不同类型的语句后面，分别表示陈述语气、祈使语气、感叹语气和疑问语气。作话语标记时，可以表示自我反馈，也可以表示寻求回应，还可以表示回应对方。在元话语功能标记一章的自我反馈标记一节中，我们探讨过能作自我反馈标记的"啊$_1$"。

· 203 ·

此节将要探讨的寻求回应标记，我们记作"啊₂"。"啊₂"既可以表达说话人对听话人意见的征询，也可以表现说话人的主观态度。

1. 表征询意见的"啊₂"

"啊"作语气词时直接依附在语句末尾，同原依附句之间没有语音停顿。用作话语标记的"啊"总是单用，同前面的话语之间有语音停顿。用作征询标记的"啊₂"语调为低升调，往往紧跟在疑问句的后面，处于话轮的末尾；还可以单用构成一个话轮，用以征求受话人意见。如果受话人没有及时回答，通常重复使用，以催促受话人作出回应。赵元任（1968）认为北京话中语调特低的"啊"是语助词，表示求证。① 西南官话中的"啊₂"也具有求证功能，表示向听话人寻求答案。

（205）妻：这条路是不是到鹿院坪去的吗？**啊₂**？

夫：应该是的。

妻：说那条路蛮陡哎。你去过没得？**啊₂**？

妻：**啊₂**？（9.0）啊₂~？

夫：嗯？哦，去过一回，那时候路还没修好。

（恩施话：《零星语料集锦》）

该例中"啊₂"在妻子的话轮中多次出现，前两个话轮妻子用问句向丈夫提出疑问，并添加"啊₂"表示需要得到丈夫的及时回应。丈夫在第一个回馈话轮中及时回应了妻子的疑问，但没有及时回馈妻子的第二个话轮，于是妻子在自己的第三个话轮中重复了一次"啊₂"，以此强调对丈夫意见的征询。当等待9秒丈夫还未作出回答时，妻子通过拖长时值的"啊₂"再次提醒丈夫回答自己的问话。这种"啊₂"用来表达发话人对受话人意见的征求，用一个往往表示普通的询问，如果连用几个并且拖长时值则表达了说话人的不耐烦情绪。本例中最后一个"啊₂"就体现出了妻子的这种情绪，此时的"啊"跟前几个低升调的"啊"相比，语调升高，时值拉长。

---

① 赵元任：《汉语口语语法》，吕叔湘译，商务印书馆2005年版，第360页。

(206）炮哥：哎，凤妹儿，你去练舞去了的嘛，参加春晚，哦呵，村上的，咋个跑回来了呢，**啊₂**？

凤姐：本来我是领舞，那个教舞的老师把我换了。

（成都话：《幸福炮耳朵之新年礼物》）

该例中"啊₂"处于起始话轮的末尾，表示对凤姐没有练舞突然回来感到疑惑，需要询问原因，"啊₂"起了催促对方回答的作用。这种"啊"处于句末，与前文有语音停顿，不再作为语气词使用，如果删略也不影响原句的完整性，但会影响表达效果，无法体现说话人需要对方及时作答的迫切心情。

会话行为是一种交际行为，而交际必然是交际主体之间的互动行为。任何一方的言谈都需要得到对方的回应，体现出交互主观性（inter-subjectivity）。以上两例中"啊₂"的使用强化了说话人需要对方做出回应的语气。宗晓哲（2015）认为这个"啊"具有话轮转换功能，作用在于邀请听话人，所以一旦这种邀请得不到及时回应，就会加重语气词"啊"的音强，催促听话人对该邀请做出言语或者行为上的反应。[1] 邵敬敏（2012）指出语气词"啊"在是非问里的作用不是"和缓语气"，而是承担了"惊疑"以及"求答"的双重功能。[2] 语例（205）中妻子向丈夫发问，多次使用"啊₂"加以强调，体现了"求答"的迫切性；语例（206）丈夫炮哥对妻子凤姐突然回来表示不解，用"啊₂"追问缘由，两例中的"啊₂"都体现了寻求回应的交互功能。

2. 表商议和请求的"啊₂"

用于陈述性话语末尾的"啊₂"，可以表达与对方商量某事或请求对方答应某项建议的作用，目的是取得对方的同意。此时的"啊₂"用降调，与前面的话语之间存在明显的语音停顿。

---

[1] 宗晓哲：《汉语疑问句中语气词"啊"的语用功能研究》，《河北大学学报》（哲学社会科学版）2015年第4期。

[2] 邵敬敏：《论语气词"啊"在疑问句中的作用暨方法论的反思》，《语言科学》2012年第6期。

(207) 凤姐：我那个烂手机，屏幕恁滴滴儿大，我眼睛不好字都看不清楚，看啥子嘛看？

把哥：这个好办，我去跟你买。

凤姐：真的呀！

把哥：诶，我说话算话，我马上去跟你买，你等倒，**啊₂**！

（成都话：《幸福把耳朵之新年礼物》）

上例中的"啊₂"位于话轮末尾，用来与听话人商量事宜，表示希望听话人同意"啊₂"前面提出的建议，即把哥希望凤姐不要不开心，他马上去解决凤姐因手机屏幕小看不清楚字的问题。

(208) 凤姐：哎，金银花喊我去摆龙门阵，我要一哈回来，**啊₂**。你不要东翻西翻的把东西跟我打烂了。

把哥：不得，不得，我收拾好。

（成都话：《幸福把耳朵之新年礼物》）

该例中的"啊₂"处于陈述性话语之后，表示向听话人交代去向，并希望听话人对前述信息予以认可。此处"啊₂"并未处于整个话轮的末尾，其后面还有其他的祈使性内容。"啊₂"用来告知听话人相关事项并希望听话人付诸实施，具有商议和请求功能。

3. 表斥责的"啊₂"

这种"啊₂"主要表现说话人的内心情感，希望通过斥责的方式让对方改变言行，"啊₂"在话语中起增强责问语气的作用。

(209) 把哥：嗨呀这个东西巴适得很，字也大，啥子都看得清楚了。（掏出放大镜）

凤姐：陈黔贵，你是安慰我呢？还是来气我的，**啊₂**？有你这样子安慰人的，**啊₂**？

（成都话：《幸福把耳朵之新年礼物》）

上例中凤姐为自己的手机陈旧看字不清楚而烦恼,丈夫承诺马上解决这个问题。凤姐以为丈夫出去给自己买了新手机,没想到买回的是放大镜,很生气,于是直呼其名表达自己的愤怒。话轮中"啊$_2$"两次出现,目的是强化责问语气,表达自己的愤怒情绪。

(210) 母:我给你说哒好多遍哒,**啊$_2$**?你耳朵长起出气的呀,**啊$_2$**?(揪其子耳朵)你那手爪爪不打人你过不得日子啊?

子:是他先打的我(..)

母:他打你你不晓得跟老师讲啊,**啊$_2$**?你是个痴子呀。

子:老师又没在那里(..)

母:一说你还嘴嚼嚼的(顶嘴),硬不长点记性啊,**啊$_2$**?

(恩施话:《零星语料集锦》)

此例中,多次出现的"啊$_2$"强化了责问语气,这些"啊$_2$"均单用,前面的语句本身还有其他语气词。"啊$_2$"若删略句义不受影响,但说话人的情绪表现不充分。此例中的母亲通过频繁添加拖长加重的"啊"发泄对儿子的怒火,"啊$_2$"所起作用是增强责骂语气,使斥责程度升级。

表达斥责的"啊$_2$"主要体现说话人的愤怒、斥责、埋怨等跟心理活动相关的情感,这些"啊$_2$"的使用是说话人为了把自己的情绪传达给受话人的标志。如果去掉这些"啊$_2$",说话人的情绪就无法充分体现。语例(210)中的母亲不断使用"啊$_2$"是内心愤怒情绪的宣泄。《汉语大字典》解释"啊"为助词,"用在句末表示赞叹、肯定、斥责、催促等语气"。而赞叹、肯定、斥责、催促都与个人主观态度有关,体现个人对语境中所谈内容的看法和评价,以及由此引发的情感变化。因此,"啊$_2$"是由句末助词发展而来的话语标记,其主要语用功能是表达询问、商议和斥责,通过展现说话人的主观态度寻求听话人言行上的回应。

(二)"哈"

"哈"在许多方言中都可作语气词,其中不少方言中的语气词"哈"

受到了学界的关注，比如北京话（贺阳，1994）①、青海乐都话（雷汉卿，2017）②、四川话（蒋红梅，2009）③、湖北利川话（何越鸿，2009）④，以及重庆话（滕竹梅，2018）⑤ 等。"哈"在西南官话中语气词用法和话语标记用法并存。充当语气词时，可以表示陈述语气、祈使语气和感叹语气，一般不表示疑问语气，语调为降调。如"我上班去了哈"中的"哈"就是语气词，表示陈述语气。当"哈"单独出现在句末，与前面的话语内容之间形成语音停顿时，表达的是商量、劝慰等意义，表示希望得到对方的认同，这种"哈"韵律独立，对原句没有依附性，删略以后不影响原命题的真值，具备话语标记的特征。

1. 用作语气词的"哈"

"哈"在西南官话中可以表示陈述语气、祈使语气和感叹语气，表疑问语气时受到限制，只能跟在是非问句之后，其他疑问句不能使用该语气词。"哈"在西南官话中作语气词使用的频率很高。

（211）冈墩儿：这是要下叫了哈。

芋儿：嗯，搁啥子嘛？

冈墩儿：这个牌搁二五万带三筒。

（212）胖哥：莫把车子擦到了哈！

芋儿：不得，放心嘛！

（成都话：《麻将棒棒手》）

以上两例中的"哈"都是语气词，它们均依附在语句末尾，与前面的内容之间没有语音停顿，虽然删略以后原句还可成立，但语气受到了一定影响。其中语例（211）表达的是陈述语气，语例（212）表达的是

---

① 贺阳：《北京话的语气词"哈"字》，《方言》1994 年第 1 期。
② 雷汉卿：《青海乐都方言的语气助词"哈"》，《方言》2017 年第 4 期。
③ 蒋红梅：《谈谈四川方言的语气词"哈"》，《现代语文》2009 年第 8 期。
④ 何越鸿：《湖北利川方言中的语气词"哈"》，《湖北师范学院学报》2009 年第 5 期。
⑤ 滕竹梅：《浅析重庆方言中的语气词"哈"和"哒"》，《绵阳师范学院学报》2018 年第 7 期。

祈使语气。

刘金勤（2010）探讨过语气词"哈"的源流，认为"哈"由近代汉语中的"呵"发展而来，主要功能是表示提顿和舒缓语气，其寻求认同的用法是新兴用法，是礼貌原则导致的"哈"功能的扩展。① 马宝鹏等（2014）认为现代汉语语气词"哈"应该是由中古、近代汉语中的语气词"好"发展而来，在演变过程中，经历了"呵"这一中间过程。② 不管是"好"还是"呵"，都有表达劝谕、商榷的作用，能体现说话人的主观态度。我们认为，"哈"的情态功能和寻求认同的新兴用法是其成为话语标记的基础。

2. 表示劝慰的"哈"

在句末充当话语标记的"哈"是由依附在句末的语气词"哈"虚化而来，当"哈"单独用在句末，主观性增强，情态功能强化时，就逐步发展成了话语标记。"哈"独立成句为其虚化为话语标记提供了条件。由"哈"充当的话语标记增添了说话人与听话人之间的互动，体现了会话的交互主观性。该标记可以表示劝慰，也可以表示商议，是寻求对方回应并希望对方认同自己观点的标记之一。

（213）凤姐：哎呀，你不要紧张嘛，这段时间啊，我对你有点凶，经常有事没事我都要骂你，有时候哇，脑壳都给你骂冰了。对不起了哈，你不要生气，**哈**！

炮哥：哎呀，凤妹儿，我觉得，你打我骂我我还习惯些。你一对我温柔，我更紧张，更害怕。

（214）王欻欻：好，好，好，老婆！我们不生气了嘛，好不好？别个炮哥也是逼不得已，他还不是遭了五千块钱。他还说了，他这五千块钱，肯定要还给我，到时候我再使劲存钱，再给你买一个更大更亮的戒指！这下要得了嘛，**哈**！

（成都话：《幸福炮耳朵之新年礼物》）

---

① 刘金勤：《语气词"哈"源流考察》，《长江学术》2010 年第 4 期。
② 马宝鹏、庄会彬：《汉语语气词"哈"的源流考》，《汉字文化》2014 年第 3 期。

以上两例中的"哈"均处于话轮末尾，前面是说话人对自己建议的陈述，这些建议大多直接或间接包含道歉的意思。用在句末的"哈"都有表达劝慰、安抚的作用，表示希望受话人接受发话人的安慰，并原谅发话人之前的不当言行。

3. 表示商议恳求的"哈"

这种"哈"也是作为话语标记使用的，一般出现在某种请求之后，表示说话人希望听话人按照自己的请求去做，或者认可自己与听话人协商的内容。

（215）芋儿：嗯？三筒也叫，我还没看出来耶。@@
闷墩儿：你再考下子我嘛，**哈**。

（成都话：《麻将棒棒手》）

该例中，话语标记"哈"出现在话轮末尾，前面是说话人提出的请求，且请求句本身附着有语气词"嘛"。"哈"韵律独立，在句中起增强协商语气，恳请听话人同意说话人请求的作用。

（216）闷墩儿：啊，你是我的麻将老师，也算是我的一点儿心意。（递粉饼给芋儿）
芋儿：那，好多钱啰？有没八块？
闷墩儿：你好准啰，八块八。
芋儿：这些货嘛我们熟悉得很嘞。
闷墩儿：等我以后有了钱，我给你买高级的。**哈**！
芋儿：要得嘛。

（成都话：《麻将棒棒手》）

该例中闷墩儿为感谢火锅店的同事芋儿教自己打麻将为其购买了化妆品，并承诺将来有钱了买更好的。"哈"用在话轮末尾，与前文之间有明显的语音停顿，删略以后不影响语义但削弱了商量语气。该例中的"哈"增添了与听话人互动的意味，使语句内容更容易让人接受，起到了与听话人商议的作用。

"哈"用作话语标记时,其语气词功能还未完全虚化,因此或多或少有增添某种语气的作用。但它与作语气词的"哈"已经有了很大不同,一是韵律独立,不依附语句;二是表现出强烈的主观性,体现了说话人寻求听话人认同的意愿。无论是表达劝慰还是商议,均是说话人希望听话人认同自己看法的标志。

贺阳(1994)认为北京话的对话中,"句末带'哈'的问句经常用来询问听话人是否与说话人有相同的感受、看法或评判,是否赞同说话人的意见。"这一点与用作话语标记的"哈"十分相似,而且,贺阳还曾指出,句末"哈"有轻读和非轻读之分,非轻声的"哈"与前一个音节之间有语音停顿。[1] 这一点完全符合成渝方言中"哈"的特点,这说明,"哈"的话语标记功能有一定的共性。

"哈"的话语标记功能还得到了其他学者的认同,崔希亮(2011)指出"哈"主要表达说话人的主观态度,"是汉语对话语篇中交互主观性的标记"[2]。尹世超(1999)认为"哈"独词句可以表示追问或追求认同。[3] 何越鸿(2009)对湖北利川方言中跟在不同语句后的语气词"哈"的功能进行了细致探讨,认为其跟在疑问句后面有寻求确认功能,跟在陈述句后面有信息重复和核对功能,在祈使句后则有商榷合作功能。在分析其分布位置时特别指出"哈"可以独用,独用时商榷功能增强。[4] 研究者们所探讨的"哈"在分布位置上的独立性,语用上的追求认同或者商榷功能均与"哈"的话语标记功能有关联。

(三)"噶"

"噶"在西南官话中语气词用法和话语标记用法均存在,其表现与"哈"有近似之处。当"噶"充当话语标记时,主要起寻求回应并希望听话人认同自己看法的作用。陈振宁(2018)认为"嘎"来源于"该是哈"的合音,可以表达强认同,即说者强烈要求听者认同自己;在不同

---

[1] 贺阳:《北京话的语气词"哈"字》,《方言》1994年第1期。
[2] 崔希亮:《语气词"哈"的情态意义和功能》,《语言教学与研究》2011年第4期。
[3] 尹世超:《说语气词"哈"和"哈"字句》,《方言》1999年第2期。
[4] 何越鸿:《湖北利川方言中的语气词"哈"》,《湖北师范学院学报》2009年第5期。

的语句后面,"嘎"的强认同力度略有不同。[①] 陈文分析的"嘎"我们记为"噶",指的是同一个语气词。

(217) 炮哥:凤妹儿,这个戒指本来|

凤姐:本来想给我一个惊喜嘛,没想到我自己把它翻出来了。哎呀,炮哥,我真的没有想到,其实那天我就随便说了一个我想要一个钻石戒指,没想到你怎么上心。哎呀,我好感动哦。这个啊,就说明你真的是心痛我,对我好,**噶**!你看,今天啊,我准备了这么多菜,诶,都是你喜欢吃的。今天你就放开吃,放开喝!

(成都话:《幸福炮耳朵之新年礼物》)

该例中,当炮哥准备给妻子凤姐解释戒指的来由时,误以为戒指属于自己的凤姐打断了炮哥的话,说了一大段表示感动的话语。"噶"出现在这段感慨之后,表示凤姐希望炮哥认同自己的感慨,体会到自己的感动。此处的"噶"单独用在陈述句之后,具有寻求认同的功能,但不是强制对方认同自己,带有较强的商榷特点,相当于"是不是"的非疑问用法。

(218) 炮哥:五千块钱,完全可以买个按摩椅,我们凤妹儿腰不好,结果她偏偏要我跟她买个戒指。你想一下嘛,同样都是五千块钱,买个按摩椅怎么大一坨,买个戒指才这点点,又不能吃,又不能穿,你说有啥子用嘛?**噶**!

王欻欻:就是就是,女人就是这个样子的。哎,净买这些华而不实的东西。哎,炮哥,给我嘛!

(成都话:《幸福炮耳朵之新年礼物》)

该例"噶"单独出现在说话人话轮末尾,前面是疑问句且有疑问语气词。"噶"删略对原句的语义没有影响,但会削弱寻求听话人认同的力

[①] 陈振宁:《基于语料库多维特征聚类关联的成都话语气词研究》,博士学位论文,浙江大学,2018 年,第 144 页。

度。此例中的"嘎"是说话人炉哥希望听话人王欻欻认同自己观点的标志，即五千块钱应该买按摩椅而不是不能吃不能穿的戒指。听话人王欻欻对炉哥的看法给予了肯定回应，可以看出"嘎"的寻求认同功能起到了作用。

以上所分析的各类寻求回应标记虽然表现形式各不相同，但都具备相似的语用功能，是言者希望获得听者认同并按照言者预期作出言行回应的标志。

第三节 回应对方标记

回应标记是听话人对说话人作出回应的标记，可以是正向的肯定回应，也可以是逆向的否定回应。回应标记是针对说话人的言语发出的，因此不可能出现在首话轮，总是出现在回应话轮之中。自然交谈时可以用表情回应，也可以用言语回应，本节分析的是用言语回应过程中产生的话语标记。这些标记主要用来表达说话人肯定或否定的态度，删略以后不影响回答本身，回答话语没有回应标记依然能够成立。语料中回应标记共出现 50 次（不包含叹词单独承担应答功能的情况），占人际互动标记的 18.4%。

一 肯定回应标记

肯定回应标记表示听话人认同说话人的观点，或对说话人的言行表示许可。大体可以分为 4 个次类，分别是"也是"类标记，"哦"类标记，"就是"类标记和"好"类标记。

（一）"那（倒）（也）是"

"那（倒）（也）是"的核心成分"是"本是判断动词。在成渝方言中，"也是"类偏正结构有两种用法，一是作为肯定判断句的核心成分，表示后面提及的情况与前面的情况相同，如"老王是 97 年来的成都，老张也是那年来的"；二是话语标记用法，此时"是"后面没有宾语，该结构相当于判断句的省略表达，表示认同对方的观点或提议。作话语标记时，其表现形式主要有"那是""那倒是""也是""倒也是""那倒也是"等变体，这些标记均表示认同对方的看法或提议。

1."那（倒）（也）是"的分布位置

"那（倒）（也）是"通常出现在回应话轮的开头，后面紧跟说话人的补充说明，也可以单独构成回应话轮。

(219) A：我昨天去过那个孃孃那里，我今儿去她认不认得倒我哟，不然我跑起去又试一道。

B：没得关系，反正她卖货的这总应该见多哒哦。

A：**也是**，我估计怎么多人她也不一定记得倒我，是不是哦。

（恩施话：《交流淘宝经验》）

上例中的"也是"出现在回应话轮开头，表示认同对方的观点，后面紧跟说话人认同的理由，对自己认同的原因作进一步说明。"也是"跟本章上一节提请注意标记中探讨的具有埋怨功能的"你也是"不同，"也是"表示认同对方，"你也是"表示埋怨对方，二者虽然组成内容相似，但不是同一个标记。"也是"没有其他附加成分单独作为话语标记时，具有认同、埋怨、解释等多种功能，是一个多功能标记。

(220) 王欻欻：来，你的，这个是你的。（给两个请来闹事的男子付报酬）嗨呀，二位的表演简直是炉火纯青哦。

陌生男：**那是**，我们虽然是群众演员嘛，但是还是敬业噻！

（成都话：《幸福炮耳朵之新年礼物》）

该例中"那是"也是作为肯定回应标记使用的，在回应话轮中居于句首，后面引出的是对认同内容的进一步说明。

2."那（倒）（也）是"的语用功能

"那（倒）（也）是"主要用来回应对方，表示认同对方的观点。李治平（2012）认为由"肯定判断"发展出"解释/认同"用法是很自然的，因为认同的前提一定是对事况持肯定态度。① "那（倒）（也）是"后面可以引出进一步说明，也可以引出表达转折的内容。

（221）炮哥：哦，对了，凤妹儿，钢豌豆说的，抹了这个，就用这个保鲜袋先把它缠一下捂一下，然后效果才好。来，这只手！

凤姐：看样子，你还用了点儿心思的哦。

炮哥：**那是哦**，应该的嘛！

（成都话：《幸福炮耳朵之新年礼物》）

该例中的"那是哦"是炮哥认同凤姐所说的标志，表示自己确实"用了点儿心思"。该标记通常引出其他话语，对认同的内容再加以说明。

（222）江疯子：@@，只怕你还想要个男娃儿。

梅老坎：哪个不想哟？现在计划生育哪个敢再生。我要是想生个男娃儿，除非等下辈子！

江疯子：**那倒是**，你要是再生个男娃儿噻，那不罚得你双脚跳哇！还是按国家的政策。

（重庆话《山城棒棒军1》）

上例"那倒是"用于应答话轮的开头，也是认同标记，表示江疯子认同梅老坎虽没有男孩也不再生孩子的做法。后面引出的话语是假设关系复句，属于顺应对方话头对再生孩子的后果所作的设想，通过推测假设成立产生的不良后果，来反衬对方目前做法的正确。有些对话中，该标记除了表示认同，还有轻微的转折意味。如下例：

（223）小渝：你要是懂得外语，他就麻不到你了（骗不到你）。

江疯子：**那倒是哟**。不过，你说这有一百多个国家，这（…）哎哟，小渝你袖子哪个搞的哟？

---

① 李治平：《表态语"也是"的功能类型及其演变历程》，《语言教学与研究》2012年第6期。

众棒棒：快点弄熄了。是不是添饭的时候碰到火了。

(重庆话：《山城棒棒军1》)

该例中"那倒是哟"表示受话人江疯子认同发话人小渝所说，若懂外语就不会被外国顾客欺骗，但该标记因"倒"这一限定词的添加暗含了轻微的转折意味。后文紧跟出的转折连词"不过"引出的话语正是顺应转折意的进一步说明。即虽然懂得外语很重要，但国家这么多，要学会一百多种外语却不容易。该标记转折意的出现我们认为主要在"倒"字上。"倒"可以表示对立性对比，如"这东西南方常见，北方倒不常见。"还可以表示让步，如"这个人我认识倒认识，但不熟。""倒"进入认同标记"那是"后，原有的让步义和对立（相反）义并未完全虚化，因此"那倒是"这一标记增加了弱转折义。

跟语例（222）不同的是，语例（223）"那倒是"引出的转折复句陈述的是既有事实，而语例（222）引出的是假想事实。语例（222）的"那倒是"只有认同义没有转折义，语例（223）的"那倒是"除认同义外，还有弱转折义。具有弱转折义的"那倒是"通常引出带有转折标记的语句。

（224）梅老坎：现在工作很不好找。我倒认识一家火锅馆，只是耶，那个老板很不好说话。

赵嘉陵：有你去引荐下嘛，总比我们乱闯要好噻。

梅老坎：**那倒是**。不过，见面头一条，千万不要说是结过婚的。

(重庆话：《山城版棒军1》)

语例（224）同语例（223）一样，认同标记"那倒是"均表示肯定回应，同时都引出了具有弱转折义的语句。语例（224）中，梅老坎回应话轮的话语也有"不过"这样表示语义转折的标志。只不过转折的点不像语例（223）直接针对说话人的观点（懂外语不会被骗）自身，而是转向其他需要注意的事项，即认同赵嘉陵所说有人引荐比他们自己去闯强，但是火锅店招的是年轻无负担的服务员，求职时不得透露已婚的情况。

综上所述，我们认为，"那（倒）（也）是"类标记主要的语用功能是认同对方的观点，表示自己的看法与对方一致，以使交谈双方在建立共识的情况下将话题进一步推进。

除了含判断动词"是"这一核心成分的认同标记以外，需要注意的是，成渝方言中还有一种表示强烈认同的标记"真的"，其功能与"那（倒）（也）是"大致相当。

（225）A：你可以到实体店儿把那个衣服试哈，然后把码子记倒起，然后再跑到网上来买，我姐就是像这个样买衣服。

B：拐哒，**真的哦**，我哪门没想到呢，我等杠杠儿（过一会儿）去试下子。

（恩施话：《交流淘宝经验》）

该例中，"真的哦"位于回应话轮的开头部分，与前后话语均有语音停顿，删略不影响原句的语法完整性和原命题的真值，表示十分认同对方的建议，属于强认同标记。

（二）"哦₃"

许多叹词都可以作回应标记，如"嗯""啊""哦"等，许家金（2009）曾对青少年常用的话语标记进行过专门探讨，并对其中出现频率较高的回馈标记"嗯"列专章加以研究。根据许家金的分析，"嗯"的九大类话语功能中的主要功能是"应声回执"功能和"简单确认"功能[①]，这两种功能与我们探讨的回应标记都有关联。但许的语料中出现的"嗯"经常单独构成一个话轮，这与我们的界定有些出入。我们认为，"嗯""啊""哦"等叹词单独构成回应话轮时不算回应标记，一是因为不可省略，省略后话轮不成立了；二是叹词本身有应答功能，叹词单独构成话轮只能算叹词担负了应答功能。如果应答标记后另有应答内容，则可算用于回应的话语标记。因此我们的语料中，凡是由叹词单独构成话轮回

[①] 许家金：《青少年汉语口语中话语标记的话语功能研究》，外语教学与研究出版社1999年版，第59—70页。

应对方的语例均未纳入话语标记计数，只算叹词承担了应答功能。

西南官话中"嗯""啊""哦"等叹词均可用作回应对方的标记，其中"哦"用作回应标记的频率较高，我们以"哦"为例来探讨由叹词充当的回应标记。"哦"在西南官话中可以充当话题转换标记（记作"哦₁"，已在话语组织功能标记一章探讨），也可以充当自我反馈标记（记作"哦₂"，已在元话语功能标记一章探讨），还可以用作人际互动标记中的肯定回应标记，记作"哦₃"，在本节探讨。从发音来看，"哦₁"和"哦₂"均为低降调，"哦₃"为高平调。

1. "哦₃"的分布位置

"哦₃"总是出现在回应话轮的开头，后接表示听话人认同说话人的话语。这些话语可以是听话人对说话人部分表述的重复，也可以是听话人自己对认同情况的进一步说明。

(226) 爷爷：你没得法律效力么，你证也多一个噻。

孙女：爷爷说的也是恁个，因为我们公证之后，我把材料交到那，他就把那个名字都改成我们的了。

爷爷：**哦₃**，就户主那些都变了。

孙女：名字都改成我们的了。

（成都话：《探望爷爷奶奶》）

上例中爷爷一直力劝孙女和孙女婿去办公证手续，把自己名下的房子公证给他们。当孙女同意公证时，爷爷马上对此表示认同。"哦₃"出现在爷爷回应孙女话轮的开头，发音为高平调，与后文有明显的语音停顿，删略也不影响语句的结构和原命题的真值，属于典型的回应类话语标记。

2. "哦₃"的语用功能

"哦₃"由表示应答的叹词充当，在句中起强认同作用，表示对说话人的观点或提议十分赞同。前面语例（226）"哦₃"后接对孙女所说话语的解释，表示认同孙女的看法。"哦₃"用来强调爷爷对孙女话语的认同度，并在后文中把孙女的话语重复了一部分，表示对孙女同意去公证的做法十分认同。

(227) 凤姐：我就是老板，你们两个啥子事？

陌生男：你就是老板嗦，昨天晚上我和我兄弟在你们这吃了饭回去，拉了一晚上肚子。你看嘛，都拉缩水了。你说咋个办，是不是该赔起？

陌生男同伴：**哦₃**，赔起！

(成都话：《幸福粑耳朵之新年礼物》)

上例中两个陌生男子到凤姐的餐馆来闹事，两人一唱一和，"哦"用在回应话轮的开头，表示赞成同伴关于赔偿的提议，"哦"引出的话语像语例(226)一样，也有对说话人话语的重复成分，以强调自己的认同度。

(228) 女客1：你虚啥子？钱在你这儿，房产证在你这儿，你虚啥子？我都不晓得你虚啥子？你随时都可以撵他走。

主人之子：房产证很麻烦，老汉儿（父亲）的意思是一次交割清楚。

男主人：**哦₃**，对头对头，干干净净。

男客1：他们做生意的人不可能一手货。不过，房子交给他嘛，大头要拿。

(重庆话：《打牌闲聊》)

上例中一对夫妇准备卖掉一套房子，一个来重庆做生意的商人有购房需求，女客1认识双方，上门牵线。卖房人希望一次结清房款，免留拖账后患，当儿子提及父亲的真实想法是一次交割清楚时，马上用"哦"接过话头，表示认同儿子的说法，并用"对头对头"加强了认同度。此例"哦"还引出了说话人对认同内容的评论，即一次交割清楚，买卖就做得干干净净，不用拖泥带水，免除其他可能产生的烦恼。

（三）"就是₂"

"就是"在西南官话中既可以作填补空白的话轮维持标记，又可以作表示认同的回应标记，前者在话语组织功能标记一章已讨论，本章只探讨其回应功能，记作"就是₂"。其表现形式还有后加语气词的"就是哦""就是吵"和叠用的"就是就是"等变体。

1. "就是₂"的分布位置

"就是₂"一般出现在回应话轮的开头，可以和叹词共同构成一个回应话轮；也可以位于句首叹词之后，后面引出说话人的评价或进一步说明。

（229）粑哥：现在手法好得很，走，我去跟你按摩一下。

凤姐：可以，反正要等两个多小时。

粑哥：哦，**就是₂**。

（230）金银花：凤姐，打开了，哎呀，硬是好划算！太便宜了。诶，咋个一个号只能买两个呢？两个哪够嘛。

凤姐：那你就借一个账号买噻！哦，你们王欻欻网不网购嘛？

金银花：诶，**就是₂哦**，凤姐，哎呀，你简直太聪明了。那我先拍了，不跟你说了。

（成都话：《幸福粑耳朵之新年礼物》）

语例（229）由认同标记"就是"和叹词"哦"单独构成回应话轮。语例（230）中的"就是哦"位于叹词"诶"之后，与前后文之间均有语音停顿，后面引出了认同对方的理由和感慨。该语例中，当发话人金银花为一个账号只能买两个感到遗憾时，受话人凤姐提醒其可以用家里其他人的账号再买，该提议得到了金银花的强烈认同，并迅速付诸实施。"就是哦"所起的作用即强调说话人的认同程度。

2. "就是₂"的语用功能

"就是₂"用来表达听话人对说话人看法、提议以及其他言行的认同，其认同力度比用叹词直接回应要高。该标记后常有听话人的进一步解释，解释内容可以是认同理由，也可以是在认同基础上的称赞。

(231) 金银花：你看，现在过年，我们都有新年礼物了！但是那天凤姐，你在那个擂台上的表现呐，把我们全部都是惊呆了！

王欻欻：**就是₂**！不仅要回了五千块钱，而且还得了五千块钱大奖！哎哟，凤姐，你简直是女中豪杰！

（成都话：《幸福炮耳朵之新年礼物》）

上例的对话背景是：凤姐之夫为筹集给凤姐买戒指的钱，悄悄报名参加拳击比赛，凤姐获悉后，慌忙同几个朋友一起前去阻拦，但赶到时瘦弱的丈夫陈黔贵已经上了擂台。该例中，金银花称赞救夫心切的凤姐冲上擂台打败了擂主，王欻欻深有同感，用"就是"表达自己的认同，并对凤姐当天获得的其他奖励大加赞赏。

(232) 凤姐：这两个也不去打听一下，我杨彩凤好久在阴沟头翻过船。

炮哥：诶，**就是就是**！凤妹儿，这个保鲜膜可以拆了。拆了按摩一下就好了。

(233) 凤姐：今天你们都在啊，今天天气好好哦。我走过来我都走热了的嘛。（用戴戒指的手扇风，希望同伴们看见戒指）

金银花：诶，不热呀，我们在这打毛衣啊，手都打僵了。

女伴1：**就是嘛**，凤姐不要紧倒在这扇了，把我们都扇感冒了。

（成都话：《幸福炮耳朵之新年礼物》）

语例（232）"就是"以叠用形式跟在叹词后面，共同表示认同。此处认同话语为丈夫对妻子所说，表达的认同义部分出于真诚意愿，部分出于讨好和敷衍。其对话背景为：丈夫帮不在家的同伴王欻欻收下快递过来的戒指，妻子误以为丈夫买给自己的，戴在了自己手上。丈夫不敢解释，但戒指必须完璧归赵。于是想出保养手部的计策让妻子取下了戒指，同时找了两个小伙子以吃坏肚子为由到妻子餐馆闹事，趁妻子应付别人之机藏起了戒指。没想到妻子三两句话就戳穿了两个小伙子的谎言，面对妻子的感慨，只好用"就是就是"表示认同。

语例（233）"就是"与语气词连用，是女伴 1 对金银花关于"不热"的回应，表示认同金银花的看法。后续话语是针对不热的状况所作的提议，要求凤姐终止扇风行为。话轮中阻止凤姐继续扇风的话语是对前面认同内容的进一步说明。

（四）"好$_3$"

"好"在西南官话中可以用作形容词、副词、动词、名词等，还可以用作话语标记。充当话语标记时，可以转换话题，记作"好$_1$"，可以终止会话，记作"好$_2$"，还可以回应对方，记作"好$_3$"。"好$_1$"和"好$_2$"已在话语组织功能标记一章讨论，本章主要讨论"好$_3$"。"好$_3$"表示听话人对说话人观点、提议、做法的认同，这种认同可以是听话人主观上愿意的、赞许的，也可以是出于礼貌考虑的让步认同，还可以是为情势所迫的无奈认同。在实际运用中常叠用为"好好好"。

1. "好$_3$"的表现形式和分布位置

"好$_3$"用作认同标记时可以单用也可以叠用，一般出现在回应话轮的开头。后续话语通常是对说话人看法或提议的重复，表示认同对方所说或同意按照说话人的要求实施某种行为。

(234) 胖哥：作业先搁倒，过会儿再做，你是童子手，去帮爸爸摸一把。赢了钱，给你买肯德基，啊！

小胖：肯德基？真的啊！

胖哥：诶，幺儿乖！

小胖：**好好好**，去帮你摸一把！

（成都话：《麻将棒棒手》）

该例中"好好好"是"好$_3$"的叠用形式，出现在小胖其中一个回应话轮的开头，表示认同父亲的提议，并愿意实施去帮父亲摸牌的行为。

(235) 明慧：怕么子，只要把那个事情说清楚就行哒嘛。字写得丑怕么子，下头又不得落你陈同志的名字，别人还以为是菊香写的。

陈旭：好₃，那我就写嘛，反正出丑也是在各人这个地方。

(236) 陈旭：那曾老板，车子在底下，我们也准备好哒，我们就先走哇。

明轩母：继亮，快帮倒送哈。

继亮：**好好，好！**

(恩施话：《乡村纪事》)

语例（235）"好₃"单独出现在回应话轮开头，表示同意对方的提议，后接说话人的进一步解释。语例（236）"好₃"以叠用加单用的形式出现在回应话轮中，表示继亮认同准岳母（明轩母）的提议，并马上付诸行动，去送曾老板一行。

(237) 顾客：好多钱啰？

梅老坎：爬朝天门，最低限价，两块！

顾客：两块呀？贵哒点儿。

梅老坎：您儿还在乎这两个小钱吗？

顾客：**好嘛好嘛**，拿好点儿哈。

(重庆话：《山城棒棒军1》)

该例中"好₃"属于添加语气词后叠用的情形，此时表达的是让步认同，表示接受对方的提议并结束对话。

2. "好₃"的语用功能

"好₃"的主要功能是回应对方，表达认同。根据具体情况的不同，认同的程度有些差别，有的是符合主观意愿的完全认同，有的是出于礼貌考虑的让步认同，还有的是超出心理预期的无奈认同。不管是哪种情况，最终听话人都认可了说话人的看法、提议或行为。

第一，表达肯定认同。这种认同是一种强认同，表示说话人的言行完全符合听话人的预期，双方的想法完全一致。

(238) 五叔：明慧，你五婶叫我来领点儿布，回去扎双袜垫儿。

菊香：好，要得要得！

明慧：您回去要五婶多做点儿。

(恩施话：《乡村纪事》)

语例（238）的对话背景是：明慧和菊香联合开办手工鞋垫加工产，发动周边村民利用闲暇时间做鞋垫，由她们提供原材料和工具。该例中的五叔来替妻子领布时菊香对他们的参与表示赞许，用"好"表达自己的强认同。上文语例（234）中的"好好好"也表达了小胖对父亲以买肯德基作为摸牌的交换条件十分认同，语例（236）继亮在叠用"好"之后再加一个"好"，同样表达了对准岳母提议的强认同。这些语例中的"好$_3$"及其变体均表达了肯定认同，表示听说双方达成了完全一致。

第二，表达让步认同。这种认同含有迁就对方的用意，虽然并不完全赞同对方的言行，但允许对方这样说或这样做。

(239) 丹丹：你已经吃了吗？你文学社，不，学生会开会开完了就吃了呀。

玉兰：你失忆了么，我不是和你一起去吃的饭吗？今天下午。

丹丹：噢噢！我忘了，昨天，噢，是那几天。

玉兰：**好嘛**，我理解你，最近糊里糊涂的，哈哈。明天早上满课，明天一天都是满课，满课！今天上午，古代文学老师抽查的时候，我好怕啊，背不大到那个文章，我就怕他点我背。

(恩施话：《社团活动》)

该例为两个大学室友的对话，其中的丹丹因课程比较满，加上社团活动多，出现了忙中出错和记错事情的情形。室友玉兰用"好$_3$"的变体"好嘛"表达自己的理解，并提示对方明天是满课，应该对老师们可能做的抽查早做准备。此处的认同并非指认同对方的全部言行，而是体谅对方，允许对方说错话或做错事，宽容对方的失误，属于弱认同。

(240) 杷哥：这五千块钱我一点一点存起来的，你让我多捏一会儿嘛！你让我把它捂热和嘛！让我我多看两眼要不要得，啊？

王欻欻：好好好，多看两眼，多看两眼，让你再过下瘾。**好，好！**（4.0）哎，炮哥，说实在话，我确实也不想为难你，但你也晓得，我们金银花还不是把我的私房钱全部洗白了。我也确实是没得办法了。

（成都话：《幸福炮耳朵之新年礼物》）

该例的对话背景是炮哥不忍心说出实情，从妻子手中取走代王欻欻保管的戒指，只好拿出自己的五千元私房钱给王欻欻另买。语例中炮哥对自己的私房钱恋恋不舍，一再要求王欻欻让自己再看看。王欻欻虽急于去给自己的妻子买戒指，但出于友情和同情，用叠用的"好好好"表示认可了对方的做法，并在停顿4秒之后对炮哥做了解释，表示找炮哥要钱也是迫不得已。此处的认同是一种让步认同，并非发自肺腑认同对方的言行，而是出于同情和礼貌作出让步，从而允准对方的言行。

第三，表达被迫认同。这种认同是由于情势所迫，遵循礼貌原则的无奈认同。说话人的言行往往不是听话人的预期结果，但听话人不便反驳，只能被动认可。

（241）云飞妻：（打电话）喂，李哥呀，这发（这段时间）在忙么子？哦，是怎么个，我们公司里最近有点事，我想找您给我周转点钱。哦，没得是不？**好₃，好₃**，没事没事。

云飞妻：（另拨一个电话）喂，找下燕儿嘛。啊，不在屋里呀？哦，**好₃，好₃**，那我等哈打给她。（转身对李云飞）你说这些人嘛，找我帮忙的时候，电话都要打爆哒，躲到哪个卡卡角角里都找得到。正儿八经我有个子事找他们哒哟，关机的关机，遮这遮那，没语言哒。

（恩施话：《私房钱》）

上例为电话通话中听话人的回应，对话中还隐含了说话人的话轮，但影视剧没有将说话人的话语展现给观众，观众可以通过听话人的回应推知。对话背景是云飞妻所在公司需要职工集资10万，但云飞妻只有5万可以支配，于是打电话向朋友借钱。第一个电话可以推知接电话的李哥回复的是没钱可借，云飞妻是借钱方，是否同意借出的主动权在对方李哥那里，就算对方不借，云飞妻也不可能表示反对，只能接受。因此，云飞妻连用两个"好"表示认同对方的决定，不管李哥是不是真的没有钱借。

第二个电话不是机主本人所接，未找到本人有两种可能，一种是机主确实不在，因为打的是座机不是手机；另一种是本人在家却因不愿借钱让家人谎称其不在。不管是真不在，还是假不在，作为有求于人的云飞妻都只能认同。云飞妻只能顺着别人的话头用连续使用的"好"表示等会儿再打。此处的"好"表达的也是无奈认同，出于交际礼仪，有求于人的一方就算知道别人说谎也不便当面揭穿，只能被动接受。

(242) 梅老坎：算我帮她给你道个歉，那件衣服缝一下还能穿。家英妹子也不容易。老汉儿是个瘸子，妹儿还要靠她挣钱养活。

蛮牛：**好好好**，这些我都认了。可是她，给我补的五十块钱是假票子。

(重庆话：《山城棒棒军1》)

上例的对话背景是摆摊的王家英连哄带劝将一套劣质衣裤卖给了当棒棒挣力钱的蛮牛，蛮牛穿上的当天衣裤就都开了缝。上银行存钱又发现王家英找给他的50元钱是假钱，十分生气。王家英到老乡梅老坎居住的地方来让梅帮助推销皮鞋，碰到了也在此居住的蛮牛。蛮牛找其理论，梅老坎从中劝和，看在梅老坎的面上，蛮牛做出了让步，用"好好好"表示接受了买到水货衣裤的事实。劣质衣裤是蛮牛出于礼貌原则的无奈认同，并非真正认可对方的言行，尤其对王家英找假钱给他的事更是无法接受。此例中的"好好好"后面引出的一句"这些我都认了"进一步说明了蛮牛认同对方有很强的被动成分。

3. 学界关于话语标记"好"的主要看法

对话中的"好"可以单独成句或在句中作独立成分，表示赞许、同意、结束或转换话题,也可以表示不满意。这些用法虽在《现代汉语词典》中列为形容词"好"的义项,但语法特点和语义均与一般形容词不同。杨扬、俞理明(2018)认为词典中"好"的两个相关形容词义项已经发生叹词化,应当归入叹词,并指出这种次生叹词"好"具备应对、惊叹、提顿功能。① 本节分析的"好"属于"好"的应对用法中表示赞许认同的次类,其提顿功能与我们在话语组织功能标记一章中分析的转换话题或终止会话的"好"有相通之处。

李晋霞(2005)分析了"好"的主观性和语法化过程,认为"好"可以分为表性质的形容词"好$_1$",语义与"容易"或"可以"相当的"好$_2$",表程度的副词"好$_3$"和语义与"以便"相当的关联副词"好$_4$";这些"好"在语法化过程中主观性不断增强。② 该文所分析的这四种"好"在西南官话中均存在,用作让步认同标记的"好"能体现言者的主观态度,是"好"主观化的表现之一,这种主观性增强的"好"就是我们在本节讨论的回应标记"好$_3$"。

邵敬敏(2005)等对"好"的虚化轨迹和话语功能做出过探讨,认为"好"具有积极应对、消极应对和话语衔接功能。③ 邵文分析的积极应对功能有赞赏、应允、确认等多个方面,与本书的肯定认同功能有相通之处;消极应对功能分礼貌功能、让步功能和讽刺功能,其中前两个功能与本书探讨的让步认同功能有相通之处;话语衔接功能与本书探讨的话语组织功能有相通之处。这说明西南官话中"好"的功能与共同语中"好"的功能高度一致。

二 否定回应标记

否定回应标记是人际互动功能标记中回应标记的一种,表示对说话人的话语内容有不认同之处,含有较弱的否定意思,主要目的在于回应对方并作出进一步说明。其表现形式有语义虚化的固化结构,也有叹词

---

① 杨扬、俞理明:《次生叹词"好"反预期标记用法及衔接功能》,《语言科学》2018年第1期。
② 李晋霞:《"好"的语法化与主观性》,《世界汉语教学》2005年第1期。
③ 邵敬敏、朱晓亚:《"好"的话语功能及其虚化轨迹》,《中国语文》2005年第5期。

临时充当的否定标记。

（一）"（那）不是（的）"

该标记的核心成分是"不是"，存在"不是的"和"那不是的"几个变体。"不是"在西南官话中可以表示普通否定，用来对是非问句作答，或对某种表述加以否定，此时并非话语标记。

1. "（那）不是（的)"的普通否定用法

"不是"是否定副词"不"加判断动词"是"的组合，表示否定，如"小张是北方人，小李不是。""不是"在对话中单用表达普通否定与话语标记用法看起来很相似，但只是在出现位置和韵律特点上的相似，作普通否定时通常是针对是非问句作出的否定回答。如语例（243）：

(243) 云飞弟：哎，嫂子哪门板起个脸不高兴吗？

云飞妻：没得么子事。

云飞弟：哥哥是不是又惹嫂子哒吗？

李云飞：<u>不是的</u>，你嫂子他们公司里要集资 10 万，还差 5 万，正在为那个事情发愁。

（恩施话：《私房钱》）

此例中的"不是的"表示李云飞对弟弟的是非问句作出了否定回答，"不"属于否定副词，此处为正常否定用法，"不是的"并非否定回应标记。

2. "（那）不是（的)"的话语标记用法

刘丽艳（2005）探讨过作为北方方言话语标记的"不是"，认为"不是"主要出现在话轮开头，少数出现在话轮中间，用来引发话轮或回应话轮，并指出其引发功能是主动的，反应功能是被动的，但反应功能的应用更为广泛。[①] 成渝方言中的话语标记"不是的"及其变体只出现在回应话轮开头，不能引发话轮，其语用功能与刘所探讨的北方方言的"不是"有很大区别。

---

① 刘丽艳：《作为话语标记语的"不是"》，《语言教学与研究》2005 年第 6 期。

殷树林（2011）也对话语标记"不是"做过探讨，使用的语例主要来自东北话。殷树林认为"不是"作为话语标记使用时，其中的"是"发音含混，可以脱落。① 这些特点与西南官话中的"不是"及其变体不同，西南官话中该标记的主要表现形式为"不是的"，其中每个音节都不可脱落。根据我们调查到的语料，"（那）不是（的）"主要出现在恩施话中，偶见成都话的语例。

(244) 丹丹：我还好，我不虚，我上个星期的时候就准备背了。我一天比较闲。

玉兰：**不是**，你是比较努力，不像我喜欢耍，所以我背不到那些东西呀。嗯（…）这个星期我们还有其他的事不？

丹丹：应该没得哒，我们风采大赛，班级风采大赛也已经搞完哒，教师礼仪也已经考核哒，应该没么子事哒。

（恩施话：《社团活动》）

该例两个室友的对话中，丹丹说起自己一周前就准备好了要背诵的内容，原因是比较闲。听话人用"不是"对此进行了否定回应，表示真正的原因是因为丹丹比较努力。"不是"出现在回应话轮的开头，删略不影响句义的表达，也不影响原句的句法结构，且韵律独立，具备话语标记的特点。这里"不是"的使用目的并不在于否定对方，而在于回应对方，只是回应内容带有一定的否定色彩，因为"不是"的否定义并未完全虚化。带上否定色彩并非要对说话人表示否定，反而是表示赞美。

(245) 店员：这号烟您也抽么？

李云飞：**不是的**，屋里来哒几个小工。你怎么个，你给我拿四包。

（恩施话：《私房钱》）

---

① 殷树林：《说话语标记"不是"》，《汉语学习》2011年第1期。

上例回应标记"不是的"出现在回应话轮的开头，表示听话人李云飞对店员的问话作出回答，同时也有否定自己抽这种烟的意思，后面引出的是李云飞对买便宜烟原因的解释说明。"不是的"出现在语句中的主要目的是引出后文的解释说明，而不是对说话人的问题作出否定回答。

3. "（那）不是（的）"的语用功能

"（那）不是（的）"主要用来回应对方的话语，虽然有否定词参与，但目的并非否定对方，而是对自己的言行作出解释，以解除说话人的疑虑。其话语含有一定的否定色彩，属于对说话人言行的弱否定。

（246）凤姐：我看你才外行哦，你说的这个是热天嘛！今天是冬天天气冷气温低，这个时候浇花正合适。

杷哥：哎呀，**不是的**，凤妹儿，我是看你呀，一天好辛苦，一天又辛苦又累的，我心头很难受晓不晓得？你看这些粗活累活，应该我干才对嘛。你呀，去休息。

（成都话：《幸福杷耳朵之新年礼物》）

上例杷哥害怕凤姐浇花弄坏了他藏在花钵中的戒指，想出各种理由阻止凤姐浇花。先是指出浇花不应该在中午浇，当凤姐解释冬天应该中午浇花时，杷哥用"不是的"引出自己反对凤姐浇花的理由，表示是因为体谅她才反对她浇花。此处的"不是的"是听话人杷哥回应说话人凤姐言行的标记，目的是阻止对方继续当前行为。

（247）李云飞：你那个钱，借啊那么久哒，还给你。来，点下，点下！

大姚：我说你得么子急哟，先用到起，我看你这段时间紧紧巴巴的。

李云飞：**不是的**，放啊屋里，媳妇儿看到哒又充公哒。

（248）云飞妻：（被李云飞摸黑藏钱踢翻凳子的响声惊醒）云飞，你在搞么子吗？

李云飞：**不是的**，阳台上那个门没关，关门把东西弄翻哒。

云飞妻：你斯文点哦，半夜时候搞得叮啊咚的。

（恩施话：《私房钱》）

以上两例"不是的"均出现在回应话轮的开头，后面引出的均是说话人对自己行为的进一步说明。语例（247）李云飞面对大姚不必急于还钱的提议，用"不是的"引出自己的解释，即若不及时还钱恐怕又被妻子发现没收了。表面看是对大姚提议的否定，实际是对为什么着急还钱作出解释说明。"不是的"表示大姚的认知与李云飞面对的实际情况有不符之处，在李云飞看来，这一点对于大姚是未知信息，所以需要作出解释以让大姚知晓。语例（248）"不是的"同样出现在回应话轮的开头，用于对妻子的疑问作出回应，表示说话人要对自己半夜弄出响声作出解释。半夜弄出响声属于不合常理的行为，"不是的"引出的内容表示实际情况与妻子的预想不符，不是李云飞要故意弄出声响，而是因为检查门窗碰到了东西。

（249）保安：哪个？在这里搞么子？

李云飞：（刚从旧电视机中把私房钱钱取出）啊？

保安：哦，李科长！您儿在这里搞么子吗？

李云飞：我在屋里打游戏，冒烟哒。我拿出来看下的。

保安：哦！

李云飞：你责任感还可以。

保安：**那不是的**，我看下。那您儿慢点忙，我走哒。

（恩施话：《私房钱》）

上例"那不是的"出现在回应话轮的开头，表示对他人的赞美作出客气回应。此例中说话人李云飞对保安的责任心予以肯定，一般而言，被赞美人要谦虚应对才符合交际礼仪。保安此处的否定表达属于客气表述，并非真正否定说话人李云飞的话。

（二）"哼"

李先银（2016）讨论过表示不屑的"喊"在口语交际中的功能，认为其功能是"对互动交际中的言语刺激做出的一种否定性反应和评价,伴随说话人不屑的情感。"① 西南官话中"哼"的话语标记功能与"喊"类似,表示对说话人作出否定回应,后接话语通常是听话人的评价或具体解释。

"哼"可以表示从鼻子里发出声音的动作,也可以用作拟声词,还可以用作叹词。"哼"的话语标记用法来源于表示不满和鄙夷的叹词"哼",在会话中,"哼"的这一语义保留了一部分,尚未完全虚化。

1. "哼"的分布位置

用作话语标记的"哼"一般出现在回应话轮的开头,表示听话人对说话人的言行作出否定评价,后面引出的信息通常与听话人的主观态度有关联。也可以出现在回应话轮的中间,前面为听话人对说话人的反问或评价,后接作出这种评价的理由或进一步说明。

(250) 赵有才(闷墩儿):哎呀哎呀(差点儿摔下三轮,赶紧抱住了芋儿)。

芋儿:你把我抱恁个紧做啥子,气都出不匀。

赵有才:不把你抱紧点儿,把我拌下去,那么爷爷不是拌死了。

芋儿:**哼**,你个花鸡公,该背时。坐稳了,开车了!

(成都话:《麻将棒棒手》)

该例的"哼"出现在芋儿回应赵有才话轮的开头,体现了芋儿对赵的不满。其对话背景是赵有才从老家到成都开火锅店的远房亲戚胖哥处务工,胖哥安排芋儿去车站接这个论辈分该叫幺爷爷的年轻人赵有才。芋儿找到赵有才时发现寻找厕所的赵已误入低俗场所,正被人纠缠,于是对赵没有好印象。芋儿用"哼"引出了对赵的负面评价,表示对赵的行为很不满,后面称赵为"花鸡公"是这种负面评价的进一步说明。

2. "哼"的语用功能

"哼"是对说话人言行刺激的回应,主要用来表示听话人对说话人的

---

① 李先银:《口语对话中的话语否定标记"喊"考察》,《汉语学习》2016年第4期。

不满,可以表达不满、不屑、嘲弄或鄙夷等情绪,属于否定回应。

(251) 赵有才:哎,芋儿,你在看啥子?
芋儿:黎兵,马明宇!
赵有才:哪个火锅店的?
芋儿:啥子?火锅店儿的?哼,撞你的鬼哟!全兴队的,这么有名的帅哥你都不晓得嗦?哎呀!**哼**!

(成都话:《麻将棒棒手》)

该例中"哼"两次出现在芋儿的回应话轮中,分别处于中间和末尾,表达芋儿对赵有才连知名球星都不知道的鄙夷。刺激芋儿作出这种回应的原因是赵有才认为这两个球星是某个火锅店的员工。"哼"在话轮中强化了对赵有才的否定程度,在芋儿看来,连这么有名的球星都不知晓绝对是不可理喻的事情。

西南官话中用表示不满义的叹词充作否定回应标记的还有"喊""切"等,其出现语境、分布位置及语用功能均与"哼"相似,因此本书只对其中的一个代表"哼"作重点分析。

(三)"莫说起哒"

"莫"在西南官话中是一个高频使用的否定副词,"莫说起哒"是由副词、动词、语气词共同组成的固化结构,其语义与"别提了"相当。作为话语标记使用时,"莫说起"的核心语义保留了一部分,但并非阻止别人说话,而是听话人对说话人的问话作出否定回应,表示听话人对自己的状况有不满或无奈情绪,不愿提及。

1."莫说起哒"的分布位置

像其他回应标记一样,"莫说起哒"通常出现在回应话轮的开头,也可跟在叹词之后,引出听话人对说话人问题的详细解释。有时前加第二人称代词构成变体。

(252) 李云飞:我跟你说,你给我教的不那么行呢,几回都差点穿帮哒!

大姚：你穿哒，我都穿哒！

李云飞：啊？诶，你脸上哪门搞的吗？（指着大姚脸上的挠伤）

大姚：唉，**你莫说起哒**，我那个女的真的是很。我把钱收得那么紧，她给老子翻出来哒！

（恩施话：《私房钱》）

该例中的回应标记前附有第二人称代词"你"，系"莫说起哒"的变体。标记出现在叹词"唉"之后，引出对不良状况的描述，解释了说话人不愿提及此事的原因。对话中的李云飞和大姚都在想方设法积攒私房钱，大姚已被妻子发现并在争吵中被妻子挠伤。大姚对此觉得很丢面子，一方面想向李倾诉；另一方面又害怕别人知道，当李云飞知晓真相后，用"你莫说起哒"引出自己的无奈和不满。

2. "莫说起哒"的语用功能

该标记的"说起"是"提及"的意思，"说"是言说行为，可以说出不受限制的诸多具体内容，"说起"虽然也是言语行为，但只涉及某个话题，不涉及深入阐述。"莫说起哒"表示听话人对说话人触及的某一话题有某种难言之隐或者对话题涉及的情况感到不满，因而对说话人作出否定回应。其主要语用功能是引出听话人对某一状况的负面评价。

(253) A：你现在住学生宿舍还习惯哟？

B：**莫说起哒**，刚开头恨不得出去租房子住，现在过啊一个多月，勉强适应哒。

（恩施话：《零星语料集锦》）

该例中的"莫说起哒"表示听话人 B 对说话人 A 所提问题中涉及的住学生宿舍的境况很无奈，对住宿条件和住宿环境均有不满。B 认为自己的这些感受对于 A 来说是新信息，为帮 A 更好地理解自己的话语，便用否定回应标记"莫说起哒"加以引导。

(254) 熟人：嗨，XX，这发生意哪门个？（这段时间生意怎么样）

推销员：哎，**莫说起哒**，问的人多，买的人少，没赚到几个钱。

（恩施话：《农特产品推销》）

上例一推销员在固定的摊位售卖土特产，因生意不景气而烦恼。当路过的一位熟人问及他的生意时，为让熟人了解自己的状况，用"莫说起哒"加以引导，表示熟人所问的问题是他的难题，害怕触及。该标记后面引出的内容是推销员对生意状况的描述，也是对自己困境的进一步说明。

"莫说起哒"与共同语中的"别提了"在语义和功能方面均有一致之处，侯瑞芬（2009）认为"别提了"主要承担连接前后话语的功能，引出一些糟糕的事情。[①] 我们认为，成渝方言中的"莫说起哒"主要用来进行人际互动，是回应对方的话语标记之一，后续话语通常是对某种不如意境况的描述，与"别提了"引出糟糕的事情是相通的。

（四）"好不好"

"好不好"的核心成分是"好"，在西南官话中可以用在句末，表示正反问，也可以表示商询，还可以充作会话中的回应标记，表示否定对方的观点或说法。用作话语标记时，该结构的疑问语义完全虚化，且作为独立的韵律单位用在语句末尾。

1. "好不好"的主要用法

  a. 你觉得这部电影拍得<u>好不好</u>?
  b. 今天太晚了，明天再去<u>好不好</u>?
  c. 问：你喜欢看武侠小说吗？
   答：不是喜欢，是超爱，好不好！

以上各例中的"好不好"，a 表示询问对谈论对象的看法，需要听者

[①] 侯瑞芬：《"别说"与"别提"》，《中国语文》2009 年第 2 期。

作出肯定或否定回答；b表示征询意见，需要听者作出认可与否的回答；c表示否定对方的提问，没有疑问义。三者之中，前两例"好不好"均是句法结构的一部分，表示疑问，一般出现在提问方的问话中；最后一例并不参与句法结构的组成，属于独立的韵律单位，删略不影响原命题的真值，一般出现在答话方的回应中，不表疑问，属于"好不好"的话语标记用法。

2. 固化结构"好不好"的相关研究

郑娟曼、邵敬敏（2008）把"好不好"的话语标记用法作为新兴的后附否定标记探讨，认为"好不好"在对话中可用于提醒、拒绝、申辩和反驳。[①] 余光武（2009）等曾深入分析过"好不好"的各项功能，认为"好不好"可以分为"用于征询意见的真问、请求认同的弱问、弱化制止强度的假问和用于表达辩驳语气的话语标记语的非问四类。"[②] 余文把其中表达辩驳语气的非问用法明确界定为话语标记用法，并对郑娟曼等（2008）认为"好不好"已演化成为否定标记的观点提出了质疑，余光武等认为否定作用不是"好不好"赋予的，而是该结构前面的话语内容自身具备否定义导致的。

另外，付开平（2014，2015）撰写了关于固化结构"好不好"的系列论文，对其话语标记用法和非标记用法均有探讨，内容涉及辞书释义[③]，频度副词"好不好"的虚化[④]，以及具体作品中"好不好"的功能。这些研究中提到了"好不好"的话语标记用法，但未深入研究。孙瑞、李丽虹（2015）把不表示疑问的"好不好"视为准话语标记，认为其具有提醒、强调、辩解功能。[⑤] 孙瑞等人的看法与郑娟曼有一致之处，

[①] 郑娟曼、邵敬敏：《试论新兴的后附否定标记"好不好"》，《暨南学报》（哲学社会科学版）2008年第6期。

[②] 余光武、姚瑶：《"好不好"的表达功能及其形成的语用解释》，《语言科学》2009年第6期。

[③] 付开平、杨婧：《"好不好"辞书释义辨析》，《语文学刊》2014年第8期。

[④] 付开平：《频度副词"好不好"的虚化历程及主观化》，《齐齐哈尔学报》（哲学社会科学学报）2015年第6期。

[⑤] 孙瑞、李丽虹：《作为准话语标记的"有没有""好不好"》，《宁夏大学学报》（人文社会科学版）2015年第5期。

双方所举的语例均是对话,在一方回应另一方,且不认可对方说法时使用。

3. 话语标记"好不好"的语用功能

作为话语标记的"好不好",其疑问义已完全虚化,主要用来否定对方,与语句中的其他否定内容一起反驳对方的观点,有强化否定语气的作用。如 A 对 B 说"你不是超喜欢喝咖啡吗?今天怎么不喝?"B 回应说"我已经一年多不喝咖啡了,好不好!"B 的回应在前面的陈述部分已经对 A 的说法进行了反驳,"好不好"进一步加重了反驳的力度。前述研究者在分析"好不好"的话语标记功能时所举语例大多为这种类型,即一方陈述观点,或发出疑问;另一方作出否定回应。我们对此表示认同,认为"好不好"具有否定回应功能。在我们的语料中,发现"好不好"还可以否定潜在说话人(未参与对话)的观点。

(255)平平:我们那边的泡儿(藤蔓野生水果),老辈子们取的名字特别好玩,就是那种长刺的,黑黑的叫狗屎泡儿,但是真的一点都不像么子狗屎,**好不好**![1] 还有端阳泡儿,差不多端阳节时候吃的,橙红色的。

琳琳:你说端阳泡儿啊,我们老家也有欸,我小时候也吃过的。

(恩施话:《回忆儿时美食》)

上例平平和琳琳回忆儿时在乡村吃过的野果,平平谈及一种名字为狗屎泡儿的野果,表示这个命名跟小野果的外形不相称。后面的"好不好"单独用在平平话轮中一个语句的后面,并不表示疑问,而是表示感叹,对这种命名方式加以否定。野果的名称是相沿习用传下来的,但平平对此提出了质疑,质疑的对象是隐含的说话人,当初的命名者,即对

---

[1] 该语例在语料中只出现 1 例,使用者是两个 20 岁左右的女生。经过向相同年龄段的其他男性女性验证,他们均认可且使用。上推至 30 岁左右的人群验证,均认可且使用,再上推至 40 岁左右人群,部分认可该用法,但自己不用,再上推 50 岁以上人群验证,可以理解但不使用;下推验证 10 岁至 20 岁人群,均认可且使用,有些经常用。这说明"好不好"是 1995 年以后出生人群的常用话语标记,因此列在此节分析。

话中所说的"老辈子"。

调查发现，作为话语标记的"好不好"在西南官话中主要出现在年轻人的对话中，该标记的使用属于新的语言现象首先在年轻一族中流行的结果。

第四节　协商调节标记

协商调节标记是会话双方为达成一致或照顾对方面子而作出让步的话语标记，使用目的一是提高听话人对所提建议的认可度，减少对方心理上的不适；二是调节听说双方的关系，顾及双方的颜面，使对话顺利开展。这类标记大多与共同语中有协商调节作用的标记有类似之处，少数与共同语的标记语形不同，如"这样吧"在西南官话中用"恁（么）个"表示。我们选择了西南官话中出现频次较高的三个协商调节标记加以探讨。语料中这三个协商标记共出现 30 次，占人际互动功能标记的 11%。

一　"恁（么）个"

"恁个"在西南官话中的语义和功能与普通话中的"那么"近似，如果用在形容词之前，相当于副词"那么"，如"恁个多、恁个大"等；表示程度和方式时与"那么""这样"具有同样的作用。

（一）"恁个"的常见语义

"恁个"在西南官话中可以作副词，表示方式、程度，还可以用作代词，代指前面提到的情况。以下是摘自《山城棒棒军1》的语例，代表了"恁个"的各种实义用法。

1. 表示方式

小渝：找钱也不能恁个找。来，拿到。我走哒，叔叔。
顾客：哎，哎，这种崽儿，硬是难得呃。

2. 表示程度

梅老坎：嘿，我巴心不得那些广州人都到重庆来。
江疯子：这种事只遇得倒回把回，你以为个个都恁个大方嗦。

3. 表示强调：

蛮牛：哎呀哎呀，莫把衣服弄脏了。
王家英：哎呀，大哥，哪恁个见外哟！脏不脏有啥子关系嘛，来，告（试）下告（试）下。

4. 代指某种情况：

于芳：毛子，我相信你哟，你千万莫出卖我哈！
毛子：你放心！把心放到肚皮头，就是把我舌头割了，我都不得说的。
于芳：那好，就恁个！

以上语例均出自《山城棒棒军1》，体现了"恁个"的副词或代词用法，这种"恁个"通常用在动词或形容词之前作状语，也可以作语句的核心成分（最后一例）。除此以外，"恁个"还可以作为话语标记，表示提出某种建议，与对方协商以达成一致。

（二）话语标记"恁个"及其变体的分布位置

在对话中充当话语标记时，"恁个"总是出现在话轮中间，连接前后两个不同的话题，且与前后内容之间存在语音停顿，系独立的韵律单位。功能相当于"这样吧"，表示后文要针对前面的问题提出解决方案。这种"恁个"还有"恁么个""那恁么个"等变体。

（256）梅老坎：毛子，你一个单身汉，把钱存起做啥子嘛？
毛子：我存钱做啥子？你晓得，我要办事。

梅老坎：啥子事？

毛子：我（...）我（...）

梅老坎：噢，为了讨婆娘个嘛！讨婆娘无非是为了生娃儿嘛。**恁个**，你把钱借给我，我送一个娃儿给你。

（重庆话：《山城棒棒军1》）

语例（256）中，"恁个"出现在梅老坎回应话轮的中间，系独立的韵律单位，删略也不影响原命题的真值。该例梅老坎因小女儿生病急于用钱，想向毛子借钱，便向毛子灌输单身汉没必要存钱的观念。当毛子委婉表明要存钱娶妻时，梅老坎认为娶妻的目的就是为了生子，于是用"恁个"引出自己的建议，提出送一个孩子给毛子，以便毛子失去存钱的必要性，可以借钱给他。

"恁个"作话语标记时，在西南官话的恩施小片常说成"怎么个"，功能与"恁个"一致。

（257）秀儿：我不管，我就要跟倒你一起去打工。

明轩：你去搞么子？你又吃不得那个苦。

秀儿：反正我不搞，你走我也跟倒你走，你去讨米我都跟倒你去讨米。

明轩：那哪门要得？**怎么个**，我到底下先去，我把地方找好哒我再跟你打电话你再去嘛。

（恩施话：《乡村纪事》）

语例（257）中秀儿执意要跟明轩一起出去打工，明轩不同意，后用"怎么个"引出建议，提出折中方案，表示可以找好单位以后再让秀儿去。"怎么个"出现在回应话轮的中间，前面是受话人明轩对秀儿想法的评价，后面引出的是解决双方分歧的建议。在实际对话过程中，该标记在使用时，有时可以在前面加话轮转接标记"那"或者假设连词"要不"，增添后面提议的商询意味。

(三) 话语标记"恁个"及其变体的语用功能

"恁个"及其变体的主要语用功能是引出协商提议,以与听话人在情感认同上或解决问题的方案上达成一致。

1. 协商以达成一致

针对现存的分歧,"恁个"用来引出新的建议,以求听说双方能够达成一致。在"恁个"出现的语境中,会话双方已经就某一问题处于分歧局面,为解决问题,一方提出折衷建议以求得一致。"恁个"是提出建议进行协商的标志。

(258) 张淑惠:那我今天把活路干完了就把衣服还给你。哪个要恁个贵的衣服。

巴经理:诶,你退给我我退给哪个也?诶,想得出来哟,你!**恁个**,你先穿起,要是你服务好,我象征性地收点钱。

张淑惠:好嘛,告(试)一下嘛。

(重庆话:《山城棒棒军 1》)

该例中火锅店有预约好的大客户要来,店主巴经理为招待好他们,给最受客人欢迎的服务员张淑惠买了很贵的新衣服,让其漂漂亮亮招待客人,但张淑惠嫌贵不愿意穿。巴经理为劝张换上新衣服,用"恁个"引出他的建议,表示只要服务好客人吃得高兴,衣服不需要张淑惠本人出多少钱。"恁个"作为话语标记使用时,其前述话语是交谈双方面临的分歧,后面通常承接说话人的解决方案或建议。这种建议针对双方的分歧作出了调整,双方均有让步,建议提出后,会话双方往往能达成一致。

作为话语标记的"恁个",其语义和功能均与"这样吧"相当,指代功能已经虚化。司红霞(2005)认为"这样吧"和类似形式"这么吧""这么着吧"都是口语会话层面的语用形式,是交谈双方达成某种妥协寻求一致性的表现。[①] 卢英顺(2012)认为"这样吧""在语篇中起着承上

---

① 司红霞:《"这样吧"试析》,《语言文字应用》2005 年第 3 期。

启下的作用,上承某一事态或情状,下引说话人的一种建议"①。以上几例中的"恁个"所起的作用与司红霞和卢英顺的分析一致。稍有不同的是,"这样吧"因为语气词的参与比"恁个"语气要缓和一些,更能顾及对方的感受。

2. 提出建议以求认同

这种情况通常是一种假设性建议,标记"怎么个"前面常附有假设连词,表示说话人提出的建议是从听话人角度考虑,为听话人出谋划策分忧解难的,采不采用全在听话人自己。

(259)秀儿:哎,在一年时间之内,只要有人来找我,不管美丑老少的,我都嫁给他算哒。

菊香:我看你这个脸皮真的有城墙转角那么厚,这号的话,你都说得出来。

秀儿:哎,我是说真的。

菊香:要不**怎么个**,你明天带个板凳到街上去。面前挂个牌子,上面写两个字。

秀儿:么子字吗?

菊香:招公。

秀儿:招么子工?

菊香:招老公唦。

(恩施话:《乡村纪事》)

该例中的秀儿因身边的适龄青年大多外出打工尚无男友,加上农村结婚普遍较早,秀儿很着急。附近的菊香多次提醒秀儿不要太着急,终身大事不可草率,但心急的秀儿表示不管老少美丑只要有人求婚就嫁。面对这种情况,菊香用戏谑方式给秀儿提出了自己的建议,前面加上了假设关系连词"要不",表示提出的是假设性建议,真实目的是让秀儿听完建议后认可自己的劝慰,即不管年龄大小,终身大事都要谨慎。我们

---

① 卢英顺:《"这样吧"的话语标记功能》,《当代修辞学》2012年第5期。

认为，不管是"恁个""怎么个"还是"这样吧"都是功能一致的协商调节标记，它们的不同只是语言形式的不同。其语用功能都是将当前讨论的问题转引到解决问题的提议上，目的是提醒受话人同步思考，以使交谈各方就解决方案达成一致。

3. 告知情况转移话题

除提出建议相互协商以外，"恁个"的变体"那怎么个"还能起到转移换题的作用。

(260) 明慧：（拉过陈旭的手，把两双鞋垫放到他手上）这是我和继亮送给你的，你莫嫌弃啊。我和继亮商量哒一下，每年跟你做两双，直到有人跟你做为止。

陈旭：哎，看来，想一辈子穿你做的鞋垫儿是搞不好哒。**那怎么个**，明慧，我先送曾老板他们下去。

明慧：嗯，嗯。

（恩施话：《乡村纪事》）

该例中驻村干部陈旭很喜欢心灵手巧勤劳持家的易明慧，但明慧已有男友，见明慧与男友相亲相爱，陈旭选择祝福他们，并竭尽全力帮助他们发家致富。当地农村有女友给男友做鞋垫的习俗，面对明慧以和男友共同相送的名义递上的鞋垫，陈旭自我解嘲，为不能一辈子穿明慧做的鞋垫而遗憾。为避免尴尬，陈旭用"那怎么个"转移话题并告知自己的安排，告知的内容可以看作一种提议。该标记兼有话题转换和协商调节的作用，其话题转换作用主要由"那"体现，协商建议作用依然由"怎么个"承担，二者合在一起还有预示会话结束的功能。

胡习之、高群（2015）认为"就这样吧"及其变体形式"就这样""那就这样""那就这样吧"等在日常会话具有预示会话结束的作用，在一定条件下还可派生出同意、决断、妥协等功能。[①] 西南官话中的"那怎么个"也具有一定的妥协功能和结束会话的作用，是会话双方中一方迁

[①] 胡习之、高群：《试析会话结束语"就这样吧"》，《当代修辞学》2015年第3期。

就另一方，双方达成某种默契的标志。

二 "我看"

"我看"由人称代词和动作动词组成，其中的"看"原本为观察义，表示具体的动作行为，后发展出认知义，表示抽象的认知行为，即说话人的看法。其认知语义进一步虚化以后，发展出话语标记用法，表示提出某种建议，以与听者达成共识。曾立英（2005）认为"我看"用于对话交际中，更凸显了说者的主观态度，有强调说话人自己的看法和缓和语气的作用。① 西南官话中的"我看"具有三种用法，用法的不同由核心成分"看"的语义来决定。"看"用作动词，可以表示动作义"观察"，认知义"认为"；虚化为话语标记，表示提出建议。

（一）"我看"的主观化过程

"我看"作主谓短语是最基本的用法，当"看"表示观察义时，该主谓短语是句法结构的一部分，后面可以带宾语或补语；当"看"表示认知义时，与后面的宾语之间可以有语音停顿，但依然是句法结构的一部分。由观察义到认知义，"我看"的主观性逐渐增强。

（261）赵有才：老板娘，啥子数不清楚？那个手头和锅头是270根，但是，这个地上角角头嘛还有4根的嘛。

顾客：耶，你还凶嘛，数都不数就晓得哈。

赵有才：我看一眼就晓得噻。

（成都话：《麻将棒棒手》）

该例中的"我看"是主谓结构，后接补语"一眼"，"看"表示观察，用视线触及。这种"我看"是句法结构的一部分，删略以后原句就不完整。

（262）凤姐：找啥子？做啥子，陈黔贵，哎呀你多动症嚓，你

---

① 曾立英：《"我看"与"你看"的主观化》，《汉语学习》2005年第2期。

把这些拆开做啥子?

炮哥:嗯,我找,你看,早上跟晚上,好冷哦,潮气重,拿来晒下太阳,免得发霉。

凤姐:发霉,人家这个是蜡,封得好好的,咋个发霉?<u>我看你脑壳才才发霉了</u>,快点快点儿,几下跟我收起来。收了收了,赶快!神戳戳的!

(成都话:《幸福炮耳朵之新年礼物》)

该例的"我看"已由观察义发展为认知义,表示说话人的看法。"我看"与后续话语之间没有语音停顿,删略以后对原句的语义表达影响不大,但对语句的连贯度产生影响。

(263)陈旭:哎,那莫怎么说哟,到时候订单一来,你忙都只怕忙不过来哟。

明慧:忙不过来我倒不怕哟,就是怕到时候没得哪个要。

陈旭:嘿,没哪个要哇,**我看**,如果哪个能够穿一双明慧做的袜垫子,那就是蛮幸福的事呢。

(恩施话:《乡村纪事》)

上例的"我看"出现在话轮中间,与前后话语均有语音停顿,已成为独立的韵律单位,删略后仅对话语的连贯度有一定影响。从语义来看,"我看"保留有一定认知义,后续话语是说话人自己的主观看法,其主观性呈增强趋势。语例中说话人通过"你看"引出自己的主观判断,以期待明慧认可自己的判断,大胆开办鞋垫加工产。

(264)秀儿:你手里到底有好多钱?

明轩:我手里,就几千块钱。

秀儿:那你还搞个铲铲呐。**我看呢**,你这个事没搞好的主要症结耶,诶,我跟你说,就是在于你没得钱。

明轩:那还要你说么。我要是有那么多钱,早就到市里招商引资去哒。

（恩施话：《乡村纪事》）

语例（264）中的"我看"后增添了语气词，语气词的参与使其更加独立，删略以后对原语句没有任何结构上和语义上的影响。"我看呢"后面引出的也是说话人的主观看法，"看"的语义还是侧重于认知义。此例中的"我看呢"虚化程度更高，使用目的是提醒听话人关注自己的看法，已经具备话语标记的特点。

（二）"我看"的话语标记功能

作为话语标记的"我看"，其主要功能是引出说话人的主观看法，以期同听话人进行协商，让听说双方通过话语调节达成一致。

（265）陈旭：我们就在村里头搞一个手工袜垫的加工厂，把村里头的闲散劳动力组织起来。也不需要么子投资，一个人发个顶针发几口大针。

明慧：那要村里组织搞吵。

陈旭：**我看**，这个事还是你来牵头，我们村里来支持你！

（恩施话：《乡村纪事》）

该语例中"我看"位于回应话轮的开头，后接说话人自己的看法和建议。"我看"的出现增添了建议的商询语气，使整个建议更容易让听话人接受。"我看"若去掉，则后面的建议就变成了生硬的安排，容易让听话人产生抵触情绪。该标记的添加使整个话语内容变成了商议，从礼貌原则来看，充分顾及了对方的面子，听说双方更容易达成一致。

（266）陈旭：我把你们两个的名字都写上去哈，一个领取布料，另外一个就检查质量，要不要得？

明慧：可以。

陈旭：写起（完成）啊一张哒，**我看**，我们是不是放挂鞭炮庆祝一下哦。

菊香：那就算开业哒。

(恩施话：《乡村纪事》)

该语例中的"我看"处于话轮中间，与前后话语均有语音停顿。其语义在认知义的基础上已进一步虚化，纯粹用来引出说话人的提议。语例中说话人陈旭在替明慧和菊香写完一张招工广告后提议放鞭炮以示庆祝，"我看"和后文的"是不是"共同增加了语句的商询色彩。"我看"把听话人放到是否认同提议的主导地位，听话人的感受被充分考虑，也就更容易接受该提议。

不少学者认为"看""想""说"类话语标记均有由动作义发展到认知义再到认知义虚化这样一个主观性逐渐增强的变化过程，"我看"也有这样的虚化过程。曾立英（2005）曾撰文对"我看""你看"的主观化过程进行过探讨，认为该类标记先由观察义虚化为认知义，再由认知义进一步虚化为以语用功能为主的话语标记。我们认同这些学者的看法，并用成渝方言中"我看"的具体表现进行了验证。

现代汉语教材大多把具有话语功能的"你看""我看"类标记界定为插入语或插说语，如黄廖本、邢福义本、张谊生本、杨文全本，等等。司红霞（2007）、邱闯仙（2010）等都曾把"我看"作为插入语的一种进行系统研究。邱闯仙把具有话语标记功能的"我看"归结为认知类插入语，认为这类插入语后面的话题都是跟说话人有关的认知内容。[1] 从认知语义来看，"我看"与"我觉得"有相通之处。徐晶凝（2012）认为"我觉得"是认识立场标记，有缓和面子威胁的功能。[2] 我们在本节分析的协商标记"我看"通过充分顾及听话人面子的方式达到协商一致的目的，与该文对"我觉得"的界定一致，具有缓和面子威胁的功能。

三 "你看₂"

"你看"在西南官话中可以指句法结构中的主谓组合，也可以用作寻

---

[1] 邱闯仙：《现代汉语插入语研究》，博士学位论文，南开大学，2010年。
[2] 徐晶凝：《认识立场标记"我觉得"初探》，《世界汉语教学》2012年第2期。

求回应的话语标记,已记为"你看₁"在本章第二节讨论,还可以用作协商调节的话语标记,记为"你看₂"在本节讨论。由主谓组合到固化为话语标记,"你看"经历过逐步虚化的过程,其虚化程度主要体现在动词"看"的虚化上。该动词的虚化与前文分析的"我看"中的"看"虚化路径一致,也是由观察义到认知义,再虚化为话语标记。

(一)主谓结构"你看"的虚化过程

用作非话语标记时,"你看"往往是句法结构的一部分,二者是主谓关系,后面通常要带宾语或补语,"看"表示用视线接触,是观察义,还可引申出"探望、看护"等语义。

(267)赵有才:我想让你教我(……)打麻将。

芊儿:啥子?打麻将?

赵有才:哎,老板喊我来学的嘛。

芊儿:那个简单的很,<u>你看</u>他们打几回,下下就学会了。我反正没啥子空教你得,对不起哟。

(成都话:《麻将棒棒手》)

该例中"你看"是句法结构的一部分,"看"表示具体的动作行为,指专注地观察。此处的"你看"是人称代词与动词相连使用的情况,"你"与"看"之间可以插入状语成分,二者并未形成固化结构。该例中"你"是主语,"看"是谓语中心,后接复杂宾语(兼语结构作宾语),两个成分都有具体的词汇义和语法义,该例的"你看"跟话语标记没有关系。

(268)粑哥:啊呀,这么冷的天,你还光起手在这切菜,手杆都冻得红萝卜一样了。

凤姐:还算你有良心,晓得心痛我。

粑哥:心痛,嗨呀心痛惨了。凤妹儿,<u>你看</u>,这么嫩的手,被折磨成这个样子,我心在滴血,晓不晓得?

(成都话:《幸福粑耳朵之新年礼物》)

该例中的"你看"与前后文之间形成了语音停顿,已有向固化结构发展的趋势,但"看"的语义还保留了一定的观察义。"你看"在该例中的作用主要是提醒听话人关注后续信息,表达了一定的认知义,从功能上来看,已经与话语标记接近。

(269)凤姐:哎,陈黔贵,你咋个老是不让人家王欻欻把话说完呢?

炮哥:嗨呀,凤妹儿,你看,金银花都在理抹王欻欻,万一王欻欻冒出啥子瓜话噻,要得啥子嘛。**你看嘛**,你戴个戒指到处洋盘,到处炫耀,要得啥子嘛。到时候哇,她喊张麻子买一个,她喊铁公鸡买一个,整个幸福村大家都在买戒指,我们幸福村不就成了钻石村了,要得啥子嘛!

(成都话:《幸福炮耳朵之新年礼物》)

该例中"你看"及其变体出现了两次,二者均是独立的韵律单位,由观察义发展为认知义,删略以后不影响原句结构的完整性,也不影响原命题的真值,已发展成话语标记。其中,"你看"出现在称呼语之后,表示提醒被称呼的对象注意后续信息,从而理解自己为什么打断王欻欻的话。"你看嘛"后接说话人的看法,表示对听话人的言行不认可,并传递出要求听话人纠正这些言行的意愿。"你看"和"你看嘛"均表达说话人自己的认知立场,体现的是说话人的主观看法。发展为话语标记的"你看",根据语用功能的不同可以分为寻求回应的标记"你看$_1$"和表达协商调节的"你看$_2$"。

对于一个句法结构是否已经固化,并虚化为话语标记,我们采用Fraser(1996)[1]和方梅(2018)的观点。如何判断一个语言片段已经虚化为语用标记,方梅结合前贤的研究,给出了如下判断标准[2]:

其一,从句法上具备相对稳定的线性位置到句法上没有位置限制。

---

[1] Fraser, B., "Pragmatic markers", *Journal of Pragmatics*, Vol. 6, No. 2, 1996, pp. 167-190.

[2] 方梅:《浮现语法:基于汉语口语和书面语的研究》,商务印书馆2018年版,第76页。

其二，从句法上具有明确的功能和地位到句法上难以确定其功能和地位。

其三，从表述客观事件到表达说话人的主观态度。

其四，从具体词汇意义理解到整体格式意义理解。

其五，从韵律上的非独立形式变为独立的语调单位。

从上述各条标准来判断，语例（269）中的"你看"和"你看嘛"都已发展为话语标记，该结构不再承当句法功能，体现的是说话人的主观态度，词汇义已虚化为该格式的认知义，韵律上也成为独立的语调单位，具备话语标记的显著特征。

（二）寻求回应标记"你看$_1$"

寻求回应的"你看$_1$"根据后面是否添加语气词，以及所加语气词的不同，可以形成"你看啊""你看嘛""你看哈"等各种变体。其分布位置通常可以出现在首话轮或中间话轮，但不能出现在尾话轮。其作用是引出说话人的看法并期望获得听话人的认同，后面一般要出现听话人的回应话轮。"你看$_1$"已在本章寻求回应标记一节分析，此处不再赘述。

（三）协商调节标记"你看$_2$"

与寻求回应的"你看$_1$"不同的是，"你看$_2$"一般没有丰富的变体，只因人称代词是否采用敬称有两种表现形式，一为"你看"，二为"您看"。"你看$_1$"可以出现在话轮开头，"你看$_2$"通常出现在话轮中间，后接与听话人商议的具体内容。

1. "你看$_2$"的分布位置

"你看$_2$"一般出现在话轮中间，形成"S1，你看$_2$，S2"格式。其中S1通常是说话人对现有状况的描述，S2引出的是需要与听话人协商的内容。

(270) 凤姐：耙哥，耙哥！哎呀你在做啥子，整得丁呀咚的，半夜三更！诶，你咋个想起打沙包呢？

耙哥：凤妹儿，生命在于运动！**你看$_2$**，我想好好地锻炼一下，把身体练好，就可以更好地保护你！

（成都话：《幸福耙耳朵之新年礼物》）

2. "你看₂"的语用功能

语例（270）中，"你看₂"出现在话轮中间，前面是说话人对自己观点的陈述，后接需要与听话人协商的内容。此处"看"的动作义已完全虚化，"你看₂"引出的内容是对自己半夜弄出声响的解释，目的是获得妻子的支持和理解。该例的对话背景是耙哥把本应还给王欻欻的戒指钱阴差阳错全部捐出去了，为再次筹集资金，耙哥准备去参加拳击比赛争取五千元的奖金，于是半夜在家中练习。为不让妻子起疑，耙哥用"你看"引出编造的理由，表示打沙包的目的是要更好地保护妻子，以期获得妻子的认同和允许。

（271）王欻欻：哎，本来以为春节期间这个快递爆仓来得慢，所以我就出差去了。哎呀哪晓得呢，结果到现在，这个快递就到了，**你看₂**，我现在又没在，就想麻烦你帮我拿下快递，然后再帮我保管一下，我回来就找你拿。**你看₂**，要不要得呢？

耙哥：这个事，你放心！

（成都话：《幸福耙耳朵之新年礼物》）

该例中，"你看₂"出现了两次，第一次出现时，前面是说话人对自己现状的描述，后接说话人提出的请求，第二次出现时位于具体请求之后，再接征求对方意见的疑问句。"你看"的两次使用加上表商询的疑问句的共现都是为了与听话人协商，达到使听话人答应说话人诉求的目的。该例的对话背景是，说话人王欻欻因为人在出差不便收取快递，而快递是给妻子准备的新年惊喜，也不便让妻子去取，只好请朋友耙哥代为领取并保管。王欻欻两次使用"你看"，就是要达到与耙哥协商的目的，以期耙哥能够帮助自己收取并保管。

（272）姑母：你姑爷还是个中心户长欸。

明轩：这职务写多哒别个不相信，您实在要写，就在名字后头加个括号，把中心户长加进去。**您看₂**，怎么个哪门个（这样处理怎么样）？

（恩施话：《乡村纪事》）

该例中,"您看"出现在话轮中间,引出的是询问听话人意见的疑问句,听话人对此可以作出肯定或否定回答,但说话人希望对方给出肯定回答。"您看"之前是说话人的看法及设想,是听话人需要认同的内容;"您看"之后连接的是说话人针对此设想对听话人的询问。"您看"在此处所起的也是协商调节作用,是说话人希望对方同意自己提议的标志。语例中易明轩想在家乡创业但无资金,迫切需要资金支持的他鼓动自己亲友参与投资。易明轩以投资多寡决定公司职务高低的说法来动员其姑父投资,当姑母提出姑父本就是村里的中心户长,大小算有职务时,易明轩提出自己的处理建议并征求姑父的意见。"您看"的添加表示把选择的主动权交给了对方,使对方的面子得以充分顾及,双方也就更容易达成一致。

从出现频率来看,话语标记"你看"在我们统计的语料中总共出现 37 次,其中寻求回应标记"你看$_1$"30 次,占比 81%;协商调节"你看$_2$"出现 7 次,占比 19%。

本章对西南官话中的人际互动功能标记进行了探讨,主要分析其分布特点和语用功能,涉及话语标记 28 个,包括"我跟你说/讲""你(各人)V 哈""V 不 V""(你)硬是""那(倒)(也)是""怎个"等。这些标记对推动交际过程中会话各方的良性互动起着不可或缺的作用,因具体语用功能的不同,可分提请注意标记、寻求回应标记、回应对方标记和协商调节标记 4 个次类。人际互动功能标记的核心成分以人称代词和"说""想""看"类动词为主,这些固化组合的概念义已虚化,在会话中主要体现说话人的情感态度,增强交际的交互主观性。

第 六 章

西南官话话语标记系统的形成与发展

西南官话日常会话中的话语标记已经形成较为完善的功能系统,这一功能系统相对固定但并非完全封闭,还在发展变化之中,间或有吸纳其他地域话语标记的现象,还有的话语标记逐渐产生了新的语用功能。每个话语标记都有一个渐变的发展过程,其变化过程是一个连续统。不同话语标记处于连续统的不同虚化阶段上,使得话语标记呈现出标记用法与非标记用法、虚化程度高的与虚化程度低的用法并存的复杂局面。

第一节 话语标记的存在动因

日常会话属于口语交际,口语自身的临时性、随意性和互动性使得话语标记的存在成为必然。口语交际中话语标记的大量存在跟口语自身的特点和人类的交际目的密切相关,也跟人类的认知心理密切相关。关联理论认为人类的交际活动是一种推理活动,说话人需要向听话人明示自己的交际意图并编码发送给对方,听话人通过语词内容、语境和常识来推理说话人的语义,获知说话人的交际目的。明示和推理过程的顺利进行均离不开话语标记的指引,说话人借助话语标记引导听话人理解自己的真实意图,听话人通过话语标记顺利领悟说话人的话语。

一 口语交际的特殊性
(一) 口语交际的特点
刘丽艳(2005)认为口语交际的突出特征是具有动态性、互动性、随意性的特点，指出"话语标记存在的直接动因是源于口语交际自身的特征和它所要达到的目标之间存在的矛盾"①。我们对此表示认同，口语交际这三个特点使交际双方的认知语境始终处于变动状态，为吸引对方的注意力，使对方的交际状态与自己同步，交际双方需要使用相应的标记来引导交际进程。除了简单问候致意之类的交际一般不会引起交际障碍以外，其他交际过程因为口语自身的特点难免出现双方理解不同步的情况，话语标记能够弥补这种缺憾，及时调整交际状态，保证交际有序推进。

（二）使用话语标记的必要性

口语是现场交流使用的言语，所谈话题、所用语句均非事先设计，具有临时性和变动性。要把看似无关的信息有机组织起来，需要借助相应的话语组织功能标记。如见到熟人怎样打招呼，向陌生人询问信息如何开口，碰到不想探讨的话题如何绕开，以及自己一时记不起要表达的事项怎样保持话轮，等等，这些时候都需要运用话语组织标记使交际有序展开。会话过程中，为保证交际的有序推进，传递自己的交际意图，或者吸引听话人的注意力，或对自己的话语作出解释，又需要用到元话语标记和人际互动标记。如以下两例：

（273）张爷爷：他们提前三天到北京。他们到北京去耍也耍得很好，就去看了个那个啥子，四点钟就跑到天安门去等倒升国旗。@@但是，他们四点钟就开始走，他们隔，他住的那个华姐姐她们那里的，住在那个啥子小霞姐姐他还是哪个她们家里面。他其实就在北京体，**那个啥子**，体，体育馆，北体路，其实是隔天安门很近的，一站路就可，一两站路就可以到了的。

（成都话：《拜访长辈》）

（274）女主人：诶，对对对。我们这方面是控制得比较那个，一般是外头的人，认不倒的你是进来不倒的，都是必须要朋友带，**晓得不**？

---

① 刘丽艳：《口语交际中的话语标记》，博士学位论文，浙江大学，2005年。

男客1：因为大家都不是靠这个吃饭，都是来耍的。

（成都话：《吃饭闲聊》）

语例（273）中的张爷爷三次用到填补空白标记"那个啥子"，以保持话轮，为自己组织后续话语赢取时间。语例（274）"晓得不"是提请听话人注意的标记，指向标记前的话语。女主人为让大家安心在她的麻将馆消遣，特意给新来人员强调能到这里的规则，表示此处是安全的。这些话语标记的存在都有合理性，对促进交际过程的顺利推进至关重要。

二 交际目的的要求

人类交际的基本动因是表达诉求，提供新信息，分享知识，增进情感。人类的交际目的使得人们需要在会话中完成语言的人际功能，社会规则的约定俗成又促使人们遵循统一的交际规则。

（一）交换信息

人类交际目的之一是交换信息，在相互交谈中获知新信息。为使信息的传递不出现太大偏差，听说双方都希望自己的表达清晰明白，也希望对方准确无误地理解自己的话语。若出现理解有误的情形，需要用到一些特定的话语来解释说明、修正错误或者凸显信息，这就为元话语功能标记的使用提供了可能。

（二）传递情感

人类的交际活动除了传递必要的信息以外，更多的时候是传递情感、表达态度。熟人见面的几句闲谈目的不在传递信息，而在于巩固情感、传达态度。比如同事、同学碰面相互之间的问候看似废话一样，但交谈双方并不认为对方在说废话。因为彼此的交流不在于话语内容本身，而是因为这种互相致意的行为是维系社会关系的纽带。很多时候成年子女与父母之间的闲聊并没有传达多少新信息，交谈目的只是给彼此情感慰藉。许多时候，就在会话开启标记和会话结束标记的一递一接中，相互致意的交际就已完成。

在情感传递过程中，人际互动功能标记可以辅助表现说话人的主观态度，有些标记如"你也是""你硬是"等甚至可以直接展现说话人的责怪情绪。话语标记的出现往往能定下说话人的情感基调，让听话人在心理上有一个适应过程。人际互动标记的使用为交谈双方了解彼此的情感态度和交际目的提供了便利。

三　认知心理的限制

（一）话语理解的关联性

关联理论认为，人类的认知特点是力求以最小的心理投入获取最大的认知效果，为避免旁枝末叶影响人们的判断，交谈双方总会给出一些指引标记引导对方正确理解自己的语义。理解他人的话语有一个推导过程，说话人为方便听话人理解，往往利用各种有效手段提供最大关联，以便听话人通过恰当地推导理解会话含义或言外之意；听话人理解话语时力图通过话语标记和其他背景知识寻找最佳关联，以使自己少走弯路就能找到对方的交际意图。人类的这种认知心理和交际特点促使了话语标记的产生。

（二）语用原则的要求

从语用学的观点来看，交际双方的交流是一个信息发送与信息接收过程。信息的发送可以是言语行为，也可以是非言语行为。信息的接受是一个理解过程，接收后的反应可以是言语上的，也可以是认知或者情感态度上的。无论以言语形式还是表情、动作传情达意都应符合礼貌原则和合作原则。按照英国著名学者 Leech（1983）的观点，礼貌对语言交际起着至关重要的作用。礼貌原则（Politeness Principle）要求交际各方谈吐得体，充分顾及对方的颜面，尽量寻找同他人的一致之处，要有共情能力，减少与对方的情感对立，增加彼此的协商机会。[1] 格莱斯（1975）认为交际各方要遵循合作原则（Cooperative Principle），所说的话语要符合量的准则、质的准则、关系准则和方式准则，即交际过程中双方都应该说信息量足够的、真实的、相关的、表述清晰明了的话语。[2]

自然会话要符合礼貌原则和合作原则，就离不开对话语标记的运用。

---

[1] Leech, G. N., *Principles of Pragmatics*, Lonlon: Longman, 1983.

[2] Grice. P., "Logic and conversation" in Cole & Morgan. *Syntax and Semantics: Speech Acts*, New York: Academic Press, 1975, pp. 41 – 58.

协商调节标记的使用多是遵循礼貌原则的体现，不少元话语功能标记的使用是为了满足合作原则。比如第五章探讨的协商标记"你看$_2$"常用来引出需要与听话人协商的内容，该标记充分顾及对方的颜面，把听话方放到重要位置上，是礼貌原则对言语交际的内在要求。元话语功能标记中的解释说明标记、信息凸显标记等引出需要解释或强调的话语，并对自己的话语作出充分的解释，为听话人提供适量的信息，这些标记的使用充分体现了合作原则对交谈方式的约束。

四 会话结构规则的约束

（一）会话结构的特点和规则

会话分析理论告诉我们，会话绝不像表面看来那么杂乱无章，而是有内在规律可循的。交谈过程中，怎样维持话轮，何时放弃话轮，怎样交接话轮都有内在规则在约束。多人交谈时，当前说话人如何邀请下一说话人，怎样避免出现长时间的沉默（冷场）也有内在规则。根据 Sacks（1974）等人的研究，在任何会话过程中，会话结构都有如下主要特点[1]：

1. 说话者总是轮换进行，或者至少轮换一次；

2. 同一时间一般只有一人说话，若有多人同时说话，一般重叠时间很短，其他人会放弃话轮，依然保持一人说话状态；

3. 话轮顺序不是固定的，可以改变；

4. 话轮之间一般没有间隙，若有，一定有某种原因或者代表某种意义；

5. 话轮的长短不是事先确定的，谁先说话也不是事先确定的；

6. 话轮的分配不是事先确定的，当前说话人可以选定下一个说话人。

会话结构的特点决定了会话规则中话轮交接（turn-taking）的关键点，那就是会话的转换关联位置（transition relevance place）。转换关联位置是说话人是否发生改变的关键，话轮分配规则大致如下：[2]

1. 若现有话轮中当前说话人选择了下一个说话人，那么被选中的对

---

[1] Sacks, Harvey, Emanuel A. Schegloff & Gail Jefferson., "A simplest systematics for organization of turn-taking for conversation", *Language*, Vol. 50, No. 4, 1974, pp. 696–735.

[2] 刘虹：《会话结构分析》，北京大学出版社2004年版，第24—25页。

象应该接下去说话,其他人不应说话。话轮交接发生在选定说话人的转换关联位置。

2. 若当前说话人没有选择下一个说话人,且停止说话,那么在场的听话人可以自选成为新的说话人,谁先说话谁就获得话语权。话轮交接发生在新说话人开始说话的转换关联位置。

3. 若当前说话人没有选定新的说话人,当前说话人可以保有话轮继续说话,其他听话人也可以插话索取话轮。话轮交接发生在索取话轮成功之处。

以上是会话结构规则的主体内容,所有的会话都应遵循以上原则,否则人们说话就乱成一团。吵架属于极端的会话状态,但也不会完全忽视会话规则,同时说话发生话语交叠的时间不会太长。

会话结构的特点和话轮分配规则决定了人们的口语交际需要借助话语标记来遵循这些规则。人们在会话中,尤其是多人会话又未指定下一个说话人时也很少出现重叠(overlap)现象,就算出现重叠也只会持续几秒,其中一方会停止说话让另一人继续说话,多数时候都是话语标记在起调节作用。会话参与人对会话规则的遵循需要话语标记来体现。比如想接话的参与人先用话轮控制标记"这个"或"那"接过话轮,表示自己要开始说话,以便其他参与交谈的人不抢夺话轮,避免重叠现象的出现。

(二)会话结构规则需要话语标记体现

话轮的分配规则决定说话人或者听话人需要采用一些话语标记来占据或者索取话轮。比如维持当前话轮使用的填补空白标记,告诉其他会话参与者当前说话人还不想放弃话轮,仍有话要说;寻求回应标记用在话轮末尾表示说话人准备邀请听话人成为新的说话人,回应标记表示听话人接过了话轮,等等,不一而足。

本书第三章分析的话语组织功能标记中的话轮控制标记是遵循会话结构规则约束的重要标志,比如话轮维持标记"所以""然后"等表示话轮交接尚未开始,听话人需等待当前说话人继续说话;话轮转接标记"那"表示听话人已经接过了话轮,前一说话人应该停止说话。第五章分析的人际互动功能标记中,"看""想""说"为核心成分的寻求回应标记表示说话人要将话轮交给听话人。"是不是""晓不晓得"等"V不V"格式标记同样具有这样的功能,表示说话人邀请听话人成为新的说话人。这些话语标记的出现,都是会话结构规则约束的结果。

综上所述,话语标记的存在动因跟口语交际自身的特点、人类的交际目的、认知心理及交际规则密切相关。人类交往所遵循的语用规则和会话结构规则使得人们需要使用话语标记来辅助完成交际过程。

第二节 话语标记的形成机制

话语标记的形成整体来看都经历了虚化过程,虚化的具体路径有语义虚化、语形简化、语法化等,虚化方式包括高频使用、语义磨损、重新分析等多个方面。我国传统语言研究的虚化概念可以概括话语标记的形成过程,国外一般使用"语法化"这一概念。我们所说的虚化比语法化要宽泛,虚化包含语法化。

一 形成路径

话语标记的形成大多跟语法化、语义虚化(如语义泛化和抽象化)、语形简化(如词汇化)等虚化手段关系密切。词汇化、语法化、主观化等形成机制对不同的话语标记施加了程度不等的影响。西南官话中的话语标记不管语形与其他方言的话语标记有无不同,经历的虚化过程大都一样。

(一)语法化

关于语法化的理解,沈家煊(1994)的观点是:"语法化"(grammaticalization)通常指语言中意义实在的词转化为无实在意义、表语法功能的成分这样一种过程或现象,中国传统的语言学称之为"实词虚化"[①]。吴福祥(2004)也提出了类似的看法,指出语法化"指的是语法范畴和语法成分产生和形成的过程或现象,典型的语法化现象是语言中意义实在的词语或结构式变成无实在意义、仅表语法功能的语法成分,或者一

---

① 沈家煊:《"语法化"研究综观》,《外语教学与研究》1994年第4期。

个不太虚的语法成分变成更虚的语法成分"①。

话语标记的出现是一种语法化现象，吴福祥（2005）在分析 Traugottt（1996）等人的观点后指出，"大量的证据显示，在一些具有历史文献的语言（如英语、德语和日语）里，话语标记来源于表达概念意义的词汇成分或词汇序列。其历史演变过程清晰地显示，话语标记的产生也经历了与词汇语法化相同的语义演变（泛化、主观化）、'去范畴化'（decategorilization）、重新分析、语音弱化等过程，并且也呈现单向性和渐变性特征。因此，话语标记的产生也是一种典型的语法化现象"②。以短语形式固化以后形成的话语标记大多经历了语法化的过程，如"你看""你说""你晓不晓得""看你"等短语或语义泛化，或语音弱化，或主观化增强，成为概念义虚化语用功能强化的话语标记。

（二）词汇化

词汇化指原本是句法结构的非词形式在历时演变中发展为词的过程。有些话语标记受过语法化与词汇化的双重影响，如胡斌彬、俞理明（2010）指出"再说"经历了词汇化语法化交叠发展的过程。③ 董秀芳（2007）强调话语标记"谁知道""别说"是词汇化的结果，"谁知道"同时也发生了语法化，指出话语标记的产生可以是词汇化的产物，也可以是语法化的产物。④

李思旭（2012）认为"别说""就是"这样的话语标记经历过先词汇化再语法化的过程。⑤ 李思旭还认为话语标记的来源存在多样性的特点，也就是说，话语标记来源有多种模式，有的先词汇化再语法化，有的只有词汇化或语法化一种方式，同一个话语标记的形成也可以是多种生成机制综合作用的结果。⑥ 李宗江（2014）认为"别说"类话语标记

---

① 吴福祥：《近年来语法化研究的进展》，《外语教学与研究》2004 年第 1 期。
② 吴福祥：《汉语语法化研究的当前课题》，《语言科学》2005 年第 2 期。
③ 胡斌彬、俞理明：《"再说"的词汇化和语法化》，《西华师范大学学报》（哲学社会科学版）2010 年第 2 期。
④ 董秀芳：《词汇化与话语标记的形成》，《世界汉语教学》2007 年第 1 期。
⑤ 李思旭：《从词汇化和语法化看话语标记的形成》，《世界汉语教学》2012 年第 3 期。
⑥ 李思旭：《话语标记来源模式的多样性》，《汉语学习》2016 年第 2 期。

是由短语直接演变为话语标记的，其中没有经历词汇化过程。① 不管大家看法是否一致，我们至少可以肯定词汇化是话语标记形成的一种重要机制。

一些跨层结构在成为话语标记的过程中大多经历了词汇化的过程，如"说是""再说""硬是"等。这些话语标记曾经是相邻使用的不同词语，分属不同的句法结构单位。经过高频使用或重新分析，逐渐虚化为词语，承担话语标记功能。

（三）主观化

语言具有主观性（subjectivity），指说话人在说话过程中，总会在自己的话语里留下或多或少的个人印记，体现自己的视角、态度和情感。"主观化"（subjectivisation）则是"指语言为表现这种主观性而采用相应的结构形式或经历相应的演变过程"②。固化成话语标记的结构大多经历了语义从具体到抽象，再到仅表现说话人态度和情感的过程。

主观化过程是人类认知规律的体现，人类的认知规律有从具体到抽象，从表象到本质的过程。"说""想""看"类话语标记的形成过程是语义上从动作义到认知义的过程。随着语义的泛化和语用上的主观化，这些话语标记成为主要体现说话人主观态度的固化结构。西南官话中的"你莫说"就经历了主观化的过程，"你莫说"本为"你不要说"之义，是一个主谓结构，当其动作义完全虚化，仅仅表示说话人对某事持肯定态度时，就成了主观化程度很高的话语标记。另外，由疑问格式构成的话语标记"你晓不晓得""你懂不懂""你看到没得"等也经历了主观化的过程，这些疑问格式从有疑问到疑问义消失的过程就是主观性逐渐强化的过程。

在话语标记的虚化过程中，语法化、词汇化、主观化起到了不同程度的影响。有的话语标记是语法化的结果，有的是词汇化的结果，还有的是主观化的结果，也有的是三者综合作用的结果。如"硬是"就受到了词汇化、语法化、主观化的综合影响。"硬"和"是"分属两个不同的

---

① 李宗江：《也说话语标记"别说"的来源——再谈话语标记来源的研究》，《世界汉语教学》2014年第2期。

② 沈家煊：《语言的"主观性"和"主观化"》，《外语教学与研究》2001年第4期。

词，前者对后者起强调作用而长期相邻使用之后，逐渐词汇化为一个副词。成为副词后，"硬"语法化为副词性语素，"是"语法化为词缀。在西南官话中，该词常置于句末，强化说话人的主观情绪，后该词逐渐脱离原句法结构，成为仅体现说话人责怪情绪的话语标记。

二 虚化方式

话语标记的虚化方式主要有高频使用、语义磨损、重新分析、删略等，这些方式有些是相伴发生的，如高频使用常常伴随语义磨损的出现，重新分析导致某些成分的删略等。不同的话语标记虚化方式并不相同，仅以高频使用、语义磨损、重新分析三个方面为例分析西南官话中话语标记的虚化方式。

（一）高频使用

话语标记的形成总是跟高频使用有或多或少的联系，不少由连词虚化而来的话语标记大多经历了高频使用的过程，如"然后""所以"等。这些连词在对话中出现频率极高，逐渐淡化了连接作用，变成了话语衔接标记或话语填充词。沈家煊（1994）认为虚化和高频使用是相辅相成的，"实词的使用频率越高，就越容易虚化，虚化的结果又提高了使用频率"[①]。不断地重复使用让词和短语原有的功能受到冲击，其句法功能和语义逐渐从原形式中脱落，成为同形的话语标记，仅用来对话语内容进行组织调控或展现说话人的视角和态度。

（二）语义磨损

高频使用常常伴随语义磨损的产生，一些词或短语在高频使用中，其具体含义逐步抽象化，抽象化的含义又进一步主观化，致使其原有概念义基本磨蚀殆尽，此时，也是该词或短语完全虚化为话语标记的分界线。比如"说""想""看"类语词本来表示具体的动作行为，因高频使用而逐渐发展出抽象的认知义。在反复使用过程中，认知义又进一步脱落，为成为话语标记核心成分奠定了基础。当这些语词完全虚化以后，就与人称代词结合成仅表示说话人主观态度的话语标记。

---

① 沈家煊：《"语法化"研究综观》，《外语教学与研究》1994年第4期。

（三）重新分析

重新分析是相邻使用的词语融合成一个话语标记的重要路径。西南官话中的话语标记"说是""再说"等在语法演变中都经历过重新分析的过程。"说"本为言说动词，与判断词"是"相邻使用，本为"（X）说＋是 NP"结构。该结构"说"表示言说，"是"可以作指示代词、判断动词、形容词，"是（NP）"与"说"可以构成判断句的核心部分，也可以构成动宾结构。在长期相邻使用过程中，该结构重新分析为"说是＋S"构式，此时"说是"凝固成一个词，用于传信，表示消息来源。

"再说"本是"再＋说 S"结构，"说"为动词，可以表示讲故事、解经、批评指责等等。在长期相邻使用过程中，"再＋说 S"重新分析为"再说＋S"结构，"再说"成为一个词，并逐渐发展出连词、助词词性，最后随着音韵的独立，"再说"脱离原句法结构，成为话语标记中的一员。

第三节　西南官话的话语标记系统

话语标记因其在会话中的独特语用功能而受到关注，每一个话语标记都有相应的语用功能。因此我们主要从功能角度归纳鄂渝川西南官话的话语标记系统。一段会话的完成通常由交谈过程、交谈内容和交谈主体三大要素组成。话语标记作用于会话过程的始终，对交谈过程、交谈内容、交谈主体施加影响，体现出不同的语用功能。话语组织功能标记、元话语功能标记和人际互动功能标记相辅相成，共同保证会话过程的有序推进，形成了西南官话话语标记的功能系统。

一　西南官话话语标记系统的组成

话语标记语义上概念义已虚化，句法上不属于句法结构，大多只具备语用功能，语用功能是话语标记的本质特征，可分话语组织功能、元话语功能、人机互动功能三大核心功能。西南官话的话语标记系统由三类不同功能的话语标记组成，分别是话语组织功能系统、元话语功能系统和人际互动功能系统。在西南官话 66 个典型的话语标记当中，话语组织功能标记共 17 个，占 25.8%；元话语功能标记 21 个，占 31.8%；人际互动功能标记 28 个，占 42.4%。

话语组织功能标记承担了保证会话过程有序进行的功能，是会话各方掌控交际进程、顺利完成交际意图的有效标引手段。但话语组织功能标记并非万能的，它们只能作用于交际进程，当会话的话语内容自身需要解释或修正时就要借助元话语功能标记来解决。元话语功能标记是对话语内容自身起管控作用的标记，是更高层级的话语。会话是交谈各方的信息传递过程，也是情感态度的展现过程，当要突出交谈双方的主观态度时，就需要人际互动功能标记的参与。人际互动功能标记是作用于交谈主体的，会话的目的不仅仅是传递信息，还需要传达双方的情感和态度，这正是人际互动标记可以解决的问题。

综上所述，三类话语标记功能各有侧重，在会话中相辅相成，共同完成交谈主体的信息分享过程和情感态度的展示过程。每个话语标记都是这个功能系统的一员，在会话交际的不同环节发挥作用。

二 部分话语标记的多功能性

话语标记对会话过程的各个环节施加影响，分别起到监控会话进程、调整话语内容和开展人际互动的作用，这些作用需要三种功能的话语标记共同来完成。多数话语标记只具备其中一种功能，少数话语标记兼有多种功能，在各个环节均能产生影响。

同一语形的标记有时可以承担多种功能，西南官话中的多功能标记有来源于叹词的"诶""哦""啊"，来源于代词的"那"，来源于连词的"所以"，来源于形容词的"好"，来源于短语的"你看"等。它们分别作用于会话的不同阶段，比如"诶"可以用来开启一段会话，也可用来转换话题；"哦"可以用作自我反馈标记，也可以用来转换话题，还可用来回应对方，表示认同对方的看法；"啊"可以表示自我反馈，也可以表示寻求回应。"那"可以表示转接对方的话轮，也可以用来转换话题。"所以"可以用来占据原话轮，维持现有话语权，也可以用来转接话轮，抢夺新的话语权。"好"可以转换话题，终止会话，还可以回应对方，表示完全认同、让步认同或被迫认同。"你看"既可以用作寻求回应的标记，也可以用作协商调节标记。

同一语形兼具多种语用功能是话语标记高度发达的表现，这些多功能标记与其他话语标记一起承担不同的语用功能，使看似杂乱无章的会话交际变得有条不紊。日常会话对话语标记的依赖促使了话语标记的产生和话语标记系统的形成。

三 话语标记是渐变的连续统

话语标记与同形非话语标记并存，它们之间有的界限分明，有的界限模糊。这是因为话语标记的虚化是一个渐变过程，不同话语标记处于连续统的不同阶段上。同样由连词虚化而来的话语标记，"所以"的连词功能与话语标记功能就有界限不分明的情形，而"然后"的标记用法和非标记用法却界限分明。有些充当话语标记的"所以"从局部看没有引出结果的作用，但整体来看还是对前面的话语内容有一定的照应，可见"所以"还处在虚化的早期阶段，而"然后"已处于虚化的成熟阶段，有些"然后"甚至可以视为口头禅。

同一类型的话语标记，虚化程度各自不一。"说""想""看"同样作为话语标记的核心成分，但"看"的虚化程度明显要高于前两者，"说"和"想"的动词义在话语标记中还有相当程度的保留。这说明在整个话语标记系统中，有的话语标记属于典型成员，有的属于不太典型的成员。同一话语标记在不同语境中也呈现出虚化程度不一的情况，如"是不是"有弱疑问和无疑问之分，"我跟你讲"也有强提醒和弱提醒之别。由此可见，话语标记系统是一个渐变的连续统。

第四节 西南官话话语标记的发展变化

西南官话中的话语标记系统业已形成，但仍在发展变化，具有一定的内部差异和外部差异，还出现了一些代际差异。从三个主要调查点取得的语料来看，共性是普遍的，但也有少量差异，主要体现在语形和使用偏好上。从外部差异来看，有语形上的差异，也有使用频率的差异，还有语用功能上的差异。

一 地域差异

（一）内部差异

鄂渝川西南官话话语标记之间的内部差异较小，总体呈现共性多差异少的特点。具体差异在第三章到第五章各类话语标记的探讨中已涉及，本章只略作总结。

1. 语形差异

主要体现在少数话语标记语形的差异上。如协商调节标记"恁个"主要在川渝地区使用，湖北境内的西南官话一般用"怎么个"来表示。会话终止标记川渝地区多用"行了行了""算了算了"，而恩施地区相应标记的语气词全部为"哒"。

2. 选择差异

叹词或语气词充当话语标记时，成都话、重庆话多用"哦""哈""嘎"，恩施地区不用"嘎"，多用"诶""哈""啊"等。这些词语在西南官话中可以充当会话开启标记、寻求回应标记或回应对方标记，具体内容已在第三至五章分别探讨，此处不再赘述。

3. 语用差异

有些话语标记在语用功能上有细微的差别，如"哦"在西南官话的几个不同调查点均可以作回应标记，但功能有细微差异。比如成都话、重庆话还可以表示认同，而恩施话仅用作回应，表示听到了说话人的话语，没有认同功能。

（二）外部差异

外部差异体现的是普通话和西南官话话语标记的对比结果。但这里所对比的普通话并非特别纯正的普通话，凡是学界对话语标记的研究未注明具体方言地域的我们姑且都归入普通话系列，虽然他们的研究材料可能受到了某种北方方言的影响。研究者特别注明是东北话、北京话或其他方言的，没有纳入对比范围。这里的对比结果没有完全区分口语和书面语，前贤的话语标记研究大多是基于口语语料作出的研究结论，少数参考有书面语文献。这些我们不作深究，只关注他们研究的话语标记的语形和功能，也主要从这两个角度作对比。

1. 语形和功能一致的话语标记

西南官话中的话语标记有一部分在语形和功能上与普通话基本一致，部分不一致。还有一些属于普通话有而西南官话不常有的标记，或者西南官话有而普通话少见的标记（见表6—1）。

表6—1　西南官话语形和语用功能与普通话大体一致的话语标记一览

序号	话语标记	语用功能	序号	话语标记	语用功能
1	然后	占据话轮	22	你信不信	信息凸显
2	那$_1$	话轮转接	23	换句话说	换言标记
3	呃（嗯）	填补空白	24	话说回来	换言标记
4	就是$_1$	占据话轮	25	看你	提请注意
5	这个	填补空白	26	你也是	责怪提醒
6	所以$_1$	占据话轮	27	我问你	提请注意
7	所以$_2$	话轮转接	28	你说清楚	提请注意
8	那$_2$	转换话题	29	你看$_1$	寻求回应
9	好$_1$	转换话题	30	你想	寻求回应
10	好$_2$	终止会话	31	你说	寻求回应
11	人家说	消息来源	32	啊$_2$	寻求回应
12	听说	消息来源	33	哈	寻求回应
13	说是	消息来源	34	是不是	寻求回应
14	我是说	解释说明	35	你看到没有	寻求回应
15	再说	解释说明	36	你懂不懂	寻求回应
16	我想	解释说明	37	那倒是	回应对方
17	就是说	解释说明	38	就是$_2$	回应对方
18	说实话	信息凸显（含各变体）	39	好$_3$	回应对方
19	说白了	信息凸显	40	好不好	回应对方
20	跟你说清楚	信息凸显	41	我看	协商调节
21	我警告你	信息凸显	42	你看$_2$	协商调节

表6—1所列为语形和语用功能大体相当的话语标记，共42个，占鄂渝川西南官话典型话语标记的63.6%，这说明，西南官话与普通话中的话语标记大部分是一致的。需要强调的是，二者虽然语形和功能大体相

当，在使用上还是有细微差异。比如"我跟你讲/说"类标记在西南官话中多数是搭配语气词使用的，搭配最多的语气词是"哈"和"哟/嗫"；"你看""你想""你说"这类标记在西南官话中一般也要搭配语气词使用，二者的语用功能因语气词的添加略有不同。另外，"说""想""看"的前面常有西南官话的第一人称代词"各人"，形成"你各人想哈""你各人看嘛"等变体。也就是说，虽然语形主体一致，实际使用中西南官话的话语标记与普通话中的话语标记存在少量差异。

2. 功能相似语形不同的标记

由于不同的方言区词汇形式和语法形式带有各自的地域色彩，西南官话话语标记与普通话话语标记的差异首先体现在语形上。这些话语标记语用功能大体相同，只是语词形式不同（见表6—2）。

表6—2　　西南官话与普通话语形有别功能相似的话语标记一览

序号	对比项 西南官话	普通话	备注
1	诶₁	哎	开启会话，差异不明显，变体均有"喂"
2	讲哟/嗫	我说	开启会话，西南官话也用"我说"
3	那个啥子	那什么	"那什么"功能更丰富，固化程度更高
4	算/行哒	算/行了	终止会话，语气词常有方言差异
5	是怎（么）个	是这样的	解释说明
6	哪门说呢	怎么说呢	信息凸显
7	不是说的话	我不是说	信息凸显，西南官话两种都用
8	你莫说	你还别说	信息凸显
9	真的是	真是的	提请注意，均带有责怪态度
10	你不晓得	你不知道	提请注意
11	你晓得不	你知道吧	寻求回应
12	莫说起哒	别提了	回应对方
13	怎（么）个	这样吧	协商调节

经过对比发现，西南官话与普通话中语形有别功能相似的话语标记

共 13 个，占西南官话总标记数的 19.7%。另外，西南官话运用叹词、语气词充当话语标记的频率远高于普通话。西南官话有用叹词"诶""哦"转换话题的情形，普通话有但不常见，普通话通常用"对了"转换话题。西南官话常用"哦""啊"进行自我反馈，"哦"出现频率更高，普通话一般用"啊"进行自我反馈。

西南官话中"（你）硬是"已发展出话语标记功能，普通话暂未见到。西南官话有语气词"啊""哈""噶"作寻求回应标记的情况，普通话暂未发现"噶"作话语标记的语例。西南官话"不是的"既可以表示一般否定，也可以用作回应标记，普通话很少见其用作回应标记，普通话中的话语标记"不是"跟西南官话中的"不是的"不是同一个话语标记，彼此功能各异。西南官话中没有普通话中可见（北京话更常见）的"完了""听着""这么跟您说吧"之类的标记。以上是根据现有语料作出的结论。由于调查的范围有限，关于对比项中有无该标记的结论有待进一步研究，还不能下定论。

二 代际差异

代际差异主要体现在不同话语标记的出现频率上，其次是语形的选择差异。总体来讲，西南官话区的年青一代（90后、00后）使用的方言已经受到了普通话的很大影响，他们的用语习惯越来越趋同于普通话。在话语标记的使用和选择上也呈现出与普通话接近的特点。

（一）选择差异

就我们调查的语料来看，不管是在校大学生，还是与他们年龄相当的其他人员，在话语标记的选用上都有一致性，呈现出与其父辈不一样的特点。"然后""所以"这些由连词弱化而成的话语标记在年轻人口中出现频率非常高，尤其是"然后"，在调查到的年轻人参与会话的语料里都出现过。仅以一段调查材料为例，两个在校大学生谈论杜嘉班纳辱华事件，10分钟录音文件中，共有2884字的对话内容，其中话语标记出现42个次，"然后"出现37次，占总标记数的88.1%。而多年龄段人员参与的对话中，"然后"的出现频率要远低于只有年轻人参与的对话。语料整理发现，虽然"然后"在不同年龄段调查对象中均有使用，但出现了明显的频率差异，可见，"然后"这一话语标记在年轻人中更盛行。

表示否定认同的"好不好"作为新兴标记已在年轻人的对话中盛行，但40岁以上人员却很少使用，50岁以上人员甚至不使用。还有一些小学生出现了使用"但是"连接所有话语内容的说话趋势，因其语言习惯尚在形成和不断变化之中，暂未做语例探讨，但这种现象应该引起重视。

(二) 语形差异

西南官话区地域广博，下辖人口众多，大部分成年人日常仍以方言交流，部分"90后"和"00后"因求学或工作需要经常使用普通话，加上教学语言宣传语言的影响，年轻人长期处于普通话语境中，他们的表述方式、语词选择已越来越趋同于普通话。不管城市乡村，低龄儿童甚至出现常使用普通话或只使用普通话的情形。部分家长为迁就孩童的用语习惯，在家中也用普通话与他们交流，不管普通话语音是否标准，至少在语词选择上改用了普通话的表述方式。普通话和方言之间的相互渗透已是普遍存在的语言现象。

社会的大语言环境使得年轻一代就算说方言也带上了普通话色彩，话语标记的使用也是如此。如恩施地区"行哒行哒"这一会话终止标记，在当代大学生口中，经常说成"行吧行吧"。该标记中语气词的方言色彩正在逐步消失。另外，还有语形不同的话语标记如"哪门说呢""你晓得不"年轻人也有换用普通话的"怎么说呢""你知道不"的趋势。两代人不同的表述方式使得同一地域的话语标记出现了代际差异。

就青年一代自身的语言态度来看，他们普遍对普通话持认同态度，与陌生人交流很自然地选用普通话，受普通话的影响程度要远高于他们的父辈和祖辈。据杨玲 (2001) 对四川方言区在校大学生的调查，学生们普遍对普通话持认同态度，杨玲的结论是学生"集体对普通话地位价值持拥戴态度"[①]。时隔近20年，普通话的影响已经更深更广，年轻人的用语习惯越来越倾向于与普通话保持一致，这是总体趋势。

就算是少数民族大学生，尤其是处于西南官话区的大学生，校园交

[①] 杨玲:《四川方言区在校学生的语言态度分析》,《西南民族学院学报》(哲学社会科学版) 2001年第7期。

流工作场合也以普通话作为首选用语。根据张建强（2020）等人的调查，"大多数的被调查者（61.39%）认为他们作为少数民族学习普通话是重要的，这说明，普通话在他们心中的地位很牢固，他们对普通话的学习与使用具有高度的认同感。"[①] 西南官话区的青年一代自幼生活在汉语语境中，自孩童时代就接触普通话制作的影视作品，入幼儿园以来就接受普通话教育，城市儿童甚至日常交流也选择普通话。这一代人对普通话的认同度很高，由于长期用普通话交流、思考，他们的言语习惯包括话语标记的使用习惯已逐渐与其父辈形成明显区别。

[①] 张建强、韦利仙：《新媒体环境下少数民族大学生语言使用及态度调查研究》，《语文学刊》2020 年第 2 期。

结　　语

　　本书以成都、重庆、恩施州为主要调查点，收集了鄂渝川西南官话区日常会话语料，整理了其中的话语标记。通过语料整理和转写，发现该地区日常会话中典型的话语标记有66个（变体未另外计数）。按照语用功能，可以分为话语组织功能标记、元话语功能标记、人际互动功能标记三个大类。三大功能类标记构成了鄂渝川西南官话的话语标记系统。其中话语组织功能标记共17个，占25.8%；元话语功能标记21个，占31.8%；人际互动功能标记28个，占42.4%。这些话语标记共出现730次，其中话语组织功能标记出现358次，占比49%；元话语功能标记出现100次，占比13.7%；人际互动功能标记出现272次，占比37.3%。

　　统计数据表明，虽然话语组织功能标记数目最少，但出现频率最高，占49%，接近一半。这说明会话的开启、话轮的控制、话题转换等对话语标记的依赖程度较高。其次是人际互动标记占比37.3%，说明会话过程中听说双方提请对方注意、寻求回应以及回应对方的话语标记对会话的有序推进也起着至关重要的作用。元话语功能标记虽然出现频率低于其他两类标记，但次类最多，能表达消息来源，对话语自身进行解释说明，凸显信息焦点等，有其不可替代的价值。

　　66个典型标记中，有42个与普通话话语标记的语形和语用功能大体相当，另有13个只是语形不同但功能相似，二者相加，占比83.3%，这说明西南官话中的话语标记大部分与普通话是一致的。但西南官话中的话语标记也有其独特之处，一是叹词、语气词充当话语标记的频率较高，共有7个叹词和语气词有话语标记功能，三个功能类中都有分布。有些话语标记如"看""想""说"为核心成分的标记常有不同语气词参与构成变体,"我跟你说/讲"等标记也常添加语气词。叹词、语气词虚化为话语标记或参与话语标记的组成是西南官话话语标记的突出特点。二是西南官话中有独特的话语标记如"(你)硬是""嗝""真的是"等,在西南官话中作为人际互动功能标记使用,这些话语标记在其他地区暂未发现。这说明西南官话的话语标记有很强的地域色彩。

西南官话话语标记的存在动因与口语交际自身的特点、人类认知心理和交际目的以及会话结构规则的隐形约束有重要的关联。这些话语标记的形成与语法化、词汇化、主观化这些虚化路径关系密切,有的话语标记是这些虚化路径综合作用的结果。西南官话的话语标记处在变化发展之中,已经有明显的代际差异出现,今后这种差异还将更加显著。

本书尚有如下不足,一是语料使用了部分方言影视剧对话,不是全部采自自然口语对话。虽然影视剧中的方言对话基本与日常对话无异,但台词毕竟有文学创作成分,可能影响结论的可靠性。为弥补此项不足,所有从影视剧中摘取的语例,全部请当地人验证了语感,存疑的全部弃用,得到认可的才用到书中。纵然如此,如果语料全部采用调查获得的自然口语,且扩大调查面,则结论更可靠。二是鄂渝川西南官话区地域广博,仅选取了三个主要调查点,获得的语料不够全面。为弥补此项不足,在选取调查点时考虑了人口密度和地域因素。在四川、重庆、湖北的西南官话区各取一个点,因成都与重庆接壤,重庆又与恩施州接壤,在这三地选择具体调查点更有利于对比其内部差异,因此最终选取的调查点是成都市、重庆市和恩施州。三是研究不够深入,主要作了共时研究,重在描写鄂渝川西南官话话语标记的分布特点和语用功能,尚未对该区域所有话语标记的形成过程作全面探讨,仅梳理了部分代表性标记的虚化轨迹。另外,由于调查范围有限,所获语料有限,本书分析的话语标记并不是西南官话的全部标记,只是其中的主要代表,今后还应进行更加全面更加深入地研究。

参考文献

一 中外著作

曹秀玲：《汉语话语标记多视角研究》，中国社会科学出版社2016年版。

陈颖：《现代汉语传信范畴研究》，中国社会科学出版社2009年版。

董秀芳：《汉语的词库与词法》，北京大学出版社2004年版。

方梅：《浮现语法：基于汉语口语和书面语的研究》，商务印书馆2018年版。

方梅：《"说是"的话语功能及相关词汇化问题》，载《中国语言学报（第十八期）》，商务印书馆2018年版。

高名凯：《汉语语法论》，商务印书馆1986年版。

何自然、冉永平、莫爱屏、王寅：《认知语用学——言语交际的认知研究》，上海外语教育出版社2006年版。

胡裕树：《现代汉语》，上海教育出版社1983年版。

黄伯荣、廖序东：《现代汉语（增订二版）》，高等教育出版社1997年版。

李秀明：《汉语元话语标记语研究》，中国社会科学出版社2011年版。

李悦娥、范宏雅：《话语分析》，上海外语教育出版社2002年版。

李治平：《现代汉语言说词语话语标记研究》，中国出版集团（世界图书出版广东有限公司）2015年版。

廖秋忠：《现代汉语篇章中的连接成分》，载《廖秋忠文集》，北京语言学院出版社1992年版。

刘虹：《会话结构分析》，北京大学出版社2004年版。

刘丽艳：《汉语话语标记研究》，北京语言大学出版社2011年版。

陆俭明、马真：《现代汉语虚词散论》，北京大学出版社1985年版。

马建忠：《马氏文通》，商务印书馆1998年版。

钱乃荣：《现代汉语》，高等教育出版社1990年版。

任绍曾：《话语标记·导读》，[美]希芙林（Schiffrin，D.）《话语标记》，世界图书出版公司2007年版。

沈家煊：《不对称和标记论》，商务印书馆2015年版。

石毓智：《语法的形式和理据》，江西教育出版社2001年版。

孙利萍：《现代汉语言说类话语标记研究》，社会科学文献出版社2017年版。

索振羽：《语用学教程》，北京大学出版社2000年版。

王力：《汉语语法纲要》，上海教育出版社1982年版。

吴福祥：《汉语语法化研究》，商务印书馆2005年版。

吴福祥：《汉语主观性与主观化研究》，商务印书馆2011年版。

吴为善：《认知语言学与汉语研究》，复旦大学出版社2011年版。

邢福义：《复句与关系词语》，黑龙江人民出版社1985年版。

邢福义：《汉语复句研究》，商务印书馆2001年版。

邢福义：《汉语语法学》，商务印书馆2016年版。

邢福义、汪国胜：《现代汉语》，华中师范大学出版社2003年版。

邢红兵：《现代汉语插入语研究》，陈力为、袁琦：《语言工程》，清华大学出版社1997年版。

许家金：《青少年汉语口语中话语标记的话语功能研究》，外语教学与研究出版社1999年版。

杨文全：《现代汉语》，重庆大学出版社2010年版。

殷树林：《现代汉语话语标记研究》，中国社会科学出版社2012年版。

于国栋：《会话分析》，上海外语教育出版社2008年版。

张伯江、方梅：《汉语功能语法研究》，江西教育出版社1996年版。

张黎、袁萍、高一瑄：《汉语口语话语标记成分研究》，北京语言大学出版社2017年版。

张谊生、田家隆：《从"X是"的反预期情态看语义积淀对副词主观评注功能的影响——以"硬是、愣是、就是、偏是"的个性差异为例》，载《语言研究集刊（第十六辑）》，上海辞书出版社 2016 年版。

张谊生：《现代汉语副词分析》，上海三联书店 2010 年版。

张谊生：《现代汉语》，中国人民大学出版社 2013 年版。

赵元任：《汉语口语语法》，吕叔湘译，商务印书馆 2005 年版。

朱德熙：《语法讲义》，商务印书馆 1985 年版。

宗守云：《话语标记"我是说"的语篇功能及其演变过程》，载《语言研究集刊（第九辑）》上海辞书出版社 2012 年版。

[美] Goldenberg, Adele. E.：《构式：论元结构的构式语法研究》，吴海波译，北京大学出版社 2007 年版。

[美] Hopper & Traugott.：《语法化学说（第二版）》，梁银峰译，复旦大学出版社 2008 年版。

[美] 爱德华·萨丕尔：《语言论》，陆卓元译，商务印书馆 1997 年版。

[美] 布龙菲尔德（Bloomfield, L.）：《语言论》，袁家骅、赵世开、甘世福译，商务印书馆 1980 年版。

[英] 戴维·克里斯特尔：《现代语言学词典》，沈家煊译，商务印书馆 2000 年版。

[美] 菲尔墨：《"格"辨》，胡明扬译，商务印书馆 2002 年版。

[美] 罗纳德·W. 兰艾克：《认知语法导论》，黄蓓译，商务印书馆 2016 年版。

[英] 麦蒂森·韩礼德：《系统功能语法：理论之初探》，黄国文、王红阳译，高等教育出版社 2009 年版。

[美] 塔尔斯基·A.：《语义性真理概念和语义学的基础》，[美] A. P. 马蒂尼奇：《语言哲学》，牟博、杨音莱、韩林合等译，商务印书馆 1998 年版。

[比] 耶夫·维索尔伦：《语用学诠释》，钱冠连、霍永寿译，清华大学出版社 2003 年版。

[美] 詹姆斯·保罗·吉：《话语分析导论：理论与方法》，杨炳均译，重庆大学出版社 2011 年版。

二 中文论文

曹秀玲：《从主谓结构到话语标记——"我/你 V"的语法化及相关问题》，《汉语学习》2010 年第 5 期。

曹秀玲：《从问到非问：话语标记的一个来源——以"怎么说呢"为例》，《山西大学学报》（哲学社会科学版）2014 年第 4 期。

曹秀玲、蒋兴：《汉语"这/那－"系认同类话语标记考察——兼及"这/那－"系话语标记的不对称》，《当代修辞学》2015 年第 5 期。

陈彦坤、孙莉：《话语标记"X 了"的让步功能及语篇特征》，《现代语文》2016 年第 2 期。

陈颖、陈一：《固化结构"说是"的演化机制及其语用功能》，《世界汉语教学》2010 年第 4 期。

陈振宇、朴珉秀：《话语标记"你看""我看"与现实情态》，《语言科学》2006 年第 2 期。

程乐乐、李向农：《连接语"我是说"的篇章功能考察》，《汉语学报》2012 年第 3 期。

崔希亮：《语气词"哈"的情态意义和功能》，《语言教学与研究》2011 年第 4 期。

董思聪：《重庆方言中几个含否定词的话语标记》，《重庆邮电大学学报》（社会科学版）2013 年第 6 期。

董秀芳：《"X 说"的词汇化》，《语言科学》2003 年第 2 期。

董秀芳：《"是"的进一步语法化：由虚词到词内成分》，《当代语言学》2004 年第 1 期。

董秀芳：《词汇化与话语标记的形成》，《世界汉语教学》2007 年第 1 期。

樊洁、丁崇明：《"你等着"的演变及动因》，《大连海事大学学报》（社会科学版）2014 年第 2 期。

方梅：《自然口语中弱化连词的话语标记功能》，《中国语文》2000 年第 5 期。

方梅：《认证义谓宾动词的虚化——从谓宾动词到语用标记》，《中国语文》2005 年第 6 期。

付开平：《频度副词"好不好"的虚化历程及主观化》，《齐齐哈尔学报》（哲学社会科学学报）2015年第6期。

付开平、杨婧：《"好不好"辞书释义辨析》，《语文学刊》2014年第8期。

古川裕：《副词修饰"是"字情况考察》，《中国语文》1989年第1期。

何越鸿：《湖北利川方言中的语气词"哈"》，《湖北师范学院学报》2009年第5期。

贺阳：《北京话的语气词"哈"字》，《方言》1994年第1期。

侯瑞芬：《"别说"与"别提"》，《中国语文》2009年第2期。

胡斌彬、俞理明：《"再说"的词汇化和语法化》，《西华师范大学学报》（哲学社会科学版）2010年第2期。

胡习之、高群：《试析会话结束语"就这样吧"》，《当代修辞学》2015年第3期。

胡壮麟：《汉语的言据性和语篇分析》，《湖北大学学报》1995年第2期。

黄大网：《话语标记研究综述》，《福建外语》2001年第1版。

黄大网：《〈语用学〉杂志话语标记专辑（1998）介绍》，《当代语言学》2001年第2期。

黄雪贞：《西南官话的分区（稿）》，《方言》1986年第4期。

黄衍：《话轮替换系统》，《外语教学与研究》1987年第1期。

霍倩倩：《话语标记"说白了"的功能研究》，《现代语文》（语言研究）2018年第4期。

吉晖：《论话语标记的语用功能及生成机制——以"你不知道"为考察对象》，《江汉学术》2019年第5期。

吉益民：《"对了"的词汇化和语用化》，《宁夏大学学报》（人文社会科学版）2012年第5期。

蒋红梅：《谈谈四川方言的语气词"哈"》，《现代语文》2009年第8期。

景高娃：《也论话语标记"你还别说"》，《汉字文化》2016年第3期。

乐晋霞：《新兴话语标记"你懂的"的语用认知的研究》，《洛阳师范学院学报》2014年第1期。

乐耀：《从"不是我说你"类话语标记的形成看会话中主观性范畴与语用

原则的互动》,《世界汉语教学》2011年第1期。

乐耀:《从人称和"了₂"的搭配看汉语传信范畴在话语中的表现》,《中国语文》2011年第2期。

雷汉卿:《青海乐都方言的语气助词"哈"》,《方言》2017年第4期。

雷莉:《汉语话题的辖域和层级》,《中央民族大学学报》(哲学社会科学版)2002年第2期。

李宏宇:《话语标记"话是这么说"语用功能探析》,《信阳师范学院学报》(哲学社会科学版)2017年第2期。

李慧敏:《"好了"和"行了"交互主观性对比研究》,《汉语学习》2012年第2期。

李晋霞、刘云:《从"如果"与"如果说"的差异看"说"的传信义》,《语言科学》2003年第3期。

李晋霞:《"好"的语法化与主观性》,《世界汉语教学》2005年第1期。

李蓝:《西南官话的分区(稿)》,《方言》2009年第1期。

李胜梅:《"话说回来"的语用分析》,《修辞学习》2004年第3期。

李水:《坦言类话语标记"说实在的"的形成过程及其传信功能》,《大连海事大学学报》(社会科学版)2018年第4期。

李思旭:《从词汇化和语法化看话语标记的形成——兼谈话语标记的来源问题》,《世界汉语教学》2012年第3期。

李思旭:《话语标记来源模式的多样性》,《汉语学习》2016年第2期。

李先银:《口语对话中的话语否定标记"喊"考察》,《汉语学习》2016年第4期。

李咸菊:《北京自然口语中的"是不是"》,《现代语文》2019年第6期。

李晓琳:《"是不是"弱问句:从真问到反问的中间环节》,《汉语学习》2013年第3期。

李艳:《"对"类标记词及其叠连用法的话语功能分析,《暨南学报》(哲学社会科学版)2010年第4期。

李宇明:《语言学的问题意识、话语转向及学科问题》,《广州大学学报》(社会科学版)2019年第5期。

李治平:《"说是"的功能和虚化与对外汉语教学》,《云南师范大学学报》(对外汉语教学与研究版) 2011 年第 4 期。

李治平:《表态语"也是"的功能类型及其演变历程》,《语言教学与研究》2012 年第 6 期。

李治平:《"说来"和"来说"及"X 说来/来说"功能差异溯源》,《汉语学习》2014 年第 6 期。

李宗江:《关于话语标记来源研究的一点看法——从"我说"类话语标记的来源说起》,《世界汉语教学》2010 年第 2 期。

李宗江:《"看你"类话语标记分析》,《语言科学》2009 年第 3 期。

李宗江:《也说话语标记"别说"的来源——再谈话语标记来源的研究》,《世界汉语教学》2014 年第 2 期。

刘红妮:《非句法结构"算了"的词汇化与语法化》,《语言科学》2007 年第 6 期。

刘虹:《话轮、非话轮和半话轮的区分》,《外语教学与研究》1992 年第 3 期。

刘金勤:《语气词"哈"源流考察》,《长江学术》2010 年第 4 期。

刘丽艳:《作为话语标记语的"不是"》,《语言教学与研究》2005 年第 6 期。

刘丽艳:《话语标记"你知道"》,《中国语文》2006 年第 5 期。

刘丽艳:《作为话语标记的"这个"和"那个"》,《语言教学与研究》2009 年第 1 期。

刘钦:《"我说"的语义演变及其主观化》,《语文研究》2008 年第 3 期。

刘亚辉:《清代来华传教士马若瑟〈汉语札记〉中的标记理论》,《澳门语言学刊》2014 年第 1 期。

刘焱:《话语标记"对了"》,《云南大学学报》(对外汉语教学版) 2007 年第 5 期。

刘焱:《"说是"的功能与虚化》,《宁夏大学学报》(人文社会科学版) 2010 年第 4 期。

刘焱:《话语标记"怎么说呢"》,《云南师范大学学报》(对外汉语教学与研究版) 2014 年第 5 期。

刘永华:《〈马氏文通〉传信范畴再谈》,《兰州学刊》2006 年第 9 期。

刘月华：《对话中"说""想""看"的一种特殊用法》，《中国语文》1986年第3期。

刘志富：《话语标记语"也是"》，《宁夏大学学报》（人文社会科学版）2011年第3期。

卢英顺：《"这样吧"的话语标记功能》，《当代修辞学》2012年第5期。

陆俭明：《周遍性主语句及其他》，《中国语文》1986年第3期。

吕为光：《责怪义话语标记"我说什么来着"》，《汉语学报》2011年第3期。

罗燕玲：《句首"对了"的功能类型及其虚化轨迹》，《宁夏大学学报》（人文社会科学版）2010年第2期。

罗耀华、牛利：《"再说"的语法化》，《语言教学与研究》2009年第1期。

马宝鹏、庄会彬：《汉语语气词"哈"的源流考》，《汉字文化》2014年第3期。

马国彦：《话语标记与口头禅——以"然后"和"但是"为例》，《语言教学与研究》2010年第4期。

马艳、胡健：《医患会话中话语标记"就是（讲）"的顺应性》，《皖西学院学报》2018年第4期。

潘先军：《"不是我说你"的话语标记化》，《内蒙古大学学报》（哲学社会科学版）2013年第1期。

屈承熹：《关联理论与汉语句末虚词的语篇功能》，《华东师范大学学报》（哲学社会科学版）2008年第3期。

冉永平：《话语标记语的语用学研究综述》，《外语研究》2000年第4期。

冉永平：《话语标记well的语用功能》，《外国语》2003年第3期。

邵敬敏、朱晓亚：《"好"的话语功能及其虚化轨迹》，《中国语文》2005年第5期。

邵敬敏：《论语气词"啊"在疑问句中的作用暨方法论的反思》，《语言科学》2012年第6期。

沈家煊：《"语法化"研究综观》，《外语教学与研究》1994年第4期。

沈家煊：《不加说明的话题——从"对答"看"话题—说明"》，《中国语文》1989 年第 5 期。

沈家煊:《语言的"主观性"与"主观化"》,《外语教学与研究》2001 年第 4 期。

石彦霞:《近代汉语话语标记"对了"的形成机制与功能探析》,《学术探索》2017 年第 2 期。

史金生、胡晓萍:《"就是"的话语标记功能及其语法化》,《汉语学习》2013 年第 4 期。

司红霞:《"这样吧"试析》,《语言文字应用》2005 年第 3 期。

司红霞:《再谈插入语的语义分类》,《汉语学习》2018 年第 6 期。

司罗红:《"说白了"的固化及语用功能》,《昭通学院学报》2016 年第 2 期。

宋晖:《"话说回来"的"界指"模式研究》,《语言研究》2018 年第 1 期。

苏小妹:《会话修补标记"X 的意思是(说)"》,《汉语学习》2016 年第 6 期。

苏小妹:《话语修补标记"我是说"》,《汉语学报》2017 年第 4 期。

孙爱峰:《"说"字话语标记研究》,《现代语文》2017 年第 11 期。

孙利萍、方清明:《汉语话语标记的类型及功能研究综观》,《汉语学习》2011 年第 6 期。

孙瑞、李丽虹:《作为准话语标记的"有没有""好不好"》,《宁夏大学学报》(人文社会科学版)2015 年第 5 期。

孙雁雁:《台湾口语中句末"好不好"的功能分析》,《汉语学报》2011 年第 4 期。

谈耀文:《法庭庭审会话中的面子"打断"现象探析》,《岳阳职业技术学院学报》2017 年第 5 期。

陶红印:《口语交际的若干理论与实践问题》,《语言科学》2004 年第 1 期。

滕竹梅:《浅析重庆方言中的语气词"哈"和"哒"》,《绵阳师范学院学报》2018 年第 7 期。

汪维辉:《汉语"说类词"的历史演变与共时分布》,《中国语文》2003

年第 4 期。

王长武：《从小句到话语标记——试析"是这样的"》，《重庆文理学院学报》（社会科学版）2014 年第 6 期。

王珏：《说准话语语气词》，《语言科学》2017 年第 6 期。

王森：《基于立场表达的"X 不 X"类附加问句的话语功能》，《汉语学习》2017 年第 5 期。

王素改：《论责怨式话语标记"不是我说你"的语用功能》，《河北北方学院学报》（社会科学版）2017 年第 1 期。

王天佑：《话语标记"说实话""老实说"的语用功能和形成机制——附论"说真的""实话说"等话语标记》，《语文研究》2019 年第 1 期。

王幼华：《"真是的"的语义倾向及其演变进程》，《语言教学与研究》2011 年第 1 期。

魏慧萍：《"再说"的词汇化及相关问题》，《河北大学学报》（哲学社会科学版）2010 年第 4 期。

吴福祥：《近年来语法化研究的进展》，《外语教学与研究》2004 年第 1 期。

吴福祥：《汉语语法化研究的当前课题》，《语言科学》2005 年第 2 期。

吴亚欣：《为会话分析正名》，《山西大学学报》（哲学社会科学版）2017 年第 1 期。

项开喜：《"舌尖现象"的语法化——"那谁"与"小他"》，《语言科学》2009 年第 5 期。

肖娅曼：《判断词"是"是分化而来》，《西南民族学院学报》（哲学社会科学版）2001 年第 4 期。

肖娅曼：《成都话警告式"是不是的"》，《西南民族学院学报》（哲学社会科学版）2002 年第 5 期。

邢欣、金允经、郭安：《起始标记语的元话语功能探讨》，《当代修辞学》2013 年第 6 期。

徐晶凝：《认识立场标记"我觉得"初探》，《世界汉语教学》2012 年第 2 期。

玄玥：《"说"的一种新用法——客观叙述标记词》，《汉语学报》2011 年第 2 期。

玄玥：《话语标记"当然"的语法化》，《语文研究》2017 年第 4 期。

薛兴鸽：《言说类话语标记"说句不好听的"浅析》，《新乡学院学报》2019 年第 7 期。

严辰松：《语言如何表达"言之有据"——传信范畴浅说》，《解放军外国语学院学报》2000 年第 1 期。

严小香：《论"也是"的话语标记性》，《湖北师范学院学报》（哲学社会科学版）2012 年第 5 期。

杨才英、赵春利：《言说类话语标记的句法语义研究》，《汉语学报》2013 年第 3 期。

杨玲：《四川方言区在校学生的语言态度分析》，《西南民族学院学报》（哲学社会科学版）2001 年 7 月专辑。

杨扬、俞理明：《次生叹词"好"反预期标记用法及衔接功能》，《语言科学》2018 年第 1 期。

姚双云：《口语中"所以"的语义弱化与功能扩展》，《汉语学报》2009 年第 3 期。

姚双云、姚小鹏：《自然口语中"就是"话语标记功能的浮现》，《世界汉语教学》2012 年第 1 期。

叶川：《话语标记语"就是嘛"的语法化及其篇章衔接功能》，《淮海工学院学报》（人文社会科学版）2017 年第 12 期。

殷树林：《说话语标记"不是"》，《汉语学习》2011 年第 1 期。

殷树林：《话语标记的性质特征和定义》，《外语学刊》2012 年第 3 期。

尹世超：《说语气词"哈"和"哈"字句》，《方言》1999 年第 2 期。

余光武、姚瑶：《"好不好"的表达功能及其形成的语用解释》，《语言科学》2009 年第 6 期。

曾立英：《"我看"与"你看"的主观化》，《汉语学习》2005 年第 2 期。

张成福、余光武：《论汉语的传信表达——以插入语研究为例》，《语言科学》2003 年第 3 期。

张德岁：《话语标记"你想"的成因及其语用修辞功能》，《安徽大学学报》（哲学社会科学版）2009 年第 5 期。

张宏国：《话语标记"够了"的语境特征及语用功能》，《安徽大学学报》（哲学社会科学版）2015年第5期。

张建强、韦利仙：《新媒体环境下少数民族大学生语言使用及态度调查研究》，《语文学刊》2020年第2期。

张金圈、刘清平：《句法位置对短语词汇化和语法化的制约——以"再说"的词汇化和语法化为例》，《齐鲁学刊》2011年第1期。

张廷群、胡明涛：《汉语儿童日常会话话语标记语个案研究》，《怀化学院学报》2018年第12期。

张旺熹：《汉语人称代词类话语标记系统的主观性差异》，《汉语学习》2009年第3期。

张惟、高华：《自然会话中"就是"的话语功能和语法化研究》，《语言教学与研究》2012年第1期。

张振亚：《"换句话说"话语标记功能的浮现》，《哈尔滨学院学报》2013年第3期。

赵蓉晖：《语言社会功能的当代理解》，《中国社会科学》2017年第2期。

郑贵友：《关联词"再说"及其篇章功能》，《世界汉语教学》2001年第4期。

郑娟曼、邵敬敏：《试论新兴的后附否定标记"好不好"》，《暨南学报》（哲学社会科学版）2008年第6期。

郑娟曼、张先亮：《"责怪"式话语标记"你看你"》，《世界汉语教学》2009年第2期。

周毕吉、李室：《"你不知道"向话语标记的演化》，《汉语学报》2014年第1期。

周及徐：《南路话和湖广话的语音特点——兼论四川两大方言的历史关系》，《语言研究》2012年第3期。

周明强：《坦言性话语标记语用功能探析》，《当代修辞学》2013年第5期。

周明强：《埋怨性话语标记语语用功能的认知探析》，《浙江外国语学院学报》2014年第4期。

周明强：《现代汉语话语标记研究的回顾与前瞻》，《浙江外国语学院学报》2015年第4期。

周威兵：《关联词"再说"功能浅议》，《语言文字应用》2005年第3期。

周作明、马友平：《四川方言中的"各人"》，《重庆社会科学》2011年第6期。

朱军、史沛沛：《"那什么"的话语功能》，《当代修辞学》2014年第1期。

朱永生：《试论现代汉语的言据性》，《现代外语》2006年第4期。

宗晓哲：《汉语疑问句中语气词"啊"的语用功能研究》，《河北大学学报》（哲学社会科学版）2015年第4期。

邹立志：《汉语儿童早期会话中关联标记"然后"的发展个案研究》，《首都师范大学学报》（社会科学版）2018年第6期。

陈振宁：《基于语料库多维特征聚类关联的成都话语气词研究》，博士学位论文，浙江大学，2018年。

樊青杰：《现代汉语传信范畴研究》，博士学位论文，北京语言大学，2008年。

郝瑜鑫：《"就是"功能的辐射状范畴构拟与留学生习得研究》，硕士学位论文，北京语言大学，2011年。

李秉震：《汉语话题标记的语义、语用功能研究》，博士学位论文，南开大学，2010年。

李秀明：《汉语元话语标记研究》，博士学位论文，复旦大学，2006年。

李圆圆：《现代汉语填充类话语标记研究》，硕士学位论文，上海师范大学，2017年。

厉杰：《口头禅：类别、机制与功能》，博士学位论文，上海外国语大学，2013年。

刘丽艳：《口语交际中的话语标记》，博士学位论文，浙江大学，2005年。

邱闯仙：《现代汉语插入语研究》，博士学位论文，南开大学，2010年。

肖更生：《口头禅话语的多维度考察》，博士学位论文，华中科技大学，2013年。

辛声：《四川大学生对四川话和普通话的语言态度研究》，硕士学位论文，西南交通大学，2006年。

三 外文文献

Austin, J. L., *How to Do Things with Words*, 2nd ed. Oxford: Clarendon Press, 1975.

Blakemore, D., *Relevance and Linguistic Meaning—The Semantics and Pragmatics of Discourse Markers*, Oxford: Blackwell, 2000.

Blakemore, D., *Semantic Constraints on Relevance*, Oxford: Blackwell, 1987.

Blakemore, D., *Understanding Utterances*, Oxford: Blackwell, 1992.

Brinton, Laurel J., *Pramatic Markers in English: Grammaticalization and Discourse Functions*, Berlin: Mouton de Gruyter, 1996.

Brown, G. & Yule, G., *Discourse Analysis*, Cambridge: Cambridge University Press. 1983.

Fraser, B., "Pragmatic markers", *Journal of Pragmatics*, Vol. 6, No. 2, 1996.

Fraser, B., "The combining of Discourse Markers—A beginning", *Journal of Pragmatics*, Vol. 86, No. 6, 2015.

Fraser, B., "What are Discourse Markers", *Journal of Pragmatics*, Vol. 31, No. 7, 1999.

Fries, Charles C., *The Structure of English*, New York: Harcourt, Brace and Co. 1952.

Grice. P., "Logic and conversation", In Cole, P. and Morgan, J., Eds., *Syntax and Semantics: Speech Acts*, New York: Academic Press, 1975.

Halliday, M. A. K. "Language structure and language function", In John Lyons ed. *New Horizons in Linguistics*, Penguin, Harmondsworth, 1970.

Harris Z. S., "Discourse Analysis", *Language*, Vol. 28, No. 1, 1952.

Leech, G. N., *Principles of Pragmatics*, Lonlon: Longman, 1983.

Levinson, S., *Pragmatics*, Cambridge: Cambridge University Press. 1983.

Lyons, J., *Semantics 2 Vols*, Cambridge: Cambridge University Press, 1977.

Robin. D., *Groming, Gosip and the Evolution of Language*, Cambridge: Harvard University Press, 1998.

Sacks, Harvey, Emanuel A. Schegloff & Gail Jeferson., "A simplest systematics for organization of turn – taking for conversation", *Language*, Vol. 50, No. 4, 1974.

Schiffrin, D. , *Discourse Markers*, Cambridge: Cambridge University Press, 1987.

Searle, J. , *Speech Acts: An Essay in the Philosophy of Language*, London: Cambridge University Press. 1969. .

Sperber, D. & Wilson, D. , *Relevance: Communication and Cognition*, Oxford: Blackwell Publishers Ltd. , 1995.

Traugott, E. C. , "Grammaticalization and lexicalization", In K. Brown & J. Miller (eds.) . *Concise Encyclopedia of Syntactic Theories*, Oxford/New York: Pergamon. 1996.

Traugott, E. & Dasher, R. , *Regularity in Semantic Change*, Cambridge: Cambridge University Press, 2002.

后　　记

本书是在博士学位论文基础上修改增删完成的，感谢导师俞理明教授的精心指导！俞老师以自己严谨的治学态度和无私的奉献精神给我们树立了榜样，以实际行动教育我们为人为文。论文写作过程中，从语料调查、语料整理到框架拟定，再到观点的提炼以及表述的规范性等方面，俞老师都倾注了不少心血。得遇良师，三生有幸！感谢5位盲审专家给出的宝贵建议！感谢答辩委员会主席雷汉卿教授，答辩委员会成员周俊勋教授、谭伟教授、雷莉教授、袁雪梅教授提出的宝贵意见，这些建议为我提升论文质量指引了方向，为拙著的顺利出版奠定了基础！

本书的创新点在于对鄂渝川西南官话话语标记的表现形式、语用功能和地域特色提出了自己的看法。在调查整理学界关注度还不够的话语现象——西南官话中的话语标记基础上，对该区域话语标记的内部差异和外部差异进行了分析比较，探讨了这些话语标记的分布规律、语用功能和形成机制。本书的研究不仅丰富了我国的话语标记研究成果，对方言研究也能提供一定的参考。不足之处在于自然口语语料采集不够丰富，影响了描写的充分性；只对部分话语标记进行了溯源研究，其他的话语标记只做了共时层面的描写和解释，研究的深入程度不够；调查点不够全面，难以展现鄂渝川西南官话话语标记的全貌。

江佳慧
2021年春于民院新村